Hans-Peter Kolb

Religion, Ökumene und Liebe

Daseinsanalytische Religionsphilosophie

Hans-Peter Kolb

Religion, Ökumene und Liebe

Daseinsanalytische Religionsphilosophie

Bibliografische Information der Deutschen Nationalbibliothek:
Die Deutsche Nationalbibliothek verzeichnet diese Publikation in
der Deutschen Nationalbibliografie; detaillierte bibliografische
Daten sind im Internet über dnb.dnb.de abrufbar.

2018 überarbeitete Fassung
Herstellung und Verlag:
BoD – Books on Demand, Norderstedt

ISBN: 9783744816359

INHALTSVERZEICHNIS

VORWORT

Nach der Entwicklung meiner Daseinsanalyse in „Dasein, um zu lieben" (Kolb, 2017a), „Rhythmus, Intuition und Liebe" (Kolb, 2017b) und „Liebe, Macht und Sexualität" (Kolb, 2017c) habe ich diese nun auf den Bereich der Religionsphilosophie und -geschichte angewandt. Neben den drei abrahamischen Religionen (Judentum, Christentum und Islam), die für unseren Kulturkreis besonders wichtig sind, befasse ich mich auch mit den mystischen Religionen des Hinduismus und Buddhismus, sowie mit den chinesischen Religionen des Konfuzianismus, des chinesischen Buddhismus und des Taoismus, die als Weisheitsreligionen bezeichnet werden. Dabei ist mir insbesondere der Aspekt des ökumenischen Dialogs wichtig, weil dieser einen großen Einfluss auf die Außenpolitik und den Weltfrieden hat (vergleiche auch die in der Literaturliste aufgeführten Bücher von Hans Küng).

Nach einer Auflistung der wichtigsten Begriffe meiner Daseinsanalyse aus „Dasein, um zu lieben" und „Liebe, Macht und Sexualität", die für die vorliegende Thematik benötigt werden, gehe ich zunächst ein auf die Thematik des „Wunders der Schöpfung" (Wieso ist nicht nichts?), „des Wunders des Sinns bzw. der Existenz unseres Seins" und des „Wunders der Sprache", dass wir überhaupt uns mit anderen austauschen und über diese Wunder reden können, allerdings auf einer sehr symbolhaften Ebene, und frage dann nach dem Platz von Religion und worin sie gründet.

Daraus ergibt sich der Sinn und Zweck jeder Religion und jeder Religionsphilosophie, nämlich die Antwort auf die Frage zu suchen, wie die menschliche Liebesfähigkeit gefördert werden kann, sodass auch das Gute prozessual offen und transzendent, also ein Wunder ist. Weiterhin ergibt sich als Äquivalent zur Frage nach den Entwicklungsmöglichkeiten unserer Liebesfähigkeit das Beziehungsproblem schlechthin, wie möglichst viel Freiheit und Gleichheit in einer Beziehung erreicht werden kann. Dabei entwickle ich die Rede von Gott und unsere persönliche Beziehung zu Gott Vater, Gott Sohn und zum Heiligen Geist. Da bei alldem die verschiedenen Aspekte der Transzendenz eine große Rolle spielen, habe ich dieses Thema in einem Extra-Kapitel theoretisch und praktisch aufgearbeitet und in meine Daseinsanalyse integriert.

Damit sich unsere Liebesfähigkeit immer weiterentwickelt, bedarf es der Vermittlung durch andere sowie durch frühere Grundlegungen in Form von Religionsstiftungen, sodass wir von der Frage nach der Liebesfähigkeit wieder zurück zum Thema Religion kommen. Da die Entwicklung der Liebesfähigkeit mit verschiedenen Erscheinungswelten verbunden ist, kommt es immer wieder zu Paradigmenwechseln nach Thomas Kuhn (Hoyningen-Huene, 1989), was ich in Beziehung gesetzt habe mit der Überwindung der fünf grundlegenden Gegensätzlichkeiten aktiv-passiv, objektiv-subjektiv, kontinuierlich-diskontinuierlich, linear-zirkulär und räumlich-zeitlich nach Nishida (Nishida, 2011).

Obwohl Hans Küng eine ausgezeichnete systematische Analyse der Entwicklungen von Judentum, Christentum und Islam geschrieben hat, sah ich mich dazu herausgefordert, Parallelen zur Entwicklung eines Kindes aufzuzeigen und so die Systematik meiner Daseinsanalyse in die Gebiete der Religionsgeschichte und der Ökumene hineinzutragen.

Anhand verschiedener Religionen bringe ich auf diese Weise deren Entwicklungen und Paradigmen mit diesen fünf grundlegenden Gegensätzlichkeiten in Beziehung und zeige so, wie kindliche und religiöse Entwicklungen ziemlich ähnlich verlaufen. Was die geschichtlichen Daten dabei betrifft, so stütze ich mich hier im Wesentlichen auf die in der Literaturliste aufgeführten Bücher von Hans Küng.

Bei der Betrachtung der drei chinesischen Religionen Konfuzianismus, Taoismus und Buddhismus ergab sich unter daseinsanalytischer Perspektive, dass diese drei eine Art Sys-

tem bilden, indem sie in einem absoluten dialektischen Verhältnis stehen, d.h. dass jeweils eine Religion zwischen den
anderen beiden vermittelt und diese beiden die erste vermitteln. Ferner liegt die Vermutung nahe, dass der Taoismus Ri-
ten und Kulte der chinesischen Volksreligionen benutzt hat
und benutzt, um auch die Psyche von Menschen zu heilen, insbesondere bei Traumata.

Ein weiterer Gesichtspunkt für die Reife von Entwicklungen ist der Grad der Überwindung des Gegensatzes männlich-weiblich, der nicht nur im Allgemeinen eine große Rolle
spielt, da sich anhand dieses Gegensatzes die Entstehung des
Bösen bzw. von Leid aufzeigen lässt, wie dies im 9. Kapitel
der Vergleich entsprechender Vorstellungen über das Böse
bzw. das Leid im Buddhismus und in den drei abrahamischen
Religionen demonstriert, sondern auch in religiösen Gemeinschaften, in denen das männliche Prinzip, wie ich es genannt
habe, dass erst die Selbst-Konsolidierung angestrebt wird, bevor man andere unterstützt, von Anfang an bis heute zumindest
in allen mir bekannten Religionsgemeinschaften vorherrscht,
auch wenn dies von der jeweiligen Religion nicht unbedingt
abgeleitet werden kann. Freiheit und Gleichheit für Mann und
Frau sind letztlich der Maßstab dafür, inwieweit eine Ökumene
der Religionen gelingen kann. Der Glaube daran und allgemein an das Gelingen des Guten führt zu der Frage, ob sich das
Gute wirklich durchsetzen kann, und damit nach der Frage der
Theodizee, ob Gott zugleich allmächtig und gütig sein kann
angesichts der Zustände in unserer Welt, die ich im 11. Kapitel
behandle.

Zum Schluss versuche ich noch einen Ausblick in die
Zukunft zu geben, wie ein vernünftiges religiöses Paradigma
aussehen müsste, damit ein ökumenischer Dialog gelingen und
von dieser Seite der Weltfrieden immer mehr gesichert werden
kann. Was diesen Zusammenhang zwischen dem Weltfrieden
und dem Dialog zwischen den Religionsgemeinschaften betrifft, so stimme ich hier der These von Hans Küng zu, die er

in allen seinen in der Literaturliste aufgeführten Bücher vertritt, dass dieser Dialog eine notwendige Bedingung für den Weltfrieden ist.

1.   GRUNDLEGENDE BEGRIFFE

An dieser Stelle möchte ich zuerst eine kurze Einführung in die von mir entwickelte Daseinsanalyse geben (Kolb, 2017a; Kolb, 2017b; Kolb, 2017c) und die dort entwickelten Begriffe kurz darstellen. Hierbei ist grundlegend anzumerken, dass es sich dabei um keine Metaphysik dreht, sondern um Aufforderungen, eigene Erfahrungen mit den jeweiligen Begriffen zu machen und sie auf diese Art und Weise mit Inhalt zu füllen. Fundamental ist dabei der Begriff des menschlichen Daseins, was jeweils das Unsrige ist, wie schon Heidegger schreibt (Heidegger, 2006) und uns dadurch auffordert, diesen Begriff auch selbst zu hinterfragen.

Ich für mich habe versucht, diesen Begriff dadurch anzureichern, dass ich jeweils drei grundlegende Modalitäten des Daseins beschrieben habe, den Modus des Genus als Gemeinschaftswesen und Wesen von gleicher Art, den Modus des Individuums als einzelne Wesen und den Modus der Spezies, wie wir handelnd mit unserer Umwelt in Kontakt treten. Diese Unterscheidungen habe ich von Tanabe übernommen (Tanabe, 2011a), der aufzeigt, dass diese drei Modi in einem absolut dialektischen Verhältnis stehen (zwei der Begriffe vermitteln den einen und dieser zwischen den beiden), sodass kein Modus einen Vorrang vor den anderen besitzt. In „Dasein, um zu lieben" (Kolb, 2017a) habe ich diese absolut dialektische Vermittlung in eigenen Worten nochmals nachvollzogen.

Neben diesen drei grundlegenden Modi habe ich außerdem drei grundlegende Daseinsaspekte aufgeführt, nämlich den Aspekt des Körperlich-Materiellen, der durch affektiv wahrnehmbare Unterschiede und Gegensätze gekennzeichnet ist, den Aspekt des Psychisch-Motivationalen, dessen Eigenart es ist, dass wir durch unsere Empfindungen bzw. unsere Ergriffenheit von bestimmten affektiv begriffenen Wahrnehmungen motiviert sind, aktiv zu werden, weil wir dadurch eine Entsprechung bei uns selbst gefunden haben, und den Aspekt des Geistig-Idealen, wenn wir erwartungsvoll und durch entsprechende Gefühle geleitet Katastrophen vermeiden und ideale Ziele erreichen wollen. Zwischen diesen drei Aspekten besteht ebenfalls eine absolute dialektische Vermittlung (ebenda).

Diese Beschreibung unserer Daseinsaspekte lassen den Transzendenzaspekt und die Transzendenz in der Immanenz erkennbar werden: indem ich die Materie nicht physikalisch-gegenständlich z.B. als Ansammlung und Verbindung von Atomen kennzeichne, sondern als Gegensätzlichkeiten, die wir unterscheiden können in unserem Dasein, die uns dadurch als Ausdruck von etwas anmachen (Affekt), von denen wir ergriffen sind, weil wir eine Entsprechung davon bei uns finden (Empfindung), was uns motiviert und drängt, uns damit auseinanderzusetzen und eine Antwort zu finden, deren verschiedene Möglichkeiten mit entsprechenden Erwartungen und Gefühlen (vorfühlen) verknüpft sind, können wir „die Struktur der Transzendenz […] als einen dynamischen Prozess […] explizieren, der nirgends vergegenständlicht und verortet werden kann, weil er das Geschehen des Ganzen des Seins, der Welt und alles Existierenden ist" (Rentsch, 2005, S. 61). Mit dem Auftreten von Täuschungen, die wir als Gegensätzlichkeit bzw. als Unterschied zwischen unseren Erwartungen und den Ergebnissen unserer Handlungen materiell wahrnehmen können, erkennen wir den Transzendenzaspekt, dass überhaupt etwas ist und nicht nichts, und die Transzendenz in der Immanenz, nämlich dass uns in unserem Dasein dieser Aspekt der Transzendenz erschlossen ist, unabhängig davon, ob wir ihn nun entdecken oder nicht.

Jeder Unterschied, den unser menschliches Dasein in der Materie ausmachen kann, ist für uns ein Ausdruck, der auf uns einen entsprechenden Eindruck macht, uns ergreift und eine Entsprechung der Materie bei uns finden lässt, wodurch wir uns angesprochen und zu einer Auseinandersetzung angeregt fühlen. Was unser Dasein hier von Anfang an anspricht, und zu einer Antwort motiviert, ist noch nicht der Ausdruck menschlicher Sprache, sondern der unserer Vernetztheit mit allem, was ist, es ist das Phänomen unseres In-der-Welt-Seins, wie Heidegger es formuliert hat (Heidegger, 2006). Man kann dies unsere Interexistenzialität nennen, in der alle Kommunikation und auch unsere Sprache gründen. Individuell entspricht dies unserer Kontingenzentdeckungsfähigkeit, mit der wir schon geboren werden (Fonagy, Gergely, Jurist, & Target, 2008).

Möglich wird die ganze Entwicklung unseres Daseins und damit alle unsere Seins- und Handlungsweisen nur durch den Austausch mit anderen (daseinsmäßig Seienden), am Anfang die primäre Bezugsperson, in der Regel unsere Mutter. Dass wir uns überhaupt miteinander austauschen und verständigen können, ist genauso ein Wunder wie das Wunder der Schöpfung. Rentsch nennt es „das Wunder der Sprache" (Rentsch, 2005), ich finde allerdings, es müsste allgemeiner das Wunder der Kommunikation oder der Entsprechung genannt werden. Erst das Wunder der Entsprechung oder Sprache ermöglicht verantwortungsvolles Handeln, ein Handeln, bei dem wir eine Antwort auf die Frage geben können, was uns dabei angesprochen, ergriffen, dazu motiviert und gedrängt hat.

Indem uns etwas Materiell-Ausdruckhaftes anspricht, geht es uns erst einmal um das Sein dieses Seienden und erst später in der Auseinandersetzung, insbesondere bei einer Täuschung, die uns auf Unzulänglichkeiten (auch hier erst die von anderem Sein und dann die von unserem eigenen) aufmerksam macht, um das Sein unseres eigenen Daseins. Wenn wir dann den Aspekt der Transzendenz entdecken, das Wunder des Seins bzw. der Schöpfung, deren Grund absolut unverfügbar jenseits der Grenze unserer Erkenntnisfähigkeit liegt (daher können wir uns nur wundern), sowohl was Herkunft, als auch Zukunft und gegenwärtigen Augenblick betrifft, in dem wir gerade angekommen sind, geht es uns um das Sein überhaupt, und unsere Interexistenzialität bekommt erst jetzt eine eigentlich menschliche Qualität. Damit ist uns insbesondere das Wunder der Sprache erschlossen, wenn auch nicht unbedingt entdeckt, dass wir diese Wunder und unser eigenes Sich-Wundern sprachlich in der Rede ausdrücken können, die erst durch die dazu nötige Symbolhaftigkeit eigentlich menschlich wird. Die dadurch sprachlich im Austausch mit anderen, befindlich für uns allein und spezifisch erwartungsvoll handelnd möglich gewordene Auseinandersetzung mit unseren Grenzen drängt uns, diese immer mehr zu erweitern und dadurch immer menschlicher zu werden. Es, was auch immer es sein mag, motiviert uns ständig, unser menschliches Dasein immer mehr zu optimieren.

Was bedeutet eigentlich „symbolhaft"? Einen sprachlichen Ausdruck verwenden, begreifen und verstehen wir symbolhaft oder hermeneutisch, wenn wir von dem, was er früher einmal ausgedrückt hat (bei Heidegger die Vor-Habe (Heidegger, 2006)), vollkommen absehen und ihn als Ausdruck von etwas nehmen, was mit dem Früheren nur assoziativ (Heidegger nennt dies Vor-Sicht, ebenda) verbunden ist. Eine assoziative Verknüpfung kann auf einer Ähnlichkeit in der Wahrnehmung beruhen (z.B. „sich schlängelnde Haare", die ähnlich wie eine Schlange aussehen), auf einer vergleichbaren psychischen Ergriffenheit (z.B. eine „Saure-Gurken-Zeit" empfindet man wie eine Zeit, in der es nur saure Gurken zu essen gab) oder auf einer entsprechenden geistig-vorstellungsmäßigen Erwartung (z.B. wenn sich ein „Unwetter zusammenbraut", erwarte ich etwas ähnlich Schlimmes, wie wenn jemand wütend die Augenbrauen zusammenzieht). Von der ursprünglichen Bedeutung wird bei dieser neuen Verwendung des Ausdrucks (Heidegger bezeichnet dies als Vor-Griff, ebenda) vollkommen abgesehen (die Haare sind keine Schlangen, bei einer Saure-Gurken-Zeit ist es vollkommen egal, ob es saure Gurken gibt oder nicht, und ein Unwetter hat keine Augenbrauen, die es zusammenziehen kann).

Im Unterschied dazu bleibt bei einer zeichenhaften o-
der apophantischen Verwendung eines sprachlichen Ausdrucks sein bisheriger Bedeutungsgehalt bestehen, man fasst
nur das, was er meint, als Hinweis auf etwas anderes auf, z.B.
dunkle Wolken als Zeichen für Regen oder Gewitter. Indem
wir gemeinsam immer wieder neue symbolische Bedeutungen
sprachlicher Ausdrücke erschaffen oder nach entsprechendem
Muster neue Wörter und Ausdrücke bilden, die so durch „fa-
milienähnliche" Strukturen verknüpft sind (Wittgenstein,
2001), kann niemand die Entwicklung menschlicher Sprachen
voraussagen. Das ist „die Transzendenz und offene Prozessu-
alität der Sprache" (Rentsch, 2005, S. 79).

Alles Transzendente können wir nur symbolhaft
sprachlich ausdrücken, das „Wunder der Schöpfung", das
„Wunder unserer eigenen Existenz" und das „Wunder unserer
Handlungsmöglichkeiten", nämlich Handlungsmöglichkeiten,
die nur durch das „Wunder der Sprache" entstanden sind und
immer neu entstehen können. Die Rede vom Transzendenten
sieht von der Bedeutung des sprachlichen Ausdrucks, wie er
jeweils im Alltag relativ zu unserer alltäglichen Umwelt verwendet wird, vollkommen ab und ist in diesem Sinne absolut
(absolut kommt von lateinisch absolvere, loslösen), es bestehen nur assoziative Verknüpfungen wie oben beschrieben. Insofern haben wir es hier mit zwei verschiedenen Sprachebenen
zu tun, eine in diesem Sinne relative und eine absolute oder
transzendente, die nicht miteinander vermischt werden dürfen,
sonst bekommen wir logische Probleme. Auf dieses Thema
werde ich auf Seite 21 noch einmal eingehen.

Bei meiner Daseinsanalyse habe ich nun drei Wahrneh-
mungsstrukturen unterschieden (etwas wahrnehmen heißt etwas von etwas anderem unterscheiden), nämlich Raum, Zeit
und Rhythmik, die ebenfalls in einem absolut dialektischen
Verhältnis zueinanderstehen, und die uns jeweils auffordern,
uns mit unserem menschlichen Dasein auseinanderzusetzen,

indem wir das Wahrgenommene differenziert aufnehmen, integrativ verarbeiten und regulierend praktisch nutzen. Daraus ergeben sich dann die entsprechenden <u>Daseinsstrukturen</u> der <u>Räumlichkeit</u> mit ihrer <u>Ekstase der Weltzugehörigkeit</u>, uns auf unser Dasein in der Welt immer mehr und immer entschlossener <u>einzulassen</u>, der <u>Zeitlichkeit</u>, uns immer mehr in die drei zeitlichen <u>Ekstasen der Herkunft, Zukunft und Ankunft</u> hineinzuversetzen oder uns hineinversetzen zu lassen, und der <u>Lebenswirklichkeit</u>, der Dynamik unserer Emotionen (Affekte, Empfindungen und Gefühle), durch die wir immer mehr in die <u>Ekstase der Auskunft</u> über Herkunft, Zukunft und Ankunft unserer jeweils aktuellen Lebenssituation durch ein immer besseres Auskommen (Auskunft kommt von Auskommen) mit anderen und der Welt hineinversetzt werden bzw. uns selbst dort hineinversetzen. Diese Daseinsstrukturen befinden sich ebenfalls in einem absolut dialektischen Verhältnis.

Jede Analyse verfolgt einen Zweck, und der Sinn meiner Daseinsanalyse besteht in der Suche danach, wie das menschliche Dasein optimiert und gewissermaßen wahrhaft menschlich werden kann (siehe oben). Die folgende Idee habe ich von Heideggers Konzept der Eigentlichkeit (Heidegger, 2006) abgeleitet, indem ich seinen Begriff des eigentlichen Verstehens des Worumwillens neu gefasst habe: Das absolute Optimum wäre dann erreicht, wenn wir alle <u>echt und unmittelbar das jeweilige Worumwillen unseres menschlichen Daseins verstehen</u> würden. „Verstehen" bedeutet dabei, dass wir aufgrund unseres affektiven Begreifens von wahrgenommenen Unterschieden und der dadurch entstehenden Empfindungen bzw. unserer Ergriffenheit planvoll Möglichkeiten unseres Seinkönnens entwerfen, uns für einen Plan entscheiden und dann aufgrund erwartungsvoller Gefühle entsprechend praktisch handeln. „Echtes Verstehen" bedeutet, dass wir uns in unseren Erwartungen nicht täuschen und dann empfindungsmäßig enttäuscht sind, und „unmittelbar" heißt, dass dieses „Verstehen" durch nichts anderes vermittelt ist als durch das jeweilige Worumwillen selbst, also direkt durch das vermittelt, worum es dem menschlichen Dasein jeweils gerade befindlich bzw. in seiner Ergriffenheit geht. Eine andere Herleitung ist die, dass es das Optimum wäre, wenn jede Täuschung vollkommen ausgeschlossen wäre. Ausgeschlossen wäre jede Täuschung, wenn das Verstehen unserer Ergriffenheit, unseres Worumwillens echt wäre, und vollkommen ausgeschlossen genau dann, wenn dieses echte Verstehen unmittelbar, also von nichts anderem abhängig bzw. vermittelt wäre als von unserer Ergriffenheit selbst.

Wie ich schon früher aufgezeigt habe (Kolb, 2017c), geht es uns jeweils „nicht nur um ein kluges Sein wie manchen Tieren, sondern zum einen allgemein um ein sinnvolles Sein (im Modus des Genus unter dem Aspekt des Geistig-Idealen), zum anderen im Einzelnen um ein eigenes Sein (im Modus des Individuums unter dem Aspekt des Körperlich-Materiellen) und als drittes im Besonderen um ein verantwortungsvolles Sein (im Modus der Spezies unter dem Aspekt des Psychisch-Motivationalen)" (ebenda, S. 87). „Sinnvoll" bedeutet allgemein affektiv begreifbar einem idealen Ziel folgend und „verantwortungsvoll", dass wir autonom, im eigenen Namen handeln und so Antwort geben können, was uns psychisch bzw. von unserer Ergriffenheit her motiviert hat.

An dieser Stelle könnte nun der Einwand kommen, es gebe hier einen Zirkelschluss, da das ideale Ziel, dem das Dasein folgt, wenn es ihm um ein sinnvolles Sein geht, ja gerade das echte und unmittelbare Verstehen des Worumwillens ist, was ja ein sinnvolles Sein wäre. Dem ist zu entgegnen, dass hier Relatives mit Absolutem verwechselt und vermischt wird: Wie schon Heidegger schreibt (Heidegger, 2006), bewegt sich das Dasein im Verstehen in Zirkeln, das ist der Relativität des Daseins geschuldet, das Dasein ist zeitlich und räumlich relativ, aber das echte und unmittelbare Verstehen des Worumwillens ist absolut bezüglich Räumlichkeit und Zeitlichkeit, eine

Utopie, bei der es weder Raum noch Zeit gibt. Wir folgen genau genommen nicht wirklich dem idealen Ziel der vollkommenen Liebe, welches wir ja gar nicht erfassen können, wir folgen nur einer vorläufigen Vorstellung von diesem Ziel, die sich fortlaufend ändern kann je nach Situation und Entwicklungsstand. Uns der Vorläufigkeit immer bewusst zu sein, ist eine der Herausforderungen auf diesem Weg.

Im menschlichen Dasein nehmen wir etwas affektiv wahr, unterscheiden etwas und sind davon angemacht (lat. afficere = anmachen), begreifen es affektiv, indem wir es in greifbare Nähe von uns bringen, und empfinden etwas dabei, finden uns darin, dass wir von etwas dabei ergriffen sind, meinen herausgefunden zu haben, wo es herkommt, dass es uns ergreift. Diese Ergriffenheit drängt uns, die wir etwas Entsprechendes, eine Entsprechung bei uns gefunden haben, zu planen und aktiv zu werden. Sobald wir uns befindlich darauf verstehen, ein mögliches Seinkönnen zu entwerfen, welches aufgrund unseres Befindens mit einer entsprechend optimalen Erwartung verknüpft ist, setzen wir dies in Handlung um. Bei unseren Erwartungen fühlen wir vor, was aus der Zukunft auf uns zukommen könnte, bekommen ein Gefühl dafür, und mit diesem erwartungsvollen Gefühl gehen wir mit der Situation, in der wir angekommen sind, aktiv um, entscheiden uns, werden tätig und handeln oder nicht, sodass eine Veränderung erfolgt oder nicht, was wir affektiv wahrnehmen, wobei wir gleichzeitig unterscheiden und eventuell im Austausch mit anderen die Auskunft erhalten können, inwiefern unsere Erwartungen erfüllt sind oder nicht, ob wir uns getäuscht haben oder nicht, was uns wieder entsprechend anmacht und uns nach der Auskunft trachten lassen kann, woher diese Situation wiederum kommt, sodass wir das affektiv begreifen und erneut empfinden, ergriffen sind usw.

Der Zirkel ist nun geschlossen, und wenn wir dabei nach dem echten und unmittelbaren Verstehen des Worumwillens unseres Daseins streben, dann bemühen wir uns um immer mehr <u>Auskunft</u> über die entsprechende Herkunft unserer Ergriffenheit, über die Möglichkeiten, auf die wir in der Zukunft zukommen können, und über die tatsächliche Situation, in der wir nach unseren Handlungen (oder Nicht-Handlungen) angekommen und womit wir gerade zusammengekommen sind. In unserem Bemühen geht es vor allem darum, dass wir uns insgesamt immer weniger täuschen bzw. aus unseren Täuschungen etwas lernen und Konsequenzen ziehen. Dadurch wird unser Verstehen immer echter. Indem wir immer verantwortungsvoller dabei handeln, also immer besser Antwort geben können darüber, was uns ergriffen hat und was wir erwarten, wird das Verstehen unseres Worumwillens immer unmittelbarer, sodass wir uns tatsächlich so immer mehr dem echten und unmittelbaren Verstehen des Worumwillens unseres Daseins annähern. Bei diesem Zirkel begegnen uns weitere Transzendenzaspekte, nämlich dass wir uns stets vorweg, stets hinterher und stets dabei sind, alles, was uns und unser In-der-Welt-Sein betrifft, wahrzunehmen, zu begreifen und uns darauf zu verstehen, wobei es hier ebenfalls Grenzen gibt, die wir höchstens ausdehnen aber nie überschreiten können. Diese Transzendenzaspekte vermitteln unserem Dasein einen Rahmen, in dem unser Sein verständlich wird, vermitteln also den Sinn unseres Seins (Heidegger, 2006).

Die Ekstase der Auskunft macht noch einmal deutlich, dass wir bei alldem auf den Austausch und ein Auskommen mit anderen angewiesen sind. Die Ausdrucks- und Verständigungsmöglichkeiten werden niemals von einem allein geschaffen, das hat Wittgenstein mit seinem Privatsprachenargument bereits logisch widerlegt. Dies gilt nicht nur für die Sprache, sondern für jede Art der Kommunikation, auch die nichtsprachliche. Einerseits kann man die Argumentation von Wittgenstein übertragen, andererseits haben Beobachtungen ergeben, dass die Kommunikation zwischen Mutter und Kind, die sich ab der Geburt entwickelt, bei derselben Mutter mit verschiedenen ihrer Kinder nicht gleich ist, d.h. ähnliche Lautäußerungen oder Verhaltensweisen werden von verschiedenen Kindern verschieden eingesetzt und von derselben Mutter auch entsprechend anders beantwortet. Insgesamt sind Ausdruck, Entsprechung und Auseinandersetzung zwischen einer Mutter und jedem ihrer verschiedenen Kinder anders. Jede Auskunft, jeder Austausch mit anderen und jede Art der Kommunikation dient der verständigen Weltorientierung und Daseinsbewältigung. Daher kann man auch sagen, das menschliche Dasein strebt der absoluten Einheit zu, und statt „Im Anfang war das Wort" (Johannes, 1, 1) müsste man viel radikaler davon sprechen, dass im Anfang die absolute Einheit war. Die absolute Einheit aber ist für uns das absolute Nichts, weil wir absolut nichts mehr unterscheiden und daher absolut nichts mehr wahrnehmen könnten. Wenn wir als Anfang allerdings die Sprengung der ursprünglichen Einheit nehmen, also den Urknall, dann bedeutet „Wort" das Versprechen der Rückkehr zur absoluten Einheit.

Wenn wir uns täuschen, können wir drei Stellen dieses kreisförmigen Prozesses kritisch betrachten: (1) wenn wir wahrgenommen haben, ob wir einen Unterschied übersehen haben oder meinten, einen solchen wahrgenommen zu haben, obwohl es keinen gab, (2) wenn wir uns ergreifen lassen bzw. von etwas ergriffen sind, obwohl wir besser gelassen bleiben sollten, oder umgekehrt, wenn uns etwas nicht ergreift, was uns aber etwas angeht, und (3) wenn wir aufgrund unerfüllbarer Erwartungen handeln oder an einer möglichen Erfüllbarkeit zweifeln und deshalb einen entsprechenden Plan nicht umsetzen. Vereinfacht ausgedrückt, können wir unsere physisch-materielle Wahrnehmung und unsere Affekte, unsere psychisch-motivationale Ergriffenheit und unsere Empfindungen oder unsere geistig-idealen Erwartungen und unsere Gefühle kritisieren. Woher solche Kritik und entsprechende Zweifel kommen, wohin sie führen, dass wir überhaupt zweifeln und zweifeln können, ist für uns unerklärlich und unverfügbar. Bei diesem Transzendenzaspekt des Zweifelns ist jeder auf sich selbst zurückgeworfen, ist dazu angehalten, sein Selbst zu entdecken (hier ist schon angedeutet, was unter dem Selbst zu verstehen ist, ich werde es aber weiter unten noch genauer beschreiben). Zugleich gründet darin unsere Selbstbestimmung („Ich zweifle oder wundere mich, also bin ich"), unser Selbst ist darin erschlossen, wenn auch noch nicht unbedingt entdeckt. Außerdem zeigt sich hierin, dass Immanenz ohne Transzendenz unmöglich ist, Selbsterkenntnis ist nur möglich, weil wir im Zweifel auskunftmäßig uns hinterher, uns vorweg und dabei sind, in welcher Situation wir gerade angekommen sind, und das ist der Rahmen, in dem Sein erst selbst-verständlich ist, das ist der Sinn des Seins (Heidegger, 2006).

Weil Kritik und Zweifel immer auf sprachlichen Ausdrücken beruhen, begegnen wir hier der Transzendenz bzw. dem Wunder der Sprache. Die Potenzialität und Ahnungen sind das Unfassbare, welches hinter der Grenze dessen liegt, was wir sprachlich ausdrücken können, und Kritik und Zweifel werden aus Ahnungen geboren. Diese „Geburt" gelingt nur dann, wenn wir uns einerseits mit anderen ausreichend ausgetauscht haben (eine kontextmäßige Betrachtung, also die Vernetztheit, Bezogenheit und Relativität von allem Seienden betreffend), sodass wir von Ahnungen ergriffen werden können, die wir dann für uns allein verstehen können, nachdem wir genug Möglichkeiten des Seinkönnens (Potenzialität) genauer betrachtet haben.

Wie schon oben erwähnt, handelt es sich beim echten und unmittelbaren Verstehen des Worumwillens unseres Daseins um eine Utopie, etwas absolut Unerreichbares, was meines Erachtens genauso für Heideggers eigentliches Verstehen gilt. Trotzdem konnte ich zeigen, dass es sinnvoll ist, nach diesem Ziel zu streben, dass der Weg dorthin absolut Sinn macht: zum einen ist es eine in unserem Dasein bezeugte Erfüllungsgestalt, zum anderen besitzt jeder die Möglichkeit, auf diesem

Weg Fortschritte zu machen (Kolb, 2017a). Damit ist dieses utopische Ziel vernünftig und rational begründbar. In Bezug auf die drei Daseinsmodi bedeutet diese Utopie vollkommene kommunikative Solidarität (Genus), vollkommenes ganzheitliches Selbstverständnis (Individuum) und vollkommene Autonomie und Effektivität (Spezies), wobei ich meine bisherige Daseinsanalyse dahingehend ergänzen muss, dass Effektivität wegen der Solidarität mit anderen und wegen des Selbstverständnisses des einzelnen bedeuten muss, dass beim Handeln das Leid in der Welt und bei sich selbst nicht vermehrt, sondern am besten vermindert wird. Das Kommunikative im Gemeinschaftlichen, das Ganzheitliche des individuellen Verstehens und die Autonomie beim Handeln stehen in einem absolut dialektischen Verhältnis zueinander, und dasselbe gilt für die Solidarität, das Selbstverständnis und die Leidminderung (zwei vermitteln jeweils das Dritte und dieses zwischen den beiden).

Ich habe diese Utopie die der vollkommenen Liebe genannt, bei der vollkommene Selbst-Liebe und vollkommene Fremd-Liebe eins sind. Der Daseinsaspekt des Geistig-Idealen ist dann der Aspekt der Rückkehr zur vollkommenen Liebe, das Körperlich-Materielle ist der Aspekt der Entfremdung von der vollkommenen Liebe und das Psychisch-Motivationale der Aspekt der Dynamik der vollkommenen Liebe (Kolb, 2017a). Dadurch, dass das utopische Ziel der vollkommenen Liebe eine in unserem Dasein bezeugte Erfüllungsgestalt ist, ist dieses Ziel kategorisch i.S.v. Kant, die Aufforderung, dieses Ziel zu verfolgen, ist ein kategorischer Imperativ und bei genauerer Betrachtung (Kolb, 2017a, S. 248) äquivalent zu Kants kategorischem Imperativ.

Nachdem ich die wichtigsten Grundlinien meiner Daseinsanalyse skizziert habe, möchte ich vertieft auf das Phänomen zweier verschiedener Sprachebenen für das Transzendentale oder Absolute und für das Relative oder Profane eingehen, welches uns im menschlichen Dasein zum ersten Mal in der frühen Kindheit begegnet, wenn ein Kind zwischen den beiden Erlebnismodalitäten des Als-ob-Modus (auf fantasierte Möglichkeiten bezogen z.B. in Rollenspielen) und des Äquivalenz-Modus (auf frühere Erfahrungen bezogen) hin- und herwechseln kann (Fonagy, Gergely, Jurist, & Target, 2008). Es hat dann z.B. gelernt, wie es das Wort „Geist" verwenden kann. Wittgenstein meint, wir sprechen von einem Geist, als ob etwas existiert, wofür es aber kein greifbares Äquivalent gibt. „Wo unsere Sprache uns einen Körper vermuten lässt, und kein Körper ist, dort, möchten wir sagen, sei ein Geist." (§ 36) (Wittgenstein, 2001).

Beim Phantomschmerz, um ein anderes Beispiel zu nehmen, bin ich psychisch im Äquivalenz-Modus und empfinde meinen Zustand als äquivalent zum Zustand vor der Amputation. Ich mache mich unter solchen Bedingungen eventuell von anderen abhängig, etwa von einem Arzt, der mir sagt, ich könne keine Schmerzen haben, obwohl ich welche empfinde. Ich bin dann vielleicht ganz entgeistert und glaube dem Arzt und nicht mir, als ob meine Empfindungen und mein Denken darüber falsch und daher gar nicht meine eigentlichen Empfindungen und mein eigentliches Denken sind, als ob meine Seele und mein Geist gar nicht meine Seele und mein Geist sind, als ob ich erst von außen beseelt und begeistert werden muss und bis jetzt nur ein Zombie bin, mit dem man machen kann, den man beliebig benutzen kann. Mein Körper wird sozusagen von außen beseelt und mit Geist versehen, eine Beseelung und Begeisterung von außen, und ich bin nur Körper, nur Staub, ein Nichts, von außen bestimmt und nicht von mir selbst. Mein Selbst ist bei dieser Vorstellung mein Körper, und meine Seele und mein Geist, das bin nicht ich – und das ist schizophren.

Bei der Vorstellung der Beseelung und Begeisterung von außen bin ich nur dann nicht schizophren, bin immer noch selbst meine Seele und mein Geist, wenn ich mir klar darüber werde, dass ich vom Erleben meine Empfindungen und im

Äquivalenz-Modus <u>bin</u> und in den Als-ob-Modus wechseln kann. In diesem Modus <u>habe</u> ich Gefühle, die mit entsprechenden Vorstellungen verknüpft sind. Das ist normal und nötig, damit ich entscheiden kann, welche Alternative meines Seinkönnens ich handelnd umsetzen will oder sollte und welche nicht. Im Als-ob-Modus stelle ich mir diese Alternativen ja geistig vor.

Wenn ich die Meinung und das Gefühl eines anderen ausdrücke und dabei glaube, es sei meine Meinung und mein Gefühl, obwohl das nicht stimmt, dann bin ich im Äquivalenz-Modus und zugleich in einem anormalen Bewusstseinszustand, z.B. in Hypnose oder in einem psychotischen Schub. Im Als-ob-Modus dagegen bin ich wie jemand, der die Rolle eines anderen spielt und davon weiß. Ich weiß dann auch, dass mein körperlicher Ausdruck mein eigentliches Sein verdeckt. Wir drücken dies meist so aus, dass der Körper für andere ein Hindernis darstelle, Seele und Geist zu erkennen. Im psychotischen Schub ist mein Körper dies auch für mich. Dann rede ich wie im Als-ob-Modus, obwohl ich mich im Äquivalenz-Modus erlebe, sodass beide Modi vermischt sind.

Dagegen meint Wittgenstein, dass der „menschliche Körper [...] das beste Bild der menschlichen Seele" (Wittgenstein, 2001, S. 1002, PU 496) sei. In diesem Sinne sind Körper und Seele äquivalent, und genau dies ist mit dem Äquivalenz-Modus des Erlebens gemeint. Wenn unser Körper das beste Bild der Seele ist, dann vertraue ich darauf, dass ich für andere, die mich körperlich wahrnehmen, in meinen Äußerungen verständlich bin. Meine Seele ist in diesem Sinne körperlich geworden, sie ist abbildhaft Fleisch geworden nach außen hin, eine Fleischwerdung nach außen, und mein Körper ist das fleischliche Bild meiner Seele, das irgendwann einmal zu Staub zerfällt. Als Körper bin ich das fleischliche Abbild meiner Seele (und meines Geistes) und so mir selbst verständlich, ich bin selbst-verständlich mein Körper.

Wenn ich nun mich selbst als meinen Körper wahr-
nehme, dann sage ich, ich bin ich selbst, ich bin mein Körper.
Ein wörtliches selbst-verständliches Mein-Körper-Sein, wenn
es nicht wie bei der Vorstellung der Beseelung und Begeisterung schizophren sein soll, setzt aber voraus, dass ich nicht nur
mein Selbst, sondern auch meine Seele und meinen Geist mit
meinem Körper identifiziere, doch ist das nicht schizophren?
Weiter unten auf Seite 32 werde ich aufzeigen, dass das Selbst
in unserer Ergriffenheit, unseren Erwartungen und daher in unserer Seele und unserem Geist phänomenal enthalten und aus
unseren Täuschungen und damit aus unserem Körper – genauer aus dem körperlich-materiellen Aspekt unseres Daseins
– ableitbar ist. Ableitbar, weil der Körper das Bild unseres
Selbst ist, und phänomenal enthalten, weil unser Selbst von der
Welt ergriffen ist und Erfüllung erwartet.

Wenn ich also mein Selbst mit meinem Körper identifiziere, dann ist das so, als sagte ich zu meinem Bild in einem
Spiegel: „Das bin ja ich!" Wenn das wörtlich so stimmte, dann
hätte ich mich verdoppelt, und das wäre tatsächlich schizophren. Da ich aber tatsächlich im Alltag zu meinem Spiegelbild
sage, dass ich das bin, ohne der Meinung zu sein, dass ich mich
verdoppelt habe, kann ich auch sagen, ich bin selbstverständlich mein Körper, ohne mein Selbst mit meinem Körper
gleichzusetzen, also ohne schizophren zu sein. Ich bin also,
wenn ich sage, „ich bin mein Körper", vom Erleben her in einem Äquivalenz-Modus, denn mein Selbst und mein Körper
sind äquivalent, also nur gleichwertig und nicht gleich. Bei der
Vorstellung der Fleischwerdung nach außen betrachte ich meinen Körper ja als Abbild und setze ihn gerade nicht mit meinem Selbst gleich, welches in ihm auch nur abgebildet wird.
Seele und Geist sind Fleisch geworden im Körper und damit
in die Welt gekommen, in die Realität, sodass man vom Erleben her diesen Modus, wenn ich mich in der Welt fühle als In-
der-Welt-Sein, auch als Realitätsmodus bezeichnen kann, weil
Seele und Geist im Körper Fleisch geworden, relativ geworden

und ihm äquivalent sind und sich als (relative) Repräsentationen des (relationalen) Daseins im Umgang mit der Realität, im praktischen Leben, bewähren können, dürfen, sollen, müssen. Als-ob-Modus, Äquivalenzmodus und Realitätsmodus befinden sich daher in einem absolut dialektischen Verhältnis.

Auf den ersten Blick scheinen sich die beiden Vorstellungen der Beseelung und Begeisterung von und der Fleischwerdung nach außen zu widersprechen, aber wenn wir uns die Entwicklung eines Kindes in der Mutter-Kind-Beziehung der ersten Lebensjahre betrachten, dann findet beides parallel zueinander statt. Einerseits begeistert die Mutter ihr Kind von außen, wobei dieses sich vom Erleben her im Als-ob-Modus befindet und ihre Vorstellungen übernimmt, und sie beseelt es von außen, indem sie es liebevoll berührt, wobei das Kind im Äquivalenz-Modus des Erlebens ist, denn es erlebt die Liebe der Mutter am Körper, der äquivalent zu seiner Seele ist. Andererseits setzt sich das Kind vom Erleben her in beiden Modi immer mehr mit der Welt auseinander und seine Seele entfaltet sich im Äquivalenz-Modus und sein Geist im Als-ob-Modus, und beides wird im „Fleisch" seines Körpers und dessen Ausdruck immer sichtbarer und damit äquivalenter zum Körper, bis es am Ende dieses Entwicklungsabschnitts mit etwa vier Jahren vom Erleben her damit beginnt, die beiden Modi sowie Geist und Seele immer mehr miteinander zu verknüpfen, sodass es sich dadurch immer mehr im Realitätsmodus erlebt. Vorbild ist dabei, wie die Mutter ihre Begeisterung und Beseelung ihres Kindes miteinander verbindet.

Am Anfang „hat" ein Kind in den gefühlsmäßigen Vorstellungen der Möglichkeiten seines Seinkönnens einen Körper, den es benutzen kann, aber im Laufe seiner Entwicklung, wenn diese Vorstellungen differenzierter werden, identifiziert es sich mit verschiedenen Körperteilen und „ist" immer mehr sein Körper. Vom Seelisch-Motivationalen her „ist" es anfänglich nur ein Körper, empfindet sich als Teil seiner Mutter, bis

es allmählich begreift, dass es verschiedene körperliche Bereiche und damit Körperliches „hat" und sich so immer mehr von
seiner Mutter unterscheidet, von der es ja real verschieden ist.
Entsprechend ist das Psychisch-Motivationale zuerst nur auf
die Vergangenheit bezogen, die ein Kind z.B. gerne wieder holen möchte, wenn sie erfüllend war, und erst nach und nach
wird es von idealen zukünftigen Möglichkeiten befindlich an-
gezogen; und vom Geistig-Idealen her ist es zu Beginn seiner
Entwicklung auf die Zukunft ausgerichtet und bezieht erst allmählich vergangene Möglichkeiten in seine Vorstellungen mit
ein. So verbinden sich Seele und Geist, behalten aber immer
eine gewisse Eigenständigkeit bei, die erst in der vollkommenen Liebe aufgehoben wäre.

Die Beseelung und Begeisterung von außen (anfänglich i.d.R. von der Mutter) ist der „Hebel der Außenwelt", wie
E.T.A. Hoffmann schreibt, der die „Sehnsucht der Liebe"
weckt, wie es in Schopenhauers Metaphysik der Geschlechter-
liebe heißt, der Hebel, der jene Kraft in Bewegung setzt, die zu
einer Fleischwerdung nach außen führt. Diese Fleischwerdung
mutet uns teilweise an wie ein Carneval (Carne = Fleisch, va-
lere = wert, gültig sein), wenn das „Fleisch" auf manchmal
groteske Weise auf Wert und Gültigkeit besteht und sein Recht
verlangt. Die Welt erscheint dann geistig – im Als-ob-Modus
– auf den Kopf gestellt, und das Dasein bekommt bei dieser
Vermischung von Als-ob- und Äquivalenz-Modus wahnhafte
Züge. Hier kann das Lachen, der Humor eine gesunde Distanz
schaffen und das Wahnhafte auflösen.

In der Pubertät lernt der Jugendliche, seine Seele bzw.
seine Empfindungen und seine Gedanken bzw. seinen Geist
hinter seinem sich geschlechtlich entwickelnden Körper immer mehr zu verbergen, bis er sich dann als Erwachsener in
der intimen körperlichen Partnerbeziehung wieder mehr mit
seinen Empfindungen und Gedanken körperlich zeigt. So kann
das immer hin und her gehen, dass der Körper einmal Seele
und Geist verbirgt und dann wieder offenbart. Wir können hier

einen Rhythmus der Entwicklung des menschlichen Daseins erkennen, das sich nicht geradlinig auf das utopische Ziel der vollkommenen Liebe hin entwickelt, sondern teils linear, teils zirkulär.

Seele und Geist sind aber nie vollkommen vereint, das wäre nur in der vollkommenen Liebe der Fall. Von daher sind auch Als-ob-Modus und Äquivalenz-Modus zwar verbunden aber trotzdem verschieden. Dasselbe gilt für die beiden Sprachebenen, mit denen wir einerseits im Als-ob-Modus vom Transzendenten bzw. Absoluten reden und sagen, dass wir als absolutes und unverfügbares Selbst einen Körper haben, und andererseits im Äquivalenzmodus die Rede vom Relativen bzw. vom Diesseitigen führen, wobei wir dann sagen müssen, dass wir im relativen Dasein unser Körper sind. Wenn wir das verwechseln und z.B. Körper-Haben und Körper-Sein miteinander vermischen oder die Rede von Gott wörtlich nehmen und für gleich mit der vom Alltäglichen halten, dann vermischen wir Absolutes mit Relativem, und das ist wahnhaft oder abergläubisch.

Um noch einmal auf den Phantomschmerz zurückzukommen, so besteht hier vor allem ein psychisches Problem: Vom Absoluten her haben wir einen Körper mit zwei Beinen, vom Relativem her sind wir nach einer Amputation nur noch ein Körper mit einem Bein bzw. ein Körper ohne das eine Bein. Wenn wir vom Seelischen her noch nicht begreifen, dass wir ohne das eine Bein sind, dann empfinden wir ab und zu Phantomschmerzen, womit unsere Psyche unseren Geist, welcher noch nicht weiß, dass wir nur noch ein Bein haben, auffordert, für unser Bein zu sorgen, als ob wir es noch hätten. Nach einer Amputation muss also unsere Seele begreifen, dass wir ohne das eine Bein sind, und unser Geist muss verstehen, dass wir nur noch ein Bein haben. Würden wir in diesem Fall aufstehen und versuchen, mit zwei Beinen zu laufen, dann würden wir hinfallen und durch diese Täuschung und Enttäuschung vom Geist her ziemlich schnell verstehen, dass wir über die Möglichkeit dieses Seinkönnens nicht mehr verfügen, also nur noch ein Bein <u>haben</u>. Ganz allgemein lernen wir am besten durch positive Fakten, die wir wahrnehmen, greifen und begreifen können. Eine Täuschung ist wahrnehmbar und daher so ein positives Faktum. Aber nicht mehr ein Körper mit zwei Beinen zu <u>sein</u> trotz früherer äußerst schmerzhafter Erfahrungen und Empfindungen, ist ein negatives Faktum, sodass es von unserer Psyche her wesentlich schwieriger ist, dieses Faktum zu begreifen. Insofern ist der Phantomschmerz kein geistiges, sondern ein psychisches Problem.

Nachdem nun geklärt ist, wie wir vom Transzendenten reden können, kann ich den Begriff Religion daseinsanalytisch definieren und bestimmen, was eine Religion im menschlichen Dasein für einen Platz hat, worauf sie gründet und wie und wodurch sie entsteht und sich auswirkt. Eine Religion umfasst bestimmte allgemeine und von allen in einer Religionsgemeinschaft geteilten und sprachlich im Als-ob-Modus mitgeteilten Haltungen, die dazu beitragen, dass Wahrgenommenes auf eine bestimmte und ähnliche Weise affektiv verstanden wird. Ferner gehören bestimmte individuelle Einstellungen dazu, die sich der einzelne im Begreifen der Rede vom Transzendenten klarmachen kann, sodass er oder sie entsprechend ergriffen ist und das Begriffene von ihm oder ihr entsprechend befindlich verstanden wird, woraufhin Möglichkeiten des Seinkönnens entworfen und gefühlsmäßige Entscheidungen je nach Erwartung getroffen werden. Schließlich gibt es noch spezifische zur Religion gehörige Stimmungen, die die betreffende Person sprachlich in der Rede über das Transzendente ausdrücken kann. Diese Stimmungen beeinflussen die Art der Ausführung von immer mehr Handlungen. Wie in „Liebe, Macht und Sexualität" aufgezeigt, besteht zwischen allgemeinen Haltungen, individuellen Einstellungen und spezifischen Stimmungen ein absolut dialektisches Verhältnis, sodass ich sie unter dem Begriff der Disposition zusammengefasst habe (Kolb, 2017c).

Religion hat also im menschlichen Dasein den Platz einer Disposition, die nur möglich ist mit der geteilten, begriffenen und ausgedrückten Rede vom Transzendenten, und führt zu einem bestimmten affektiven Begreifen, befindlichen Verstehen und zu stimmungsgetönten Handlungen (auch das Reden ist eine Handlung), hat also derartige Auswirkungen.

Wenn Küng schreibt, „Religionen gründen in einer erfahrungsmäßigen Einheit von Erkennen, Wollen und Fühlen" (Küng & Ching, Christentum und Weltreligionen. Chinesische Religion, 1988, S. 59), dann bedeutet das in meiner Terminologie, dass eine Religion darin gründet, dass Menschen unter bestimmten Bedingungen eine Erfahrung gemacht haben, bei der einen Moment lang alle Erwartungen erfüllt waren und so der Kreislauf von Begreifen, Planen und Handeln zum Stillstand gekommen ist. Das ist zwar noch nicht der Zustand der vollkommenen Liebe, aber ein Vorgeschmack davon, sodass die Dynamik der vollkommenen Liebe, das Psychisch-Motivationale, einsetzt und zur Rückkehr zur vollkommenen Liebe, dem geistigen Ideal, dem Göttlichen, auffordert, indem danach getrachtet wird, die Gegensätzlichkeiten zwischen Ergriffenheit und Erwartungen, die Entfremdung von der vollkommenen Liebe, immer mehr zu überwinden. Religionen gründen also in dem Streben nach der vollkommenen Liebe, nach dem Göttlichen schlechthin, und die Rede davon ist immer die Rede vom Transzendenten und findet im Als-ob-Modus statt.

Da die Einheitserfahrungen, die das Streben nach dem Göttlichen hervorrufen, etwas Besonderes sind und nicht aus eigener Kraft erzeugt werden können, werden sie als Gnadengeschenk von höheren Wesen betrachtet. Vermutlich sind die ersten derartigen Erfahrungen mehr oder weniger zufällig im Zusammenhang mit psychotropen Substanzen (Alkohol, Pilz- und Pflanzengiften) entstanden, was die Ähnlichkeit der ursprünglichen sogenannten Volksreligionen erklären würde. Es kann aber auch sein, dass diese Einheitserfahrungen auf sehr harmonischen Erfahrungen aus der Kindheit beruhen, die in der Erinnerung noch zusätzlich idealisiert worden sind, und die in einem Rauschzustand ekstatisch wiedererlebt werden. Um aus der Abhängigkeit von psychotropen Substanzen zu kommen, entwickelten Menschen Techniken und Fähigkeiten, mit denen sie ähnliche Trance- oder Einheitserfahrungen machen konnten, und glaubten, auf diese Weise ebenfalls Kontakt oder sogar eine noch bessere Verbindung, die nicht durch irgendwelche Stoffe verunreinigt war, mit dem Göttlichen bzw. mit Göttern zu bekommen. Da aber nicht alle derartige Fähigkeiten erlangen konnten, ergaben sich im religiösen Bereich Hierarchien und Machtstrukturen, denn diejenigen, die unfähig waren, selbst diesen verbesserten Kontakt zum Göttlichen herzustellen, mussten denen glauben, die es konnten.

Küng unterscheidet nun Glaube von Aberglauben und wahre und falsche Religionen (Küng & Ching, 1988, S. 85-87). Beim Aberglauben wird Relatives und Absolutes vermischt, Religion erkennt nur das Optimum und nichts Relatives, nichts Bedingtes, nichts Menschliches (da unvollkommen) als absolute Autorität an. „Aberglaube vergöttert entweder materielle Dinge oder eine menschliche Person oder eine menschliche Organisation. In dieser Hinsicht erweist sich zum Beispiel auch jeglicher Personenkult als eine Art von Aberglauben" (ebenda, S. 85). Wahre Religion sollte nach Küng „dem Menschen helfen, das Gute zu tun, um so wahrhaft Mensch, human zu sein" (ebenda, S. 86). Dies entspricht auch meiner Auffassung, dass die Grundfrage der Religionsphilosophie sein sollte, wie die Liebesfähigkeit von Menschen gefördert werden kann, bzw. wie wir uns in unserem menschlichen Dasein der vollkommenen Liebe bzw. der vollkommenen kommunikativen Solidarität, dem ganzheitlichen Selbstverständnis und der vollkommenen Autonomie und Leidminderung immer mehr nähern können. Damit ist das „Gute" wie die Sprache prozessual offen und transzendent, nicht greifbar und im Letzten erklärbar, es ist je nach Kontext etwas anderes im jeweiligen Entwicklungsprozess des Daseins „gut" bzw. för- derlich für Solidarität, Selbstverständnis und autonome, effek- tive Leidminderung.

Vollkommene kommunikative Solidarität impliziert absolute Gleichheit in Einheit mit absoluter Freiheit (Nishitani, 2011). Was absolute Gleichheit oder Freiheit genau bedeuten, will ich weiter unten am Ende des Kapitels klären. Autonomie heißt, im eigenen Namen bzw. verantwortungsvoll zu handeln, d.h. ich kann immer Antwort auf die Frage geben, was mich psychisch-motivational zu dem betreffenden Han- deln bewegt hat. Was zur Erklärung des Selbstverständnisses noch wichtig ist, ist eine Abklärung der Begriffe „Ich" und „Selbst" (siehe auch das 8. Kapitel von „Dasein, um zu lieben" (Kolb, 2017a)):

Das Selbst ist phänomenal in allen unseren Wechsel- wirkungen mit unserer Umgebung enthalten und zeigt sich in- direkt darin. Für unser Selbst-Verständnis ist der Kontakt mit anderen unabdingbar. Einerseits gibt es das Phänomen des Ich, etwas Bewusstes, was jeder durch Vergleich mit anderem un- terscheiden kann (bewusste Wahrnehmung = vergleichendes Unterscheiden) als das, was sich gewöhnlich lautstark und di- rekt meldet und mit der (bildlich gesprochenen) Hülle der Re- präsentationen von der Welt, von anderen, von sich selbst und vom jeweiligen Bezug zueinander verbunden ist. Zum Teil ge- hört das Ich zum Selbst, zum Teil täuscht sich das Dasein aber auch darin, wenn es bestimmte Ich-Anteile für einen Teil sei- nes Selbst hält. Das Ich hat einen psychischen Aspekt, inwie- fern das Dasein meint, über sich selbst Bescheid zu wissen, was es z.B. durch Erzählungen über sich selbst und seine bis- herige Entwicklung, seine Herkunft ausdrückt, einen geistigen Aspekt, für welche zukünftigen Möglichkeiten des Seinkön- nens das Dasein glaubt, sich entscheiden zu können, welche Rollen und Funktionen dem Dasein angeblich oder auch tat- sächlich zur Verfügung stehen, und einen materiellen Aspekt, inwieweit das Dasein räumlich und zeitlich zwischen seinem momentanen eigenen Körper und allem anderen in der Welt unterscheiden kann.

Andererseits gibt es das Phänomen des Selbst, welches in seiner ganzen Fülle ein ausgezeichnetes Phänomen im Sinne Heideggers (s.u.) ist, zum großen Teil ein nicht erkannter oder verkannter Anteil, der uns zwar durch unsere Ergriffenheit, unsere Erwartungen und unsere Täuschungen prinzipiell erschlossen ist, den wir aber nur näherungsweise und sehr schwer erkennen können, am besten durch die Erforschung von Träumen oder durch das bewusste, also vergleichende Erleben von Trancezuständen, sodass die derart erkannten Teile des Selbst dann zum Ich dazukommen. Unser Selbst tönt sozusagen durch die Hülle unserer Repräsentationen hindurch und ist in diesem Sinne unsere eigentliche Person bzw. Persönlichkeit (von personare = hindurchtönen). In der Utopie der vollkommenen Liebe wären Ich und Selbst dasselbe. Phänomen in einem ausgezeichneten Sinne bedeutet nach Heidegger, dass sich hier etwas sehr indirekt meldet, nämlich „solches, was sich zunächst und zumeist gerade *nicht* zeigt, was gegenüber dem, was sich zunächst und zumeist zeigt, *verborgen* ist, aber zugleich etwas ist, was wesenhaft zu dem, was sich zunächst und zumeist zeigt, gehört, so zwar, dass es seinen Sinn und Grund ausmacht" (Heidegger, 2006, S. 35). Das „Ich" ist also ein relativer Begriff, das „Selbst" ein absoluter.

Das Charakteristische des Psychisch-Motivationalen ist die Ergriffenheit, das des Geistig-Idealen die Erwartung und das des Körperlich-Materiellen die Täuschung. Damit ist das Wesen des menschlichen Daseins Ergriffenheit, Erwartung und Täuschung, und unser Selbst ist phänomenal in unserer Ergriffenheit (seelische Empfindungen) und unserer Erwartung (geistige Vorstellungen) enthalten und aus unseren Täuschungen (materiellen Gegensätzen) ableitbar. In der Utopie der vollkommenen Liebe gäbe es keine Täuschung mehr, sodass auch Ergriffenheit und Erwartung zusammenfielen und sich auflösten, d.h. die drei Daseinsaspekte wären verschwunden, und es gäbe keinen Unterschied mehr zwischen Ich und Selbst, und dies wäre aus unserer momentanen Endlichkeit betrachtet eine absolute Nichtigkeit.

Der Weg zur vollkommenen Liebe ist dadurch gekennzeichnet, dass alle Daseinsaspekte immer wieder und ständig nacheinander einerseits negiert, andererseits angenommen werden und drittens immer wieder bedeutungslos sind (Kolb, 2017a). Daraus ergeben sich weitere Transzendenzaspekte: Die Entwicklung zur vollkommenen Liebe bedeutet einerseits die absolute Negation, die vollkommene Liebe ist somit das absolute Nichts (jap. zettai mu), dem es nicht erlaubt ist, Sein zu sein (Tanabe, 2011a), andererseits ist sie ein absolutes Ideal, und zum dritten ist die Vollkommenheit der Liebe für den Weg dorthin absolut bedeutungslos und kann uns nur ablenken, auf dem Weg voranzukommen. Wir sollten uns also nur auf die Entwicklung konzentrieren und uns nicht auf die Vollkommenheit unserer Liebe fixieren. Der Weg ist das Ziel.

Dies mag insgesamt alles sehr verwirrend sein, aber aufgrund der Relativität unseres menschlichen Daseins ist alles Absolute immer widersprüchlich für uns. Von der Daseinsstruktur der Lebenswirklichkeit aus betrachtet sind wir genau dann dabei, Fortschritte auf dem Weg zur vollkommenen Liebe zu machen, je mehr wir uns entschlossen um echte und unmittelbare Auskunft bemühen über die eigentliche Herkunft, Zukunft und Ankunft unserer momentanen Situation. Je besser wir unsere eigentliche Herkunft dadurch affektiv begreifen, desto besser können wir vergeben (es nicht mehr persönlich nehmen – man kann nicht die Tat, sondern nur dem Täter verzeihen) und die Herkunft in der Bedeutungslosigkeit versinken lassen (zu vergeben, ohne affektiv zu begreifen, ist Heuchelei). Je besser wir dabei unsere eigentliche Zukunft befindlich verstehen (im Sinne Heideggers (Heidegger, 2006)), desto besser können wir die Möglichkeiten unseres Seinkön-

nens, unser Vermögen in diesem Sinne, <u>hingeben</u> und z.B. etwas versprechen und halten, und je besser wir dann mit unserer
eigentlichen Ankunft in der momentanen Situation praktisch
umgehen durch verantwortungsvolles Handeln, desto <u>dankba-
rer</u> können wir unseren Alltag <u>annehmen</u>. Je besser dies gelingt, desto mehr sind wir im Hier und Jetzt.

    Im Alltag nehmen wir die Transzendenz zunächst und
zumeist gar nicht wahr, sie ist uns zwar erschlossen, aber nicht
unbedingt entdeckt. Wenn wir dem Unergründlichen und Unverfügbaren der Transzendenz den Namen „Gott" geben, können wir sagen: „Spuren der Transzendenz, Spuren Gottes zeigen sich […] überall im Alltag […], ohne dass von Gott oder
von Transzendenz die Rede ist" (Rentsch, 2005, S. 96).

    Außerdem zeigt meine Entwicklungsanalyse (Kolb,
2017c), die sich zum einen auf die Entwicklungsanalyse von
englischen Psychotherapeuten stützt (Fonagy, Gergely, Jurist,
& Target, 2008), zum anderen auf die dianoetischen Tugenden
nach Aristoteles (Aristoteles, 1985), auf die Überwindung von
fünf Gegensätzlichkeiten im Umgang mit der Realität, um den
Identitätskonflikt zu lösen, wie jemand derselbe sein kann, obwohl er sich doch ständig ändert (Nishida, 2011), und auf die
alltagssprachliche Bedeutung, die wir unseren fünf Sinnen in
Bezug auf unsere Empfindungen geben – diese Entwicklungsanalyse zeigt jeweils beim Übergang von einer Entwicklungsebene des Selbst zur nächsten, dass unsere Erscheinungswelt
sich nicht dadurch ändert, dass wir unsere Wahrnehmungen
neu und anders interpretieren, sondern dadurch, dass wir gelernt haben, mit bestimmten Gegensätzen neu und anders umzugehen. Dies ist insofern bedeutsam, weil dadurch die Wissenschaftsphilosophie von Thomas Kuhn wesentlich an Gehalt
gewinnt (Hoyningen-Huene, 1989, S. 74), die ich weiter unten
ähnlich wie Hans Küng in seinen unten genannten Büchern be-
nutze. Diese Art der Entwicklungsanalyse ist für mich und das
Gesamtthema dieser Schrift deshalb so zentral, weil sie nicht

nur auf die Entwicklung der ersten fünf Lebensjahre eines einzelnen menschlichen Daseins anwendbar ist, sondern auch auf die Entwicklung von Gemeinschaften, insbesondere auf die von Religionsgemeinschaften.

Anstelle von „Weg zur vollkommenen Liebe" verwende ich auch den Ausdruck „Entwicklung unserer Liebesfähigkeit". Da die vollkommene Liebe ein utopisches Ziel ist, dem das Dasein immer wieder entgegenstreben kann, solange es lebt, kann ihre Bestimmung „nicht unterhalb des Niveaus einer *Lebensform* (einer Gestalt, die das menschliche Leben im Ganzen hat) erfolgen" (Rentsch, 1999, S. 298). Unsere Liebesfähigkeit kann sich nur in der Interaktion und Kommunikation mit anderen entwickeln und „gehört so in den Zusammenhang des kommunikativen gemeinsamen Lebens und kann nicht etwa »subjektiv« bestimmt werden" (ebenda, S. 298 f.).

Wichtig ist hier anzumerken, dass diese Überlegungen und diese Analyse allgemein und frei von ethnozentralistischen Vorannahmen sind (Kolb, 2017a). Daher spielen auf der ganzen Welt bei allen Menschen der Prozess der Transzendenz, das Wunder der Schöpfung, die Sinnhaftigkeit unseres Daseins und das Vertrauen darin, dass die Entwicklung unserer Liebesfähigkeit diesen Sinn ausmacht, eine grundlegende Rolle. Da also überall „sich Formen von Glauben, Vertrauen und Sinnantizipation auch in der säkularen Moderne als Fundament unseres Lebens freilegen lassen" (Rentsch, 2005, S. 98) und im Religiösen „eine explizite Thematisierung und Artikulation" (ebenda) erfahren, ist es nicht nur vom Wissenschaftlichen her interessant, die wichtigsten Religionen der Welt zu untersuchen, sondern auch vom Politischen her wichtig, sie näher kennenzulernen, damit ein immer verständigerer Dialog geführt, sich ausgetauscht, Missverständnisse ausgeräumt und voneinander gelernt werden kann, wodurch zugleich der Weltfrieden immer mehr erreicht werden kann.

Je mehr wir alle Gegensätzlichkeiten überwinden bzw. je besser wir damit umgehen können, desto weiter haben wir

unsere Liebesfähigkeit entwickelt (Kolb, 2017a). Wenn wir
z.B. immer mehr Fortschritte in den Naturwissenschaften machen und uns so die verschiedenen Phänomene und Katastrophen der Natur erklären können, dann können wir mit dem Gegensatz kontinuierlich-diskontinuierlich immer besser umgehen, d.h. wir lernen dabei, diesen Gegensatz immer besser zu
überwinden und auch die damit verbundene Angst, sodass unsere Erscheinungswelt sich entsprechend ändert. Daraus kann
sich dann ein Paradigmenwechsel im Sinne von Thomas Kuhn
ergeben. Genauer: Mit jeder Weiterentwicklung unserer Liebesfähigkeit ergibt sich mehr oder weniger zwangsläufig dann
ein derartiger Paradigmenwechsel, wenn die Änderungen unserer Erscheinungswelt eine bestimmte Quantität und Qualität
überschreiten. Wenn wir das als gut bezeichnen, was die Entwicklung unserer Liebesfähigkeit fördert, dann kann dies je
nach Erscheinungswelt bzw. je nachdem, wo wir uns auf dem
Weg zur vollkommenen Liebe befinden, immer wieder etwas
anderes sein, d.h. um unsere Liebesfähigkeit immer weiter zu
entwickeln, müssen wir immer wieder unser Paradigma ändern, insbesondere unsere ethischen Einstellungen. Moral ist
genauso relativ wie unser menschliches Dasein.

Um uns immer weiter in Richtung vollkommener
Liebe zu entwickeln, müssen wir immer mehr lernen, mit Täuschungen und Enttäuschungen umzugehen, wir müssen als Individuen möglichst frei zweifeln können und als Gemeinschaftswesen uns mit unseren Zweifeln möglichst gleichberechtigt austauschen dürfen. Für die Entwicklung unserer Liebesfähigkeit sind daher Freiheit und Gleichheit nötig. Was bedeuten hier Freiheit und Gleichheit? Die eigentliche Freiheit
hätten wir erreicht, wenn wir uns vollkommen selbst gefunden
hätten (von allen Zweifeln befreit würden wir absolut frei
zweifeln), und die eigentliche Gleichheit bestünde darin, dass
wir uns selbst und andere alle vollkommen echt und unmittelbar in unserem Worumwillen verstehen, also vollkommen und
damit auch gleichermaßen lieben würden (jeglicher Austausch

wäre dann frei und absolut gleichberechtigt). Vollkommene Freiheit, vollkommene Liebe und vollkommene Gleichheit sind also äquivalent. Entsprechend ist das Maß an Freiheit der Grad an ganzheitlichem Selbstverständnis, den wir erreichen, und Gleichheit hängt davon ab, wie weitgehend wir andere und uns selbst in unserem Worumwillen gleichermaßen echt und unmittelbar verstehen, also vollkommen lieben. Zwischen Freiheit und Gleichheit besteht immer eine Spannung, und nur in der vollkommenen Liebe wäre beides vollkommen und vollkommen vereint.

2.   DAS BEZIEHUNGSPROBLEM

Wie schon im letzten Kapitel aufgeführt, entwickelt sich unsere Liebesfähigkeit niemals allein, sondern nur im Kontakt mit anderen. Wie ich schon früher aufgezeigt habe (Kolb, 2017a; Kolb, 2017b; Kolb, 2017c), entwickeln wir uns als Kinder zuerst mit einer primären Bezugsperson (meistens mit der Mutter), und indem unsere Beziehungsmuster immer reifer werden, kann sich in unseren Beziehungen immer mehr Freiheit und Gleichheit entwickeln. Wenn es uns gelänge, wenigstens in _einer_ Beziehung mit einem anderen Menschen absolute Freiheit in Einheit mit absoluter Gleichheit zu verwirklichen, dann wäre die Utopie der vollkommenen Liebe erreicht (ebenda). Damit ist das Erlangen von absoluter Freiheit in Einheit mit absoluter Gleichheit _das_ Beziehungsproblem überhaupt.

In religiösen Gemeinschaften stellt sich dieses Problem, wie wir noch bei den Betrachtungen ihrer jeweiligen Entwicklungen im 6. und 7. Kapitel genauer sehen werden, als Gegensatz von Vernunft und Offenbarung. Allgemein gilt: je rationaler eine religiöse Botschaft erscheint, desto mehr wird sie von allen in gleicher Art und Weise vernommen (Vernunft kommt von vernehmen), von der Psyche her begriffen und geistig verstanden – das bedeutet also mehr _Gleichheit_ der Lehre bzw. mehr Orthodoxie und damit mehr religiöse _Unfreiheit_. Aufgrund der größeren Rationalität gibt es dafür im alltäglichen Bereich meist mehr _Freiheit_, der technische Fortschritt nimmt zu, aber die Konkurrenz untereinander wird größer, und damit wächst die _Ungleichheit_, weniger Begabte werden weniger beachtet und gehört und der Meinungsaustausch wird _weniger gleichberechtigt_. Wird dagegen mehr der Offenbarungscharakter betont, der die Menschen von einer falschen Lebensweise befreien soll, steht religiös die _Freiheit_ mehr im Vordergrund, weil aber bestimmten Menschen mehr offenbart wird als anderen, besteht religiös mehr _Ungleichheit_. Dadurch ist der Alltag strenger geregelt in Form von mehr Orthopraxie, was für mehr <u>Gleichheit</u> und einen größeren Zusammenhalt und mehr gleichberechtigten Austausch sorgt, aber technische Fortschritte behindert, sodass hier mehr <u>Unfreiheit</u> herrscht und mehr Mühsal im Alltäglichen.

Auch einem kleinen Kind, welches immer mehr sein physisches Selbst, seine Eigenwüchsigkeit, entdeckt, offenbaren sich damit seine <u>Freiheiten</u> und Möglichkeiten, während auf der Entwicklungsebene des sozialen Selbst die Regeln des Zusammenlebens immer mehr die <u>Gleichheit</u> mit anderen in ihrer Bedeutung hervorheben, was die Freiheit einschränkt.

Wenn wir uns in einer Gemeinschaft zu sehr auf die Gleichheit untereinander konzentrieren, dann besteht die große Gefahr des Totalitarismus, wenn wir uns aber zu sehr auf die Freiheit fixieren, entsteht schnell Anarchie. Von daher lässt sich dieses Problem nicht institutionell lösen, wir können durch Regeln und Gesetze diese beiden Gefahren von Totalitarismus und Anarchie nur eindämmen, was schnell zu einer Gratwanderung werden kann. Andererseits kann auch niemand <u>für sich allein</u> dieses Problem lösen, selbst der kategorische Imperativ von Kant, wenn er nur <u>vom einzelnen</u> her verstanden wird, kann dies letztlich nicht erreichen (Nishitani, 2011), denn es ist und bleibt ein Beziehungsproblem und kann daher nur in einer konkreten Beziehung bearbeitet werden. Die Französische Revolution prägte als Lösung dafür den Begriff der Brüderlichkeit, und <u>Freiheit, Gleichheit und Brüderlichkeit</u> befinden sich recht verstanden in einem absolut dialektischen Verhältnis (zwei vermitteln jeweils das eine und dieses zwischen den beiden).

Damit wird auch die Entwicklung unserer Liebesfähigkeit zu einem <u>absolut persönlichen Beziehungsproblem</u>, wobei „persönlich" bedeutet, dass es dabei nicht um irgendwelche Weltanschauungen, Erscheinungswelten oder sonstige Repräsentationen gehen kann, die wir uns von unserer Umwelt, von

uns selbst oder von den verschiedenen Beziehungsmöglichkei-
ten zwischen uns und unserer Umwelt gemacht haben, gerade
machen oder noch machen können, sondern um das, was aus
uns heraus durch alle diese Repräsentationen hindurch tönt
(lat. personare = hindurchtönen). Es geht dabei absolut um uns
selbst bzw. um unser Selbst, wie ich es im letzten Kapitel um-
schrieben habe, und nicht um irgendwelche Konzeptionen.

Analog dazu, dass der Weg zur vollkommenen Liebe
einerseits ins absolute Nichts führt, zugleich auf ein absolutes
Ideal hinzielt, aber andererseits die Konzentration auf dieses
Ziel uns nur auf dem Weg dorthin behindert, ist zum einen
„das Schweigen des Buddha" zu verstehen, der sich stets ge-
weigert hat, etwas über Gott zu sagen (Takeuchi, 2011), zum
andern, dass in Judentum, Christentum und Islam von einem
persönlichen Gott die Rede ist, und drittens, dass z.B. Meister
Eckhart von Gott als dem Nichts spricht, zu dem wir nur finden, wenn wir immer wieder unseren „Seelengrund durchstoßen", und zwar meiner Meinung nach einerseits mit unserer
eigentlichen Wut darüber, dass wir in etwas geworfen wurden,
wodurch wir der vollkommenen Liebe entfremdet wurden, andererseits mit unserer eigentlichen Angst davor, nicht mehr
wieder dorthin zu finden, und drittens mit unserem eigentlichen Leid darüber, dass wir momentan von der vollkommenen
Liebe getrennt sind.

Mit eigentlichem Leid ist nicht irgendein seelischer
Schmerz gemeint, sondern eine Befindlichkeit, die unserem
Mensch-Sein zutiefst zu Grunde liegt, nämlich „solches, was
sich zunächst und zumeist gerade *nicht* zeigt, was gegenüber
dem, was sich zunächst und zumeist zeigt, *verborgen* ist, aber
zugleich etwas ist, was wesenhaft zu dem, was sich zunächst
und zumeist zeigt, gehört, so zwar, dass es seinen Sinn und
Grund ausmacht" (Heidegger, 2006, S. 35), und das ist die
Sehnsucht nach der vollkommenen Liebe. Dasselbe gilt entsprechend für die eigentliche Wut, davon getrennt worden zu

sein, und die eigentliche Angst, nie wieder dorthin zurückzufinden.

Mithilfe der eigentlichen Befindlichkeit des Leids können wir Sinn und Grund unseres Seins frei nach Meister Eckart durchstoßen und so immer weiter zum absoluten Nichts bzw. zur vollkommenen Liebe vordringen. Genauso gut können aber auch die eigentliche Wut und die eigentliche Angst durch bestimmte Hindernisse hindurchstoßen. Diese drei eigentlichen Befindlichkeiten befinden sich in einem absolut dialektischen Vermittlungsverhältnis, sodass keine von ihnen einen Vorrang besitzt, auch wenn Meister Eckhart das Leid als „schnellstes Ross zu Gott" hervorhebt.

Wenn die eigentliche Wut wegen der Geworfenheit des menschlichen Daseins, dass es von der vollkommenen Liebe auf diese Weise getrennt wurde, zu stark wird und sich in den Vordergrund schiebt, dann sucht das Dasein in der Regel nach Möglichkeiten des Seinkönnens, die ihm seine Befindlichkeit erleichtern, d.h. es wandelt die Wut in einen uneigentlichen Zorn über etwas Konkretes um und versucht, den betreffenden konkreten negativen Umstand (einen Nachteil, eine Schädigung o.ä.) zu ändern bzw. zu kompensieren. Dies wird mehr oder weniger gut gelingen, bis das Dasein früher oder später an eine Grenze kommt. Dann kann es von seinen Anstrengungen, die u.U. schon Überforderungscharakter haben, nur dadurch erlöst werden, dass es mithilfe seines eigentlichen Leids und/oder seiner eigentlichen Angst seinen Seelengrund durchstößt und ihm aufscheint, dass alles Streben ein sicheres Ende haben wird – das sagt ihm seine Angst – und daher jetzt übermäßige Anstrengungen sinnlos sind – das sagt ihm sein Leid mit dem Hinweis auf seine Unzulänglichkeiten. Mit derartigen Erkenntnissen hat sich unser Dasein weiterentwickelt und nähert sich so der vollkommenen Liebe, bis es übermannt wird von der eigentlichen Angst vor der Übernahme der Verantwortung für sein bzw. ihr Dasein und die vor dem Zu-Ende-Sein, dass es womöglich nie die vollkommene Liebe erreichen

wird, oder von seinem eigentlichen Leid wegen seiner Getrenntheit von der vollkommenen Liebe und seinen darin gründenden Unzulänglichkeiten.

Wenn es die eigentliche Angst nicht mehr aushält, dann
sucht das Dasein in der Regel nach Möglichkeiten des Seinkönnens, die ihm seine Befindlichkeit erleichtern, d.h. es wandelt diese Angst in eine uneigentliche Furcht vor etwas Konkretem um und versucht, die betreffende konkrete Bedrohung
abzuwenden. Dies wird mehr oder weniger gut gelingen, bis
das Dasein früher oder später an eine Grenze kommt. Dann
kann es von seiner Hilflosigkeit nur dadurch befreit werden,
dass es mithilfe seiner eigentlichen Wut und/oder seines eigentlichen Leids seinen Seelengrund durchstößt und ihm klar
wird, dass es nur deswegen so hilflos ist, weil es ja von seinem
eigentlichen Selbst, also von der vollkommenen Liebe, jetzt
getrennt ist – das sagt ihm sein Leid –, weil es in diese Welt
hineingeworfen wurde – das sagt ihm seine Wut. Es käme ja
mit allen Bedrohungen und sogar mit dem Tod zurecht, sobald
es nicht mehr von der vollkommenen Liebe getrennt wäre. Mit
derartigen Erkenntnissen hat sich unser Dasein weiterentwickelt und nähert sich so der vollkommenen Liebe, bis es über-
wältigt wird vom eigentlichen Leid wegen seines Getrennt-
Seins von der vollkommenen Liebe oder von seiner eigentlichen Wut wegen seiner Geworfenheit in eine Welt voller Täuschungen.

Wenn es das eigentliche Leid nicht mehr aushält, dann
sucht das Dasein in der Regel nach Möglichkeiten des Seinkönnens, die ihm seine Befindlichkeit erleichtern, d.h. es wandelt dieses Leid in eine uneigentliche Trauer wegen etwas
Konkretem um und versucht, die betreffende konkrete Getrenntheit zu überwinden. Dies wird mehr oder weniger gut gelingen, bis das Dasein früher oder später an eine Grenze
kommt. Dann kann es von seiner Hoffnungslosigkeit nur
dadurch befreit werden, dass es mithilfe seiner eigentlichen
Angst und/oder seiner eigentlichen Wut seinen Seelengrund

durchstößt und ihm klar wird, dass es sich ein Idealbild aufgebaut hat und einem Phantom nachgejagt ist, welches ihn genarrt und an der Nase herumgeführt hat – das sagt ihm seine Wut –, sodass es auf diese Weise nie die vollkommene Liebe erreichen wird – das sagt ihm seine Angst. Mit derartigen Erkenntnissen hat sich unser Dasein weiterentwickelt und nähert sich so der vollkommenen Liebe, bis es zu stark ergriffen wird von der eigentlichen Wut über seine Geworfenheit in eine Welt voller Phantombilder und Irrlichter, wodurch es von der vollkommenen Liebe getrennt wurde, oder von seiner eigentlichen Angst, die vollkommene Liebe nicht mehr zu erreichen.

Die Bewusstheit (das Vergleichen-Können mit entsprechenden Alternativen)

(1)   seines Todes und seiner Verantwortung für sein Dasein (Antworten auf den Sinn seines Lebens finden), welches es durch bestimmte Versprechen und Verbindlichkeiten, womit der Sinn erfüllt werden soll, immer besser hingeben kann, weswegen es immer mehr Zukunftsillusionen entlarven, seine augenblickliche Relativität und deren Herkunft erkennen und seine Todesangst überwinden kann,

(2)   seiner Unzulänglichkeit verbunden mit dem Leid, von der vollkommenen Liebe getrennt zu sein, wobei es diese Unzulänglichkeit immer besser akzeptieren und damit umgehen, seine Fähigkeiten, deren Herkunft sich aus seiner bisherigen Entwicklung ergibt, besser einschätzen kann, sich in Zukunft nicht mehr überfordern wird und seine momentane Situation, in der es angekommen ist (Ankunft), dankbar annehmen und so dieses Leid überwinden kann,

(3)   und seiner Geworfenheit in eine Welt voller Täuschungen verbunden mit der Wut, dass es überhaupt von der vollkommenen Liebe getrennt wurde, wobei es sich mit diesen Täuschungen immer besser auseinandersetzen kann, sodass die Täuschungen immer mehr in der Bedeutungslosigkeit ihrer Herkunft versinken, weswegen es seine Hilflosigkeit

gegenüber dem, auf was es in der <u>Zukunft</u> noch zukommen kann, und seine Hoffnungslosigkeit wegen der Situation, in der es <u>gerade angekommen</u> ist, überwinden und sich und anderen wegen der begriffenen Relativität aller Täuschungen und Enttäuschungen verzeihen kann,

durchstößt jeweils den Sinn und Grund des Daseins und führt ins absolute Nichts bzw. zur vollkommenen Liebe oder zu Gott. Dabei ist die Rede von Gott die Rede von der absoluten Erfüllung unseres Seins und von dem „<u>Grund der Wirklichkeit authentischer Interpersonalität</u>" (Rentsch, 2005, S. 94), da es bei der absoluten Erfüllung ja um die vollkommene Liebe geht. Die letzten Abschnitte zeigen übrigens die absolut dialektische Vermittlung der drei eigentlichen Befindlichkeiten von Wut, Angst und Leid.

Unsere Liebesfähigkeit hängt davon ab, wie weit wir uns jeweils der vollkommenen Liebe genähert haben, d.h. wie sehr wir uns selbst, andere Menschen und Gott jeweils vollkommen lieben. Da Gott das ins Unendliche transzendierte und damit nichtige ideale Ziel der vollkommenen Liebe ist, tönt er durch alles von uns und um uns herum hindurch, weswegen man sagen kann, dass er uns alle persönlich vollkommen liebt. Da die vollkommene Liebe dieselben drei grundlegenden Aspekte hat wie das menschliche Dasein (Materie, Psyche und Geist bzw. Entfremdung, Dynamik und Rückkehr) (Kolb, 2017a; Kolb, 2017b; Kolb, 2017c), kann man uns Menschen als das Abbild von Gott oder die Projektion vom Unendlichen ins Endliche bezeichnen, und von diesen Abbildern gibt es theoretisch unendlich viele. Die Rede vom Reich Gottes bedeutet, dass dort vollkommene Liebe herrschte, d.h. wir Menschen wären absolut frei und absolut gleich. In diesem Sinne können wir auch sagen, vor Gott sind alle Menschen absolut frei und absolut gleich. Gott liebt uns ja auch alle vollkommen (siehe oben).

Das Dasein bleibt aufgrund seiner Herkunft immer mit seiner Mutter bzw. mit seiner primären Bezugsperson verbunden. Diese Verbindung ist sozusagen in seinem Modus als Genus unauflösbar verankert. Aus dieser Verbindung heraus entstehen dann auch alle möglichen Formen des Zusammenseins des Daseins (im Modus des Genus) mit anderen Menschen. Es sind die Formen der Einheit als Erweiterung, z.B. wenn jemand im Koma liegt und wir ihn versorgen, wie das Dasein sie mit seiner Mutter ganz am Anfang seiner Existenz gehabt hat, die Formen der Auseinandersetzung und des Gerechtigkeitsstrebens, wie das Dasein sie mit seiner Mutter auf der Ebene des sozialen Selbst geübt hat, Formen von gegenseitigem Beschützen, wie das Dasein sie mit seiner Mutter auf der Ebene des teleologischen Selbst geprobt hat, Formen von gegenseitiger Hilfe, Unterstützung und Zusammenarbeit mit kurzfristigen Bündnissen, wie das Dasein sie mit seiner Mutter auf der Ebene des intentionalen Selbst gelernt hat, Formen der sprachlichen Kommunikation, des Austauschs und der längerfristigen Freundschaft, des Miteinander-Auskommens, der Beratung und Diskussion innerhalb einer Sprachgemeinschaft oder Nation oder der gesamten Menschheit, wie das Dasein sie mit seiner Mutter auf der Ebene des repräsentationalen Selbst sich angeeignet hat, und Formen der sexuellen Partnerbeziehung, wobei das Dasein auf der Ebene des geschlechtlichen Selbst die ursprüngliche Einheit, wie sie mit seiner Mutter bestanden hat, mit dem Partner herzustellen versucht und damit das utopische Ziel der vollkommenen Liebe direkt anstrebt.

Diese Formen der Beziehung können sowohl konstruktiv als auch destruktiv verlaufen. Im destruktiven Fall wird aus der Form der Einheit als Erweiterung Vernachlässigung bzw. eine Nicht-Beziehung, aus der Form der Auseinandersetzung Streit und Krieg, aus der Form des gegenseitigen Beschützens Verrat, aus der Form der Zusammenarbeit Betrug, aus der Form der Freundschaft Ausbeutung und Missachtung der

Menschenwürde und aus der Form der sexuellen Partnerbeziehung Unzucht und Missbrauch.

Weil Gott als das Ideal von absoluter Freiheit in Einheit mit absoluter Gleichheit absolutes Nichts ist (Nishitani, 2011), welches auf keinen Fall Sein ist, sind alle Versuche absurd, die Existenz Gottes zu beweisen. Andererseits hätte unser Dasein ohne eine persönliche Beziehung zu Gott, die uns eine immer tolerantere und liebevollere <u>Haltung</u> anderen und uns selbst gegenüber gibt, weder Sinn noch Grund. Ähnlich verhält es sich mit unserem Selbst, welches sich ständig phänomenal konstituiert in unserer Ergriffenheit, unseren Erwartungen und unseren Täuschungen. Unser Selbst, welches wir genauso wie Gott nur ganzheitlich verstehen würden, wenn wir vollkommen lieben könnten, ist daher ebenfalls absolutes Nichts, aber ohne eine persönliche Beziehung zu ihm, die uns eine immer liebevollere <u>Einstellung</u> gegenüber unserem eigenen Dasein und dem von anderen gibt, hätte unser Dasein genauso wenig Sinn und Grund. Meister Eckhart identifiziert unser Selbst – er nennt es Seele – mit Jesus in seiner Predigt 6: „Und (es) gebiert der Vater seinen Sohn in der Seele" (Meister Eckhart, 1999, S. 124). Wenn wir nun als Drittes die Utopie der vollkommenen Autonomie und Leidminderung betrachten, dann „begegnet" uns erneut das absolute Nichts, aber ohne eine persönliche Beziehung dazu, die uns durch eine immer liebevollere <u>Gestimmtheit</u> die Kraft zu entsprechendem Handeln gibt, hätte unser Dasein ebenfalls weder Sinn noch Grund. Insgesamt kann man diese drei verschiedenen grundlegenden persönlichen Beziehungen oder Beziehungsformen zu Gott als Gott Vater, Gott Sohn und Heiliger Geist bezeichnen, die in einem absolut dialektischen Verhältnis stehen. Dies ist meine daseinsanalytische Interpretation der christlichen Trinität.

Die persönliche Beziehung zu Gott als Gott Vater bedeutet für mich, dass wir Menschen alle Brüder und Schwestern sind, die vom Vater vollkommen geliebt werden, und ohne diese Geschwisterschaft, d.h. ohne Gemeinschaft mit anderen

Menschen könnte ich nicht existieren. Wenn Jesus bei seiner ersten Versuchung nach Matthäus (4, 3 und 4) aufgefordert wird, er solle Steine in Brot verwandeln, dann heißt das, er soll sich einbilden, ganz für sich allein ohne andere Menschen existieren zu können. Wenn Jesus dann antwortet, der Mensch lebe von jedem Wort, was aus dem Munde Gottes komme, dann lässt sich das so interpretieren, dass jeder Mensch von dem Austausch bzw. von der kommunikativen Solidarität mit anderen Menschen lebt, denn dies sind die Worte, die aus dem Munde Gottes kommen. Die persönliche Beziehung zu Gott als Gott Vater mit allen Menschen als Brüdern und Schwestern beinhaltet auch die Aufforderung, seinen Nächsten wie sich selbst immer vollkommener zu lieben. Das ist vollkommene kommunikative Solidarität.

Die persönliche Beziehung zu Gott als Gott Sohn bedeutet für mich, dass ich mich nicht nur auf die Gemeinschaft mit anderen Menschen verlassen darf, sondern auch meinen eigenen Beitrag dazu leisten sollte, indem ich genauso gut für andere und für mich selbst sorge. Wenn Jesus bei der zweiten Versuchung nach Matthäus (4, 5-7) aufgefordert wird, sich vom Tempel in Jerusalem hinab zu stürzen, da er von Gott als liebendem Vater, der dann seine Engel schicke, schon aufgefangen werde, dann bedeutet das genau dieses, dass er nämlich nicht auf sich selbst aufpassen solle, sondern alles der Gemeinschaft, die Gott als Engel dienen, überlassen solle. Wenn Jesus dann antwortet, man solle Gott nicht auf die Probe stellen, dann interpretiere ich das auf eben diese Weise, dass jeder Mensch das, was er selbst leisten kann, auch selbst tun soll. Dies beinhaltet auch, danach zu streben, andere und sich selbst immer vollkommener zu lieben bzw. ganzheitlich zu verstehen.

Die persönliche Beziehung zu Gott als Heiliger Geist bedeutet für mich, dass ich in der Welt der Gegensätze, also der Materie, tätig werden und mich entschlossen einlassen soll, denn sonst kann ich meine Liebesfähigkeit nicht weiterentwickeln. Wenn Jesus bei der dritten Versuchung nach Matthäus (4, 8-10) aufgefordert wird, sich vor dem Satan niederzuwerfen und ihn anzubeten, dann bedeutet das, dem Teufel, dem Zweifel, den Gegensätzlichkeiten, aus denen die Materie besteht, nachzugeben, ihnen gegenüber aufzugeben und noch nicht einmal zu versuchen, durch irgendwelche Taten irgendetwas ändern oder bewirken zu wollen. Wenn Jesus dann antwortet, man solle sich nur vor Gott niederwerfen und ihm allein dienen, dann interpretiere ich das in dem Sinne, dass man danach trachten soll, die vollkommene Liebe zu erreichen, und das geht nur, wenn man sich mit allen Gegensätzlichkeiten durch Taten auseinandersetzt und sich bemüht, sie so zu überwinden. Dabei unterwerfe ich mich nur Gott und vertraue im Gebet auf seine Gnade, wohl wissend, dass ich aus eigener Kraft nicht vollkommen lieben kann. Genau dann, wenn alle Gegensätzlichkeiten überwunden wären, hätten wir die vollkommene Liebe erreicht. Auch wenn unser Bemühen immer wieder von Scheitern begleitet ist („Es irrt der Mensch, solang er strebt." Goethes Faust, Teil I – Prolog im Himmel), lohnt es sich, sich anzustrengen („Wer immer strebend sich bemüht, den können wir erlösen." Faust, Teil II, 11936–11937). Es ist das Bemühen um Autonomie und Leidminderung.

Diese Interpretation der Trinität ist der von Augustinus sehr ähnlich, sie vermeidet jede Spekulation über Gott, getreu dem Gebot, sich kein Bild von ihm zu machen. Ich beziehe mich allerdings nicht wie Augustinus auf den Menschengeist mit seinen drei Dimensionen Gedächtnis (memoria), Verstand (intelligentia) und Wille (voluntas), sondern auf die drei menschlichen Daseinsweisen Genus (Gemeinschaftswesen), Individuum und Spezies (handelndes Wesen) (Kolb, 2017a; Kolb, 2017b; Kolb, 2017c). Mit etwas gutem Willen lässt sich allerdings hier eine Verbindung erkennen: Im Gedächtnis sind insbesondere unsere Beziehungserfahrungen gespeichert, aber auch uns mitgeteilte Erfahrungen von anderen, sodass hier eine

Ähnlichkeit zum Daseinsmodus als Gemeinschaftswesen deutlich wird. Als Individuum, wenn wir uns auf bestimmte Möglichkeiten des Seinkönnens verstehen und planen, benutzen wir unseren Verstand, und ohne Willen würden wir nicht handeln, kämen also gar nicht in den Daseinsmodus der Spezies.

Vater, Sohn und Geist sind in diesem Sinne Projektionen aus dem einen Unendlichen, aus dem absoluten Nichts, dem absoluten Ideal, dem für uns absolut Nicht-Erfassbaren bzw. für uns absolut Bedeutungslosen, in unser menschliches Dasein. Nur diese Projektionen können wir erfassen als persönliche Beziehungen entsprechend unserer jeweiligen Seinsweise. In dieser Gesamtprojektion können wir wie im Neuen Testament drei verschiedene Größen ausmachen, denn auch bei den drei verschiedenen Seinsweisen unseres Daseins handelt es sich um unterschiedliche Modalitäten, die allerdings in einem absolut dialektischen Vermittlungsverhältnis stehen. Wir unterscheiden daher verschiedene Wirkungsweisen von Gott, z.B. die andauernde Schöpfung oder die ständig anwesende Welt, in der wir uns befinden, die um uns herum ist – das ist das Wunder des Seins –, unsere Menschwerdung samt Geburt und Tod – das ist der wunderbare Sinn unseres Seins – und unsere Schaffenskraft und Kreativität, die nur möglich ist aufgrund des Wunders der Sprache, weswegen der Heilige Geist durch Zungen symbolisch dargestellt wird. Spätestens an dieser Stelle wird klar, dass meine Definition von menschlichem Leben als Beziehung zum Absoluten, also zu Gott, sinnvoll ist. Mit der Rede von Gott beziehen wir uns „auf absolute Transzendenz, die ineins die Welt [Wunder des Seins, bewirkt von Gott Vater], die Sprache [wodurch wir unsere Schaffenskraft und Kreativität bekommen, bewirkt vom Heiligen Geist] und unsere Existenz [den wunderbaren Sinn unseres Seins, die vollkommene Liebe zu erreichen, bewirkt von Gott Sohn] aus dem Nichts schafft und in jedem einzigartigen Augenblick

weiter hervorgehen lässt" (Rentsch, 2005, S. 109). Damit ist
klar, dass menschliches Leben immer Beziehung zu Gott ist.

Wenn Christen gemeinschaftlich beten (Liturgie), dann
beten sie folgerichtig (1) zu Gott Vater, da sie in diesem Moment als Gemeinschaftswesen beten, (2) durch Jesus Christus,
da jeder einzelne als Individuum sich mit seiner bzw. ihrer momentanen Liebesfähigkeit in das Gebet einbringt, (3) in Einheit
mit dem Heiligen Geist, da im Moment des gemeinsamen Be-
tens in gemeinsamer Sprache die einigende Kraft der vollkommenen Liebe ihre Wirkung entfaltet, alle Betenden ziehen bildlich gesprochen in diesem Augenblick an einem Strang.

Da Augustinus jede Spekulation über Gott vermeiden
wollte, lehnte er z.B. die Dreiecksdarstellung der Trinität mit
den drei Eckpunkten Vater, Sohn und Geist als Manichäismus
ab. Vielleicht sollten wir uns die Haltung Buddhas bezüglich
der Frage über das Wesen Gottes zu eigen machen, indem wir
schweigen und liebevoll lächeln: schweigen soll man über alles, was man nicht sagen kann, und liebevoll zu lächeln, drückt
Verständnis darüber aus, dass wir Menschen es nicht lassen
können, uns von allem, auch von Gott, ein Bild zu machen und
darüber zu spekulieren.

Formallogisch betrachtet haben wir es bei allem, was
die Grenzen unserer Erkenntnisfähigkeit überschreitet, mit
dem Unendlichen zu tun – mit dem unendlich Großen oder unendlich Kleinen –, und hier gibt es, wie Gödel in seinen Un-
vollständigkeitssätzen rein logisch bewiesen hat, unendlich
viele Aussagen, die nicht entscheidbar sind (Hoffmann, 2013).
Bei seiner Beweisführung benutzt er nichts anderes als unser
zirkuläres Denken, indem er Aussagen in Aussagen einsetzt.
Solange wir endlich viele Aussagen als Axiome und damit als
entscheidbar annehmen, gibt es trotzdem immer wieder unendlich viele nicht entscheidbare Aussagen. Damit können wir alles Transzendente uns nicht vernünftig vorstellen, denn selbst
einfachste Vorstellungen von der Realität bzw. vom Sein wie

die natürlichen Zahlen sind nicht vollständig in dem Sinne, dass es unendlich viele nicht entscheidbare Aussagen gibt.

3.   TRANSZENDENZ – THEORETISCH UND IN DER PRAXIS

In den vorigen Kapiteln haben wir verschiedene Aspekte der Transzendenz betrachtet, den Aspekt des Wunders der unverfügbaren Schöpfung, dass nicht nichts ist, des Wunders unserer eigenen Existenz, die von Anfang bis Ende in jedem Augenblick unverfügbar ist, und das Wunder unserer Handlungsmöglichkeiten, die durch das Wunder der Sprache und der Verständigung untereinander einerseits erschlossen, andererseits aber ebenfalls unverfügbar sind. Diesen Transzendenzaspekten entsprechen die im 1. Kapitel aufgeführten Daseinsstrukturen, nämlich die der Räumlichkeit und ihrer Ekstase, uns auf Spielräume unserer Handlungsmöglichkeiten psychisch-motivational ergriffen und entschlossen einzulassen, die der Zeitlichkeit mit ihren drei Ekstasen Herkunft, Zukunft und Ankunft, durch die uns unsere gesamte eigene Existenz mit Anfang, Ende und gegenwärtigem Moment geistig-vorstellungsmäßig deutlich wird, und die der Lebenswirklichkeit mit ihrer Ekstase der Auskunft, mit deren Hilfe wir das Wunder der Schöpfung mit ihren Gegensätzlichkeiten materiell-körperlich immer mehr begreifen und entsprechende Fähigkeiten immer mehr entwickeln und verbessern können.

Genauso wie die drei Daseinsstrukturen in einem absolut dialektischen Verhältnis stehen, so auch die verschiedenen Transzendenzaspekte, sodass wir sie zusammenfassen können in der Rede vom Absoluten, vom absoluten Nichts, von der vollkommenen Liebe oder von Gott. Man kann die Transzendenzaspekte auch so formulieren: Es gibt etwas, es gibt mich, und es gibt Handlungsmöglichkeiten. Dabei interpretiere ich „geben" wie Derrida (Derrida, 1993) als aporetischen und widersprüchlichen Begriff, der maßlos ist und un-ökonomisch, da jede Gabe das ökonomische Prinzip auflöst. Denn ein echtes Geben unterbricht die ökonomische Zirkulation, weil es keine Rückgabe geben darf und keine Schuld. Der Gebende darf seine Handlung auch nicht im Gedächtnis behalten und mit irgendwelchen Emotionen verbinden wie Stolz, Genugtuung u.ä., er oder sie muss selbstlos bleiben, es ist ihm oder ihr nicht erlaubt, als Gebender zu sein. Damit ist das „es" in „es gibt" das Transzendente schlechthin, das Absolute, das nicht Sein sein kann. Zur Auseinandersetzung mit der Transzendenz sind wir durch Täuschungen und Enttäuschungen aufgefordert, denen wir immer wieder begegnen, wenn „es" etwas „nicht gibt". Daraus entstehen Zweifel (siehe oben S. 19), und wir kommen in die Position des Skeptikers.

Wenn ich als Skeptiker tragischerweise mit der Bedingung menschlicher Isolierung geendet habe, dann bleibt mir als dem isolierten Menschen, wenn ich mich mir selbst zuwende, nur das leere »Ich bin ich«, und ich bin im Modus des Individuums. Dies kann erst dann ekstatisch werden, wenn ich diesen Gedanken wieder zurückkehren lasse zu seinem Ursprung, in welchem Denken und Sein verschwinden – das ist dieses »Ich bin Nicht-Ich« –, dann bin ich vom substanzialisierenden Denken und Sein zumindest für den Augenblick befreit, in welchem ich eine echte und unmittelbare Erfahrung von mir selbst mache. „Dass ich ich bin, besagt daher, dass ich nicht einmal ich bin – ein heiteres oder vielmehr ekstatisches Aufscheinen der Möglichkeit, dass alle Definitionen und Beschreibungen, die mir die Welt von mir gibt, mich nicht erschöpfen." (Cavell, 2006, S. 619) Lachen und Weinen können hier ineinander übergehen. „Echt und unmittelbar" bedeutet genau das, nämlich dass ich mich von allen Identifikationen löse, mich desidentifiziere, mich so von allen Teilen meines Ich löse und nichts bevorzuge, indem ich sage, „das bin ich". So kann mein von Enttäuschungen zerrissenes Ich immer mehr ganz und zu meinem Selbst werden.

„Echt und unmittelbar" besagt nicht, dass ich mir nicht glaube, was auch grammatisch nicht geht: ich kann an mich glauben, das ist Selbstvertrauen, ich kann etwas glauben (oder nicht), was ich sage, dann ersetzt Glaube Wissen, aber ich kann mir z.B. nicht glauben, dass ich Schmerzen habe, das ist genauso schizophren, wie wenn ich sage, ich weiß, dass ich Schmerzen habe. Wenn ich bei dem »Ich bin Ich« stehen bleibe, dann kann sich „Hass gegen Andere, Grundblindheit über sich selbst und Habgier" (Ueda, 2011, S. 442) entwickeln, die „dreifache Selbstvergiftung [...] als die Grundverkehrtheit und der Unheilsgrund des Menschen" (ebenda). „Hass gegen andere" betrifft den Modus des Genus und ist das Gegenteil der kommunikativen Solidarität, „Grundblindheit über sich selbst" bedeutet, dass sich das Dasein im Modus des Individuums von sich selbst abgekehrt hat und sich nicht um ein ganzheitliches Selbstverständnis bemüht, und »Habgier« findet im Modus der Spezies statt, erzeugt Abhängigkeit und zerstört damit die Autonomie und Möglichkeiten der Leidminderung des Daseins. Substanzialisierend ist ja im Grunde auch dasselbe wie identifizierend, sodass jede Desidentifikation zur Befreiung vom substanzialisierenden Denken und Sein beiträgt.

„Echt und unmittelbar" besagt daher positiv, dass „die entsubstanzialisierende Bewegung des absoluten Nichts [...] eine reine Bewegung des Nichts in zusammenhängender Doppelrichtung" (ebenda, S. 442 f.) ist. „Unmittelbar und echt" ist „Negation der Negation im Sinne der weiteren Verneinung der Negation, ohne zur Bejahung umzukehren, weit ins unendliche offene Nichts" (ebenda, S. 443), und „unmittelbar und echt" ist zugleich „Negation der Negation im Sinne der Umkehr zur Bejahung ohne jede Spur der Vermittlung" (ebenda), denn im Grunde genommen bin ich immer ich selbst, überall und in jeder Hinsicht unvermittelt und echt, ob ich das will und merke oder nicht. „So ereignet sich in diesem Nichts als dem Nichts des Nichts dann eine Grundwendung und völlige Umkehr wie in »Stirb und Werde« oder in »Tod und Auferstehung«" (ebenda).

Damit sind die Ekstasen der Zeitlichkeit angesprochen, das augenblickliche Zum-Ende-Sein vom Anfang her wie Heidegger es ausdrückt (Heidegger, 2006), und in dem ekstatischen Aufscheinen der Möglichkeit, dass alle Definitionen und Beschreibungen, die mir die Welt von mir gibt, mich nicht erschöpfen, kann es blitzartig und kurzfristig zu einem ganzheitlichen Selbstverständnis kommen, einem ekstatischen Aufscheinen der vollkommenen Liebe im Modus des Individuums unter dem Transzendenzaspekt des <u>Wunders der eigenen Existenz</u> mit der Daseinsstruktur der <u>Zeitlichkeit</u>.

Als isolierter Mensch habe ich nur noch das leere »Leben ist Leben«, da alles, was mir zustößt, zustoßen wird bzw. kann oder zugestoßen ist, mein Leben ist, also meine Beziehung zu meinem Sein und zum Sein überhaupt, und ich bin im Modus der Spezies, denn Leben ist immer ein Sich-Auseinandersetzen und ein Handeln. Dies kann ebenfalls ekstatisch werden, wenn ich diesen Gedanken wieder loslasse, ihn verlöschen und zurückkehren lasse zu seinem Ursprung, in welchem Denken und Sein verschwinden – das ist dieses »Leben ist Nicht-Leben« – dann bin ich vom substanzialisierenden Denken und Sein zumindest für den Augenblick befreit, in dem ich eine <u>echte und unmittelbare</u> Erfahrung vom Leben selbst mache. Dass Leben Leben ist, besagt daher, dass Leben nicht einmal Leben ist – ein heiteres oder vielmehr ekstatisches Aufscheinen der Möglichkeit, dass alle Definitionen und Beschreibungen, die mir die Welt vom Leben gibt, das Leben nicht erschöpfen (frei nach Cavell). Auch hier können Lachen und Weinen ineinander übergehen. Wenn ich bei dem »Leben ist Leben« stehen bleibe, dann kann sich wie oben ebenfalls „Hass gegen Andere, Grundblindheit über sich selbst und Habgier" (Ueda, 2011, S. 442) entwickeln, die „dreifache Selbstvergiftung [...] als die Grundverkehrtheit und der Unheilsgrund des Menschen" (ebenda). Bei dieser Erfahrung vom Le-

ben handelt es sich „um eine völlig neue Realität als eine Ver-
gegenwärtigung des selbstlosen Selbst" (ebenda, S. 443), um
eine neue Auskunft über die Lebenswirklichkeit.

Damit ist die Ekstase der Auskunft angesprochen. Es
handelt sich um die Auskunft über das Leben, die Schöpfung
aus dem Nichts bzw. um „die Auferstehung aus dem Nichts,
um die radikale Wendung von der absoluten Negation zum
großen »Ja«" (ebenda), die Lebenswirklichkeit und die Auskunft darüber werden nicht mehr negiert. »Leben« „ist hier
also, so wie es sich ereignet, zugleich ein Spielen der selbstlosen Freiheit des Selbst" (ebenda), eine ganz neuartige Auskunft über das Leben. Mit dem Spielen sind die prozessuale
Offenheit und damit die Transzendenz angesprochen. In dem
ekstatischen Aufscheinen der Möglichkeit, dass alle Definitionen und Beschreibungen, die mir die Welt vom Leben gibt, das
Leben nicht erschöpfen, kann es blitzartig und kurzfristig zu
Dankbarkeit und zu dem Eindruck von Autonomie und von
Möglichkeiten der Leidminderung kommen, einem ekstatischen Aufscheinen der vollkommenen Liebe im Modus der
Spezies unter dem Transzendenzaspekt des Wunders der
Schöpfung aus dem Nichts mit der Daseinsstruktur der Le-
benswirklichkeit.

In der menschlichen Isolierung bleibt mir dem anderen
gegenüber nur noch das leere »Der andere ist anders«, und ich
bin im Modus des Genus. Der andere ist fremd für mich, und
ich weiß nicht, ob ich mich mit ihm austauschen kann. Auch
das kann erst ekstatisch werden, wenn ich diesen Gedanken
wieder loslasse, ihn verlöschen und zurückkehren lasse zu seinem Ursprung, in welchem Denken und Sein verschwinden –
das ist dieses »Der andere ist nicht anders« –, dann bin ich vom
substanzialisierenden Denken und Sein zumindest für den Augenblick befreit, in dem ich eine echte und unmittelbare Erfahrung der Andersheit des anderen bzw. vom Geheimnis der zwischenmenschlichen Begegnung mache. Dass ein anderer anders ist, besagt daher, dass ein anderer nicht einmal anders ist

– ein heiteres oder vielmehr ekstatisches Aufscheinen der Möglichkeit, dass alle Definitionen und Beschreibungen, die mir die Welt vom anderen gibt, seine Andersheit nicht erschöpfen (frei nach Cavell). Auch hier können Lachen und Weinen ineinander übergehen. Wenn ich bei dem »ein anderer ist anders« stehen bleibe, dann kann sich wie oben ebenfalls „Hass gegen Andere, Grundblindheit über sich selbst und Habgier" (Ueda, 2011, S. 442) entwickeln, die „dreifache Selbstvergiftung [...] als die Grundverkehrtheit und der Unheilsgrund des Menschen" (ebenda). Bei dieser Erfahrung vom Geheimnis des anderen „wirkt und spielt das wahre Selbst, vom Nichts auferstanden, zwischen Mensch und Mensch als selbstlose Dynamik des »Zwischen« [...], oder auch: das Selbst, durch das absolute Nichts aufgeschnitten, geöffnet, entfaltet sich als das »Zwischen«" (ebenda, S. 444).

Mit dem „Zwischen" ist die Ekstase der Räumlichkeit, das entschlossene Sich-Einlassen auf andere und Handeln mit ihnen angesprochen. »Begegnung« ist hier also, so wie sie sich ereignet, zugleich „der eigene Spielraum, Spielinnenraum des Selbst" (ebenda, S. 444) und seiner Räumlichkeit – auch hier die Parallele von Spiel und Transzendenz. In dem ekstatischen Aufscheinen der Möglichkeit, dass alle Definitionen und Beschreibungen, die mir die Welt vom anderen gibt, seine Andersheit nicht erschöpfen, kann es blitzartig und kurzfristig zu dem Eindruck von kommunikativer Solidarität kommen, einem ekstatischen Aufscheinen der vollkommenen Liebe im Modus des Genus unter dem Transzendenzaspekt des Wunders unserer Handlungsmöglichkeiten mit der Daseinsstruktur der Räumlichkeit.

In der menschlichen Isolierung bleibt mir im praktischen Leben, wenn es mir um Erkannt-Werden und Anerkennung im Gegensatz zu Vermeiden und Verleugnen, wenn es mir also um Verstehen und Lieben in allen drei Seinsweisen des Individuums, der Spezies und des Genus geht, nur noch das leere »Lieben ist Lieben«, das erst dann zur Ekstase werden kann, wenn ich diesen Gedanken wieder loslasse, ihn verlöschen und zurückkehren lasse zu seinem Ursprung, in welchem Denken und Sein verschwinden – das ist dieses »Lieben ist Nicht-Lieben« –, dann bin ich vom substanzialisierenden Denken und Sein zumindest für den Augenblick befreit, in dem ich eine echte und unmittelbare Erfahrung vom Lieben mache. Dass Lieben Lieben ist, besagt daher, dass Lieben nicht einmal Lieben ist – ein heiteres oder vielmehr ekstatisches Aufscheinen der Möglichkeit, dass alle Definitionen und Beschreibungen, die mir die Welt vom Lieben gibt, das Lieben nicht erschöpfen (frei nach Cavell). Auch hier können Lachen und Weinen ineinander übergehen. Wenn ich bei dem »Lieben ist Lieben« stehen bleibe, dann kann sich ein Selbstbewusstsein etablieren, andere geliebt und womöglich sogar dadurch noch gerettet zu haben, was innerlich schon wieder alles verderben würde, und es kann sich wie oben ebenfalls „Hass gegen Andere [, die sich womöglich von mir nicht lieben lassen wollen], Grundblindheit über sich selbst und Habgier" (Ueda, 2011, S. 442) entwickeln, die „dreifache Selbstvergiftung [...] als die Grundverkehrtheit und der Unheilsgrund des Menschen" (ebenda). Diese Erfahrung vom Lieben „bewährt sich darin, einen anderen erwachen zu lassen, und zwar so, dass dieser selber erwacht" (ebenda, S. 445).

Mit dem „Erwachen" ist das gesamte Dasein angesprochen. Bei diesem Ansprechen geht es darum, wie Sokrates ganz einfache Fragen zu stellen und nur um ganz einfache Auskünfte zu bitten, „und bei dem Anderen wird die Frage nach sich selbst, nach dem wahren Selbst erweckt: »Wer bin ich eigentlich? «" (ebenda, S. 446). Bei der Liebe geht es „um die Überlieferung des Selbst, von Selbst zu Selbst" (ebenda). Dies, finde ich, ist auch eine schöne und ästhetische Art und Weise, das Phänomen der Transzendenz insgesamt zu beschreiben. In dem ekstatischen Aufscheinen der Möglichkeit, dass alle Definitionen und Beschreibungen, die mir die Welt vom Lieben gibt, das Lieben nicht erschöpfen, kann es blitzartig und kurzfristig zu einem ekstatischen Aufscheinen der vollkommenen Liebe in allen drei Modi des Daseins kommen und damit bei allen drei Daseinsstrukturen <u>Räumlichkeit, Zeitlichkeit und Lebenswirklichkeit</u> und unter <u>allen Aspekten der Wunder der Transzendenz</u> zugleich. Zu alldem passt auch die Rede davon, dass die Liebe eine Himmelsmacht ist (aus der Zauberflöte von Wolfgang Amadeus Mozart).

Nach diesen theoretischen Überlegungen möchte ich eine praktische Übung vorstellen, die das Thema der Transzendenz noch einmal von einer anderen Seite beleuchtet und über verschiedene Fragen zu einer anderen Form der Grundfrage der Philosophie kommt, was Sein ist. Wenn ich den Begriff »Praktische Philosophie« wörtlich nehme, dann sollte eine solche Philosophie auch praktische kommunikative Handlungsaufforderungen geben, wie dies auch die Tradition in den philosophischen Schulen des antiken Griechenlands gewesen ist. Die von mir daher gleich beschriebene Übung kann in abgewandelter Form auch gut zur Rezeption von Kunstwerken oder von allen möglichen anderen beeindruckenden Wahrnehmungen benutzt werden.

Für die folgende Meditationsübung muss man mindestens zu zweit sein. Daher entspricht sie dem Transzendentalen der faktischen Grundsituation von uns Menschen deutlich besser als die Einzel-Meditation, auch wenn diese in den östlichen Traditionen meistens gemeinsam praktiziert wird.

Die zweite Besonderheit dieser Übung, wodurch sie die faktische Grundsituation noch besser abbildet als jede andere Meditationsform, ist, dass sie sprachlich ist und das Schema Frage-Antwort benutzt, indem sich jeweils zwei Menschen gegenübersitzen und abwechselnd der eine dem anderen die Anweisung gibt: „Sage mir, …" und dann eine von vier Fragen stellt, die ich weiter unten noch formulieren und erläutern werde. Der auf diese Weise Befragte nimmt die Anweisung auf in der Absicht, eine <u>echte und unmittelbare</u> Erfahrung in

Bezug auf die Frage zu machen, und teilt dem anderen alle möglichen Gedanken mit, die sich ihm dabei in den Weg stellen, um sie loszulassen und sich von den entsprechenden Konzepten zumindest für den Augenblick zu befreien. Der die Anweisung gegeben hat, hört aufmerksam zu, nach Möglichkeit ohne etwas zu bewerten oder in irgendeiner Weise positiv oder negativ darauf zu reagieren, was der andere sagt. Dadurch bekommt auch er oder sie die Gelegenheit, eigene Konzepte immer mehr loszulassen. Die Rollen werden alle fünf Minuten getauscht und die gesamte Übungseinheit dauert vierzig Minuten. In einer Gruppe von mindestens acht Personen werden dann die Partner getauscht, und man macht am Tag mindestens zehn solcher Übungseinheiten mindestens drei Tage lang. Jeder bleibt so lange bei einer Frage, bis er oder sie eine begeisternde Erfahrung gemacht hat und damit auf dem Weg zur vollkommenen Liebe ein Stück weitergekommen ist.

Nun zu den Fragen: Anstatt wie Heidegger die Grundfrage der Philosophie in Form der Seinsfrage vom „eigentlichen Verstehen des Sinns" her immer tiefer zu durchdenken, möchte ich von der kommunikativen Handlungsaufforderung bzw. -empfehlung des „echten und unmittelbaren Verstehens des Worumwillens" her aufzeigen, wie diese Aufgabe anders angegangen werden kann. Ausgehend vom Alltäglichen entfalte ich dazu die Grundfrage in folgende drei Detailfragen: Wer bin ich? Was ist Leben? Wer oder was ist ein anderer? Die entsprechenden Anweisungen lauten dann: Sage mir, wer du bist, was das Leben ist, wer oder was ein anderer ist, und der Befragte konzentriert sich damit auf die entsprechende Detailfrage. Zu der vierten Frage komme ich noch weiter unten.

Wenn ich mich mit der ersten Frage, wer ich bin, konfrontiere, tauchen alle möglichen Gedanken auf, dass ich so oder so bin und auf diese oder jene Art und Weise handle oder nicht, also Gedanken über alle möglichen Seins- und Nicht-Seinsweisen. Wenn ich nun echt und unmittelbar verstehen will, wer ich bin, dann überprüfe und lasse ich jeden dieser

Gedanken wieder los, ich lasse ihn verlöschen und zurückkehren zu seinem Ursprung mit der Absicht, eine echte und unmittelbare Erfahrung, ein echtes und unmittelbares Verstehen von mir selbst dabei zu erlangen, mich also in das Zentrum jenes »Wirbels« zu bringen, aus dem »Sein« und »Denken« entspringen und in dem beides zurückkehrend jeweils wieder verlischt. (Diese Formulierungen habe ich in freier Form von Tsujimura (Tsujimura, 2011, S. 420) übernommen.)

Wenn dies gelingt, bin ich in einem ekstatischen Zustand, einem Außer-mir-Sein, denn ich habe eine begeisternde Erfahrung von meinem wahren Selbst gemacht, was ich unter anderem auch daran merke, dass ich keine Angst mehr vor allen möglichen Seins- und Nicht-Seinsweisen und insbesondere vor dem Tod habe und aus Angst glaube, etwas für mein Sein tun zu müssen. Meine Ekstase hat mich an die Horizonte meiner Zeitlichkeit gebracht, es sind die Horizonte der Ekstasen der Herkunft, Zukunft und Ankunft, in denen ich weder Angst vor meinem Sein noch vor meinem Nicht-Sein habe. Der Tod ist dann insofern ein Ratgeber für mich, weil er mir Auskunft darüber gibt, ob ich eine echte und unmittelbare Erfahrung von mir selbst gemacht habe oder nicht, je nachdem ob ich noch Angst vor ihm habe. Dadurch, dass ich immer wieder zu meinem Partner spreche, bringt mich diese Übung in die Auseinandersetzung mit den Ekstasen meiner Zeitlichkeit und mit meinem wahren Selbst, sodass sich mir die Horizonte dieser Ekstasen wenigstens für einen kurzen Augenblick öffnen können.

Wenn ich mich mit der zweiten Frage, was Leben ist, konfrontiere, tauchen in der Regel alle möglichen Gedanken über das Leben auf und darüber, woher ich komme und was mich in dieses Leben eigentlich geworfen hat, in welchem ich immer wieder damit konfrontiert bin, mich auseinandersetzen und vielleicht handeln zu müssen. Wenn ich nun echt und unmittelbar verstehen will, was Leben ist, dann überprüfe und

lasse ich jeden dieser Gedanken wieder los, ich lasse ihn verlöschen und zurückkehren zu seinem Ursprung mit der Absicht, eine echte und unmittelbare Erfahrung, ein echtes und
unmittelbares Verstehen vom Leben dabei zu erlangen, mich
also in das Zentrum jenes »Wirbels« zu bringen, aus dem
»Sein« und »Denken« entspringen und in dem beides zurückkehrend jeweils wieder verlischt.

Wenn dies gelingt, bin ich in einem ekstatischen Zustand, einem Außer-mir-Sein, denn ich habe eine begeisternde
Erfahrung von meinem wahren Leben gemacht, was ich unter
anderem auch daran merke, dass ich mich nicht mehr überfordert fühle, weil ich mich auseinandersetzen und vielleicht etwas für mein Dasein tun muss, und keine Wut und keinen Ekel
mehr wegen meiner »Geworfenheit« ins Leben habe. Meine
Ekstase hat mich an den Horizont der Auskunft über mein Leben gebracht, es ist die Ekstase der Auskunft, in der ich weder
Wut noch Ekel wegen meiner Geworfenheit und meines Et-
was-So-Tun-Müssens oder wegen meines Etwas-So-Nicht-
Tun-Dürfens habe. Die Geworfenheit ist dann insofern ein
Ratgeber für mich, weil sie mir Auskunft darüber gibt, ob ich
eine echte und unmittelbare Erfahrung von meinem Leben
bzw. von meiner Beziehung zum Sein überhaupt gemacht habe
oder nicht, je nachdem ob ich noch Wut oder Ekel deswegen
habe. Dadurch, dass ich immer wieder zu meinem Partner
spreche, bringt mich diese Übung in die Auseinandersetzung
mit der Ekstase der Auskunft über mein wahres Leben, sodass
sich mir der Horizont dieser Ekstase wenigstens für einen kurzen Augenblick öffnen kann.

Wenn ich mich mit der dritten Frage, wer oder was ein
anderer ist, konfrontiere, dann tauchen in der Regel alle möglichen Gedanken über die Andersheit von anderen auf, z.B. ob
sie verschieden von oder gleich mit mir sind, welchen Platz
wir jeweils haben und woher wir jeweils kommen, wohin wir
gehen werden oder wollen und wo wir eigentlich alle angekommen sind und unseren Raum beanspruchen. Wenn ich nun

echt und unmittelbar verstehen will, wer oder was ein anderer ist, dann überprüfe und lasse ich jeden dieser Gedanken wieder los, ich lasse ihn verlöschen und zurückkehren zu seinem Ursprung mit der Absicht, eine <u>echte und unmittelbare</u> Erfahrung, ein echtes und unmittelbares Verstehen der Andersheit des anderen dabei zu erlangen, mich also in das Zentrum jenes »Wirbels« zu bringen, aus dem »Sein« und »Denken« entspringen und in dem beides zurückkehrend jeweils wieder verlischt.

Wenn dies gelingt, bin ich in einem ekstatischen Zustand, einem Außer-mir-Sein, denn ich habe eine begeisternde Erfahrung der wahren Andersheit und Nicht-Andersheit des anderen gemacht, was ich unter anderem auch daran merke, dass ich kein Leid mehr wegen der Andersheit von anderen verspüre und den anderen auch nicht verändern will, weil ich meine, vielleicht etwas für das Verhältnis seines Daseins zum Sein überhaupt tun zu müssen und damit für eine größere Menschlichkeit seines Lebens. Meine Ekstase hat mich an den Horizont des gemeinsamen Sich-Einlassens in einem gemeinsamen Raum gebracht, es ist die Ekstase der Räumlichkeit, in der ich kein Leid wegen meines Getrennt-Seins von anderen verspüre, wenn wir uns nicht richtig aufeinander einlassen können. Die Andersheit oder Nicht-Andersheit von anderen ist dann insofern ein Ratgeber für mich, weil sie mir Auskunft darüber gibt, ob ich eine echte und unmittelbare Erfahrung der Andersheit und Nicht-Andersheit von anderen gemacht habe oder nicht, je nachdem ob ich noch Leid deswegen empfinde oder die Andersheit bzw. Nicht-Andersheit von anderen ohne Leid tolerieren kann. Dadurch, dass ich auch immer wieder zu meinem Partner spreche, bringt mich diese Übung in die Auseinandersetzung mit der Ekstase der Räumlichkeit und mit unserem Sich-Einlassen auf unsere wahre Gemeinsamkeit und

Verschiedenheit, sodass sich mir der Horizont dieser Ekstase wenigstens für einen kurzen Augenblick öffnen kann.

Die bisherigen ekstatischen Erfahrungen, wenn ich sie mit einiger Geduld und Übung denn gemacht habe, konnten mir natürlich nur punktuell ein echtes und unmittelbares Verständnis der Wahrheit des Seins und des Nichts, also des absoluten Nichts bzw. der vollkommenen Liebe vermitteln und nicht den ganzen unendlichen Raum der Wahrheit. Dafür ist es notwendig, den oben beschriebenen kommunikativen Handlungsaufforderungen bzw. -empfehlungen immer wieder zu folgen und sie in mein gesamtes Leben zu integrieren, sodass daraus ein Übungs-, Lern- und Lebensweg wird, ein Weg zur vollkommenen Liebe. Da das wahre Selbst, das wahre Leben und die wahre Andersheit des anderen nur in der Wahrheit des absoluten Nichts, also in der vollkommenen Liebe erfahren werden können, kann ich die oben aufgeführten drei Detailfragen, in die ich die Grundfrage der Philosophie entfaltet habe, wieder zusammenfassen zu der Frage: Was ist Lieben? Damit ist die Grundfrage der Philosophie neu gefasst, und es wird noch deutlicher erkennbar, dass es sich tatsächlich um die grundlegende Frage handelt, mit deren Antwort wir danach trachten, den letzten Sinn unseres Daseins zu erfassen bzw. die Möglichkeit einer menschlichen Welt zu erkennen (Rentsch, 1999, S. 61).

Wenn ich mich nunmehr mit dieser Frage, was Lieben ist, konfrontiere, dann tauchen in der Regel alle möglichen Gedanken über das Lieben auf, z.B. ob ich lieben kann oder geliebt werde und wie ich in dieser Hinsicht immer wacher werden kann. Wenn ich nun echt und unmittelbar verstehen will, was Lieben ist, dann überprüfe und lasse ich jeden dieser Gedanken wieder los, ich lasse ihn verlöschen und zurückkehren zu seinem Ursprung mit der Absicht, eine echte und unmittelbare Erfahrung, ein echtes und unmittelbares Verstehen vom Lieben dabei zu erlangen, mich also in das Zentrum jenes

»Wirbels« zu bringen, aus dem »Sein« und »Denken« entspringen und in dem beides zurückkehrend jeweils wieder verlischt.

Wenn dies gelingt, bin ich in einem ekstatischen Zustand, einem Außer-mir-Sein, denn ich habe eine begeisternde Erfahrung vom wahren Lieben gemacht, was ich unter anderem auch daran merke, dass ich große Begeisterung für mein alltägliches Leben verspüre. Meine Ekstase hat mich an den Horizont des Erwachens in meinem alltäglichen In-der-Weltsein gebracht, es sind alle Horizonte der Ekstasen der drei Daseinsstrukturen Zeitlichkeit, Räumlichkeit und Lebenswirklichkeit, in der ich Begeisterung für alles Menschliche verspüre. Das Alltägliche ist dann insofern ein Ratgeber für mich, weil es mir Auskunft darüber gibt, ob ich eine echte und unmittelbare Erfahrung vom Lieben gemacht habe oder nicht, je nachdem ob ich Begeisterung für mein alltägliches In-der-Welt-Sein empfinde oder ob mir irgendetwas widerwärtig ist. Dadurch, dass ich immer wieder zu meinem Partner spreche, bringt mich diese Übung noch mehr in die Auseinandersetzung mit allen Ekstasen meines Daseins und mit dem wahren Lieben, sodass sich mir alle Horizonte dieser Ekstasen wenigstens für einen kurzen Augenblick öffnen können.

Mit dieser spezifischen Umsetzung, also diesem Weg der kommunikativen Handlungsaufforderung bzw. -empfehlung zum echten und unmittelbaren Verstehen nähere ich mich mit der Zeit einer utopischen Befindlichkeit, d.h. einem psychischen Zustand, in welchem der Tod und die Zukunft keinen Schrecken mehr haben und mich ängstigen, meine Geworfenheit für mich ohne Wut oder Ekel bedeutungslos geworden ist, in welchem ich Toleranz gegenüber anderen habe, ohne Leid wegen ihrer von mir getrennten Andersheit zu empfinden, sodass ich unter Umständen geneigt wäre, sie zu ändern oder zu missionieren, und in welchem es nichts Widerwärtiges gibt in meinem Alltag, für den ich mich immer wieder und immer mehr begeistern kann.

Meine Psyche, d.h. die Dynamik der vollkommenen Liebe, kommt immer mehr in ein Gleichgewicht, je mehr ich die Gegensätzlichkeiten im Umgang mit der Materie, der Selbstentfremdung der vollkommenen Liebe, überwunden habe: den Gegensatz aktiv-passiv, solange ich immer wieder aktiv auf den Weg zur vollkommenen Liebe komme und dort bleibe und immer wieder passiv meine Empfindungen beobachte, wie sie sich der gerade erwähnten utopischen Befindlichkeit annähern, wobei ich immer echter und unmittelbarer das Worumwillen allen Seins verstehe, den Gegensatz subjektiv-objektiv, solange meine objektive Geworfenheit für mich subjektiv immer bedeutungsloser wird, den Gegensatz kontinuierlich-diskontinuierlich, solange ich immer weniger Angst vor dem Tod habe und mich immer kontinuierlicher dem diskontinuierlichen Abbruch meines Lebens im Tod hingeben kann, den Gegensatz linear-zirkulär, solange ich andere in ihrer Andersheit immer mehr in einem Spiel mit linearen und zirkulären Spielweisen tolerieren kann, ohne deswegen zu leiden, und den Gegensatz zeitlich-räumlich, solange ich mich immer wieder für meinen Alltag begeistern und anderen und mir immer mehr Raum und Zeit geben kann, statt mich über irgendwelche alltäglichen Unzulänglichkeiten zu entrüsten oder zu schämen, also diesen Unzulänglichkeiten weder Raum noch Zeit zu geben. Da es von meiner Psyche immer weniger Aufforderungen gibt, ist auch mein Geist, der Aspekt der Rückkehr zur vollkommenen Liebe, immer mehr in Ruhe, je mehr ich auf diese Weise meine Liebesfähigkeit entwickle.

Die kommunikative Handlungsaufforderung bzw. -empfehlung des echten und unmittelbaren Verstehens des Worumwillens ist auf eine gewisse Weise negativ, auf eine andere Weise positiv und in einer dritten Hinsicht indifferent, also weder positiv noch negativ: Sie ist in der Weise negativ, weil es keine Anweisung zu einem bestimmten Verstehen ist, sondern nur aussagt, welche Art von Verstehen es nicht ist, nämlich jede Art von Verstehen, welches zu Täuschungen führt oder durch irgendetwas anderes vermittelt ist. Sie ist in der Weise positiv, weil sie ein positives Kriterium dafür angibt, wann ein echtes und unmittelbares Verstehen erreicht ist, denn nur dann verstehe ich echt und unmittelbar, wenn ich keine Angst mehr vor dem Tod habe, keine Wut oder Ekel mehr wegen meiner Geworfenheit, kein Leid mehr wegen der Andersheit von anderen, die ich dann gut tolerieren kann, und keine Enttäuschung wegen meines Alltags, für den ich mich immer wieder begeistern kann. Dieses Kriterium ist eine notwendige Bedingung, denn wenn es nicht erfüllt ist, fordert mich die Psyche auf umzukehren. Es ist aber auch eine hinreichende Bedingung, weil alle Gegensätzlichkeiten im Umgang mit der Materie dann echt und vollkommen überwunden wären (Kolb, 2017a) und damit auch die Entfremdung von der vollkommenen Liebe. Die kommunikative Handlungsaufforderung bzw. -empfehlung des echten und unmittelbaren Verstehens des Worumwillens ist in der Hinsicht indifferent, als dass sie keinen Weg bzw. keine spezifische Umsetzung bevorzugt. Hier zeigt sich auch die Analogie, dass in der vollkommenen Liebe die eigene Existenz hingegeben wird (negativ), angenommen wird (positiv) und bedeutungslos ist (indifferent).

Der Aspekt der prozessualen Offenheit der Transzendenz wurde schon von Schiller mit dem Begriff des Spiels aufgegriffen und im 15. seiner Briefe „Über die ästhetische Erziehung des Menschen" in den Mittelpunkt seiner Betrachtungen gerückt mit der berühmten These: „Denn, um es endlich auf einmal herauszusagen, der Mensch spielt nur, wo er in voller Bedeutung des Worts Mensch ist, und *er ist nur da ganz Mensch, wo er spielt.*" (Schiller, 2004b, S. 618) Für Schiller ist die Zivilisation eine soziale „Einrichtung, die möglichst viele Ernstfälle in spielerische Ersatzhandlungen überführt oder doch wenigstens einen distanzierten Umgang mit ihnen ermöglicht. [... D]er Weg von der Natur zur Kultur [bzw. zum eigentlich Menschlichen führt] über das ›Spiel‹ […,] über Rituale, […] Symbolisierungen" (Safranski, 2009, S. 43) und Sprachspiele (hier wird eine Verbindung von Wittgenstein zu Schiller erkennbar). „Wo Ernst war, soll Spiel werden." (ebenda, S. 44) Dem Natürlichen wird so etwas von seiner „zwingenden, freiheitsberaubenden Gewalt genommen. So wird die Sexualität zum Spiel der Erotik sublimiert, womit sie […] wahrhaft menschlich wird […, indem sie] eine ganze Welt von Bedeutungen" (ebenda, S. 43) eröffnet. Auch mit Aggressionen müssen wir rechnen und sollten damit spielen, z.B. im Sport oder in Podiumsdiskussionen, geleitet von einem Moderator, einem „Mäßiger", der das Maß der Aggressionen einschränken soll.

Schiller distanziert sich im 2. Brief von jeglicher Funktionalisierung der Kunst und damit indirekt auch von der des Spiels: „Der *Nutzen* ist das große Idol der Zeit, dem alle Kräfte fronen und alle Talente huldigen sollen. Auf dieser groben Waage hat das geistige Verdienst der Kunst kein Gewicht, und, aller Aufmunterung beraubt, verschwindet sie von dem lärmenden Markt des Jahrhunderts." (Schiller, 2004b, S. 572) „Bei der Kunst kann man lernen, dass die wichtigen Dinge des Lebens […] ihren Zweck in sich selbst haben, dass sie primär nicht darum sinnvoll sind, weil sie funktional etwas anderem dienen. Die Liebe will die Liebe, die Freundschaft die Freundschaft und die Kunst die Kunst; dass dabei auch noch andere Zwecke realisiert werden, ist selbstverständlich, darf aber nicht beabsichtigt sein. […] Die Kunst ist, wie jedes Spiel, autonom. […] Kunst also ist erstens Spiel, zweitens Selbstzweck und drittens kompensiert sie das, was Schiller als spezifische Deformationen der bürgerlichen Gesellschaft analysiert: das entwickelte System der Arbeitsteilung." (Safranski, 2009, S. 44 f.) Weil sie Selbstzweck ist, ist sie „ekstatisch, wie zum Beispiel die Religion, die man auch in ihrem Wesen verkennt, wenn man sie funktionalistisch auf eine gesellschaftsdienliche Rolle einschränkt" (ebenda, S. 44 f.). Damit ist schon bei

Schiller ausgedrückt, was bei Rentsch wie folgt lautet: „Religiöse Sprache und Praxis [...] werden, funktional interpretiert, *kategorial* unter- und fehlbestimmt" (Rentsch, 2005, S. 37).

4.   MÖGLICHE VERMITTLUNGEN UND
       RELIGIONSSTIFTUNGEN

Da die Utopie der vollkommenen Liebe bzw. Gott oder
das absolute Nichts absolut ist und unser menschliches Dasein
relativ, stehen sich das Absolute und das Relative gegenüber
und bedürfen der Vermittlung, denn unsere Liebesfähigkeit
kann nicht „subjektiv" bestimmt werden, und für ihre Entwicklung brauchen wir immer andere Menschen. Dies bedeutet,
dass der einzelne Mensch einen Mittler braucht, der ihm oder
ihr dabei hilft, seine bzw. ihre Liebesfähigkeit immer mehr zu
entwickeln. Zu Anfang ist dies die primäre Bezugsperson, in
der Regel die Mutter, später auch der Vater, Freunde, Lehrer,
Ärzte, Geistliche, Sozialarbeiter, Psychotherapeuten oder andere helfende Personen, die das Dasein unterstützen, seine Beziehung zum Absoluten, also sein Leben (wenn man den Begriff „Leben", wie ich es mache, daseinsanalytisch als Beziehung zu seinem Sein und zu seinem Nicht-Sein betrachtet und
davon ausgeht, dass diese Beziehung immer sinnvoll und damit gleichzeitig auch eine Beziehung zum Absoluten ist), immer wahrhaftiger werden zu lassen. „Wahrhaftig" bedeutet
hier an der Wahrheit bzw. an Echtheit und Unmittelbarkeit
haftend, und das würde ja heißen, vollkommen zu lieben. Das
„Immer-Wahrhaftiger-Werden" ist also nichts anderes als die
Entwicklung der vollkommenen Liebe. Dabei ist es wichtig,
dass das Dasein sich früher oder später immer wieder von solchen Mittlern abnabelt, damit keine Abhängigkeiten entstehen
und die Beziehung des Daseins zum Absoluten nicht verfällt.
Schon die Ablösung von den Eltern kann schwierig sein.

Das Dasein braucht also das Absolute, das Einzelne
braucht das Allgemeine, und damit einerseits einen Mittler, einen Besonderen, der sich aber andererseits früher oder später
zurückziehen bzw. von dem das Dasein sich früher oder später
lösen muss, damit die Beziehung zwischen dem Absoluten und
dem Dasein nicht verfällt. Das Vermitteln des Mittlers sollte

nicht einspringend-beherrschend, sondern vorspringend-befreiend sein, wie Heidegger es formulierte (Heidegger, 2006, S. 122), sonst muss das Dasein sich von dieser Art der Vermittlung, die das Dasein beherrschend abhängig macht, befreien, damit seine Beziehung zum Absoluten nicht verfällt, wie oben schon aufgezeigt. Einspringend-beherrschende Vermittlung verschärft den Gegensatz räumlich-zeitlich, vorspringend-befreiende Vermittlung dagegen hilft, diesen Gegensatz zu überwinden, und eine Verschlimmerung von Gegensätzen verstärkt den Aspekt des Körperlich-Materiellen und damit die Entfremdung von der vollkommenen Liebe.

Im Idealfall vermittelt der Mittler wie die Psyche, die lediglich motiviert, aber nicht dogmatisch irgendwelche Inhalte vorgibt, sondern dazu auffordert, diese selbst zu entwerfen. Ein derartiger Vermittler wird daher immer erst die Befindlichkeit des Daseins verstehen müssen, bevor er auf die beschriebene ideale Weise vermitteln kann. In diesem Sinne lässt sich auch das Problem der Transzendenz nur über die Befindlichkeit, also über die Psyche, die Ergriffenheit, lösen, wenn diese möglichst echt und unmittelbar verstanden wird. Also erst dann, wenn der Mittler einen hinreichenden Grad an vollkommener Liebe für den Einzelnen und damit auch für sich selbst erreicht hat, kann er zwischen dem Einzelnen und der vollkommenen Liebe vermitteln, d.h. die Entwicklung der Liebesfähigkeit des Einzelnen unterstützen und fördern.

Der Mittler benutzt somit seine eigene Liebesfähigkeit, seine Liebe für den Einzelnen und seine eigene Beziehung zum Absoluten, und indem er vermittelt, kann die Beziehung des Einzelnen zum Absoluten, das Leben des Einzelnen, sich immer mehr hin zum wahrhaftigen Leben entwickeln. Hier zeigt sich, dass die vollkommene Liebe sich selbst (über den liebevollen Mittler) vermittelt. Innerhalb einer Gemeinschaft kann es nur dadurch eine stabile und tragfähige Verbindung untereinander geben, wenn nach Möglichkeit jeder für den anderen ein Mittler im obigen idealen Sinne ist. In einer derartigen Gemeinschaft ist das Vertrauen in die selbstreinigende Kraft bzw. die „List der Vernunft" (ein Ausspruch von Hegel) gerechtfertigt. Das Absolute ist wie oben ausgeführt die vollkommene Liebe, zu der das Dasein seine Beziehung, also sein Leben, nur durch die Verbindung der Aspekte von Psyche und Geist über den Aspekt der Materie vermittelt bekommen kann. Dabei gilt es dann, die Gefahren der Täuschungen bzw. die Gegensätzlichkeiten der Materie, die Ergriffenheit der Psyche und die Erwartungen des Geistes immer besser entsprechend zu verstehen, um sie dadurch zu überwinden und sich dadurch auch von Mittlern als Mittler immer mehr zu lösen. Insofern war aus dieser Sicht der Tod von Jesus ein ganz wichtiger Abnabelungsprozess für seine Jünger und die Apostel, und seine Auferstehung in jedem Christen bzw. die Gottesgeburt in ihm (nach Meister Eckhart) führt dann immer weiter zur vollkommenen Liebe.

Die Kant'sche Frage der Religionsphilosophie, was wir hoffen dürfen, würde ich so umformulieren: Auf welche Art von Hilfe und Unterstützung dürfen wir hoffen, damit unsere Liebesfähigkeit sich immer weiterentwickelt bzw. damit wir auf dem Weg zur vollkommenen Liebe immer weiterkommen?

Diese Hilfe und Unterstützung besteht nach den bisherigen Überlegungen in der gegenseitigen Vermittlung des Weges zur vollkommenen Liebe innerhalb der Gemeinschaft aller Menschen. Eine wichtige Voraussetzung dafür allerdings ist der Glaube daran, dass die Ausrichtung auf das utopische Ziel der vollkommenen Liebe unserem Leben eine Wende geben kann. Die nächste Frage, die sich nun stellt, ist, wodurch dieser Glaube vermittelt wird, dieser Glaube an die vollkommene Liebe. Wie oben schon erwähnt, gibt es in Gemeinschaften immer wieder Mittler, die diesen Glauben an die vollkommene Liebe weitergeben. Aber diese Mittler haben den Glauben auch vermittelt bekommen, sodass sich die Frage nach dem

Ursprung und nach dem Verlauf dieser Reihe von Vermittlungen stellt.

Meines Erachtens beginnen diese Vermittlungsreihen bei den ersten Menschen, mythologisch ausgedrückt also bei Adam und Eva, weswegen im Islam Adam als Prophet bezeichnet wird. Im Verlauf dieser Vermittlungen sind menschliche Gemeinschaften immer wieder in eine Sackgasse geraten, es gab immer wieder Zustände, in denen die Entwicklung der Liebesfähigkeit stagnierte, sodass ein Ausweg vermittelt werden musste. An solchen Stellen traten dann sogenannte Religionsstifter auf, z.B. Moses, Buddha, Jesus und Muhammad. Somit ergibt sich die Frage, wodurch diesen Religionsstiftern ein Ausweg bzw. ein so starker Glaube an das Absolute bzw. an die vollkommene Liebe vermittelt wurde, dass sie die betreffenden Menschen wieder auf den Weg zur vollkommenen Liebe bringen konnten.

Um nicht in allzu wilde Spekulationen zu verfallen, will ich mich möglichst streng an Heideggers Hermeneutik mit Vor-Habe, Vor-Sicht, Vor-Griff bzw. ausdrücklicher Auslegung halten. In der „Vor-Habe" befindet sich die von mir schon verstandene Bewandtnisganzheit dieser vier historischen Persönlichkeiten, wobei ich einschränkend feststellen muss, dass ganz allgemein und bei mir persönlich noch stärker das Wissen um diese vier Personen sehr eingeschränkt ist. Das, woraufhin das von mir Verstandene ausgelegt werden soll, ist die Antwort auf die Frage, wodurch diesen vier Menschen der Glaube an die vollkommene Liebe vermittelt wurde, sodass meine „Vor-Sicht" auf Ereignisse im Leben dieser vier ausgerichtet ist, in denen es eine Wende gegeben hat, bevor es zur Vermittlung des entsprechend starken Glaubens an die vollkommene Liebe gekommen sein muss. Im „Vor-Griff", als vorläufiges Begreifen, halte ich Folgendes fest:

Die Wende bei Moses ereignete sich, als er der Aufforderung der Psyche, der Dynamik der vollkommenen Liebe, durch die entscheidende Tat nachkam, vom Pharao die Freiheit für sein Volk zu verlangen. Die Zeit, bevor er darauf reagierte, war dadurch gekennzeichnet, dass er in einer ziemlichen Notsituation lebte und sich als gesuchter Mörder furchtsam versteckte.

Bei Buddha kam es zur Wende, als er der Aufforderung der Psyche, der Dynamik der vollkommenen Liebe, nachkam, seinen luxuriösen Palast zu verlassen, sein elitär-asketisches Fasten aufzugeben und sich mit dem Leben und Schicksal der anderen auseinanderzusetzen. Er hatte sich davor im Luxus gelangweilt, sich fast zu Tode gehungert und immer mehr Scham wegen der starken Diskrepanz zwischen Arm und Reich empfunden, bis er der in seinem Schamempfinden enthaltenen Aufforderung der Psyche folgte.

Bei Jesus ist es etwas schwieriger, den Moment der Wende zu finden, weil in den Evangelien sein Lebensweg so vermittelt wird, als habe es keine Wende gegeben, sodass ich nur vermuten kann, dass der Tod von Johannes dem Täufer dazu führte, dass die Aufforderung der Psyche so stark wurde, dass er hervortrat, handelte und durch Wunder und Verkündigung seiner frohen Botschaft den Menschen Trost spendete. Davor hatte es eine lange Periode von Unterdrückung sowohl durch König Herodes als auch durch die Römer gegeben, unter der seine Familie und er wie alle Israelis leiden mussten. Die Römer regierten ja nach dem Prinzip „Teile und herrsche" und rissen die Familienverbände auseinander, indem z.B. jeder zu seinem Geburtsort ziehen sollte, und Trennung erzeugt Leid.

Bei Muhammad gab es eine lange Zeit mit vielen Ungerechtigkeiten, die er als Vollwaise mit steigender Wut erdulden musste, bis er auf den Ruf der Psyche hörte und sich und alle, die ihm folgten, durch entsprechende Taten von ungerechter Behandlung befreite. Hinzu kommt wohl noch Folgendes: Nach Küng ist es sehr wahrscheinlich, dass Muhammad von Judenchristen beeinflusst wurde. Nun war deren Situation auch von Ungerechtigkeit durchtränkt, wenn man die damaligen Zustände betrachtet. Es gab ja zwei Arten von Christentum: das Heidenchristentum, das, von Paulus initiiert und im römischen Reich unter Konstantin zur Staatsreligion erhoben, eine glänzende „Karriere" hingelegt hatte, und das Judenchristentum, welches im Vergleich dazu eine recht klägliche Rolle spielte. Dabei waren bzw. fühlten die Judenchristen sich als die wahren Christen, denn Jesus hatte doch gesagt, dass er das Gesetz des Judentums nicht auflöse, wie dies (scheinbar) die Heidenchristen getan hatten, weil sie sich nicht mehr beschneiden ließen und auch andere Gesetze (die Halacha, die rechtliche Auslegung der Tora) des Judentums nicht befolgten, sondern dass Jesus das Gesetz erst richtig erfülle, wie er selbst behauptete (Matthäus, 5,17). So betrachtet hat Muhammad das Judenchristentum in den Islam aufgenommen und ihm dort endlich die gerechte Stellung gegeben, wodurch es dann im Islam in der Folge mit dem heidenchristlichen Christentum gleichgezogen ist.

In der „vorsichtigen" Auslegung dieses „Vorgriffs" meine ich, das Folgende damit aufzeigen zu können: bei allen vier Religionsstiftern gab es eine lange Zeit von Missständen und Gegensätzlichkeiten auf der Ebene der Materie (der Selbstentfremdung der vollkommenen Liebe), die zu entsprechenden primären Befindlichkeiten geführt haben, bei Muhammad aufgrund erlebter Ungerechtigkeiten zu Wut, bei Moses aufgrund der Verfolgung zu Angst, bei Jesus aufgrund von Getrenntheit und Verlusterlebnissen bei anderen und bei sich selbst zu Leid und bei Buddha aufgrund der Widerwärtigkeit, dass eine Oberschicht im Luxus schwelgte, während es den meisten anderen schlecht ging, teils zu Entrüstung, teils zu Schamempfinden.

„Primär" bedeutet hier nur, dass die betreffende Befindlichkeit im Vordergrund steht, alle anderen Befindlichkeiten aber genauso wichtig sind. Beispielsweise hat Buddha auch viel über das Leid gesprochen, aber er hatte mehr Abstand dazu und hatte selbst lange nicht so unter anderen gelitten wie

Jesus (Buddha hatte unter der sich selbst auferlegten Askese gelitten). Moses hatte so große Angst, vor den Pharao zu treten, dass es ihm die Sprache verschlug und er seinen Bruder Aaron mitnehmen musste. Dabei hatte er wohl vor dem Zorn Gottes (der Dynamik der Liebe, der Psyche), wenn er dessen Auftrag nicht erfüllte, mehr Angst als vor dem Pharao, sonst wäre er wahrscheinlich nicht dorthin gegangen. Aber Moses war auch zornig über die ungerechte Behandlung seines Volkes.

Alle vier haben lange Zeit nicht auf den entsprechenden Ruf der Psyche gehört, wie Scham, Wut, Angst und Leid erzeugend ein derartiges In-der-Welt-Sein jeweils war, bis sie den Druck ihrer Psyche, aber auch die mehr oder weniger indirekte Aufforderung von anderen in ihrer Gemeinschaft aufgrund besonders krasser Ereignisse oder vielleicht auch, weil sich zu viel angesammelt und der berühmte Tropfen das Fass zum Überlaufen gebracht hatte, nicht mehr überhören oder übergehen konnten und sich teilweise eher widerwillig oder ängstlich daran machten, etwas zu tun. Damit war dann der Bann gebrochen und sie erlebten die Verbindung zur vollkommenen Liebe.

Bei Muhammad war die Lösung seiner Wutproblematik der Glaube, dass Allah barmherzig sei, sich der ungerecht Behandelten annehme, ihnen helfe und so die Gerechtigkeit wiederherstelle, sodass Muhammad dann gegen Diskriminierung und für Gerechtigkeit kämpfte, wobei er trotz aller Wut erregender Umstände sich immer bemühte, fair zu bleiben. Moses glaubte, unter dem Schutz Gottes zu stehen, was ihm die Kraft und den Mut gab, trotz aller Angst vom Pharao die Freilassung seines Volkes zu verlangen, und den Auszug aus Ägypten auch tatsächlich durchzuführen. Jesus vermittelte den Trost, dass wir alle Schwestern und Brüder sind, sodass wir so das Leid der Getrenntheit überwinden können, und Buddha überwand seine Scham über die Adelsklasse, der er entstammte, indem er alles wertfrei betrachtete, sich für die Aufhebung aller Klassen- und Kastenunterschiede aussprach und die Leidminderung als Ziel allen Handelns propagierte.

Bei allen vieren kam es zu einer bestimmten Erkenntnis, die sie dann aktiv in Handlung umsetzten und dabei darauf achteten, dass die Ergebnisse ihres Handelns ihren Erkenntnissen nicht widersprachen, dass sie also eine Wende erreichten und konsequent dabeiblieben. Wenn man nun fragt, was letzten Endes zur jeweiligen Umkehr geführt hat, so muss man sagen, dass dies einerseits die Psyche war, also die Dynamik der vollkommenen Liebe, in Verbindung mit der Materie, also der Selbstentfremdung der vollkommenen Liebe. Die jeweils mit vielen anderen geteilte Wahrnehmung der jeweiligen Situationen und deren Gegensätzlichkeiten (Materie) führte zu einem entsprechenden psychischen Begreifen, und als Objekt der Psyche regte dies eine Reaktion an, eine derartige Aufforderung, dass sich andererseits der Geist der Betreffenden, also der Aspekt der Rückkehr zur vollkommenen Liebe, nicht mehr verschließen konnte, sondern sich öffnete und sie mit „Begeisterung" zu den entsprechenden Taten führte. Insgesamt kann man also sagen, dass die vollkommene Liebe mit all ihren Momenten, nämlich Psyche, Materie und Geist, sie zur Liebe geführt hat, sodass sich damit erneut in meinen Betrachtungen herausstellt, dass die Liebe sich selbst vermittelt. Es ist eine „dreieinheitliche Vermittlung".

Tanabe verwendet diesen Begriff zwar auch (Tanabe, 2011b, S. 206), meint aber damit zum einen die Sündenvergebung, was meines Erachtens am ehesten dem entspricht, dass das Dasein als psychisches Subjekt freudig und begeistert die Umkehr begreift, die vergangene Absonderung vom Guten in der Bedeutungslosigkeit versinken lässt (Sündenvergebung) und als Objekt der Psyche die Freude über die Umkehr empfindet. Zum anderen führt Tanabe den Dank und die Vergeltung dafür in der Liebe zu Gott auf, der die vollkommene Liebe ist, was wohl eine Parallele dazu ist, dass das Dasein als geistiges Subjekt zum Ideal (Gott) strebt und dankbar in liebevoller Erwartung den Auftrag als Objekt des Geistes annimmt, die Freude und Begeisterung bezüglich der Umkehr weitergehend zu erfüllen und ihr in diesem Sinne dauernde Geltung zu verschaffen, also zu vergelten. Zum dritten zählt Tanabe die Mitwirkung bzw. den konkreten Vollzug des Rückwegs durch die tätige Liebe am Nächsten auf, ein Äquivalent der Umsetzung der fortgeführten Umkehr als körperlich-materielles Subjekt und der beobachtenden Kontrolle als Objekt der Materie, ob die Umkehr und wohlwollende Handlungen dem Nächsten auch wirklich gutgetan bzw. sein Leid vermindert haben. Insofern kann ich Tanabes dreieinheitliche Vermittlung dann doch als Äquivalent zu der von Psyche, Geist und Materie betrachten.

Dabei interpretiere ich „die Rede von Gott als Rede von der Totalität der unverfügbaren Sinnbedingungen all unserer Praxis" (Rentsch, 1999, S. 337), denn die Rede von Gott ist die Rede von der vollkommenen Liebe, und diese ist das Ziel unseres gesamten Lebens und damit unserer gesamten Praxis, sie ist eine alles umfassende, unfassbare und unverfügbare Sinnbedingung, da wir als Menschen nur die Wahl haben, uns diesem Ziel zuzuwenden oder uns davon abzuwenden, wobei wir allerdings immer wieder von unserer Psyche dazu aufgefordert werden, nach der vollkommenen Liebe zu streben (siehe oben). Die Rede von Gott bzw. von der vollkommenen Liebe ist auch die Rede davon, dass auf irgendeine absolut unbestimmbare Art und Weise Psyche, Geist und Materie aufgrund absoluter Hingabe, Annahme und Bedeutungslosigkeit unserer Existenz absolut vereint sind und eine Dreieinigkeit bilden, und dass man das menschliche Dasein auch als eine Projektion dieses unendlich Unfassbaren in die Endlichkeit auffassen könnte, als ein Bild davon (siehe oben).

Religiöse Grundhandlungen beispielsweise in den oben genannten vier Weltreligionen lassen sich als kommunikative Interexistenziale verstehen, bei denen in Rede und Praxis der jeweiligen Religionsstifter und anderer Vorbilder gedacht und sich ein Beispiel für entsprechende Taten genommen wird. Wie wir an diesen vier Religionen erkennen konnten, wird dabei schwerpunktmäßig an der Überwindung einer der grundlegenden Gegensätzlichkeiten im Umgang mit der Materie gearbeitet, was allerdings nicht heißt, dass für die Überwindung der anderen Gegensätzlichkeiten nichts getan wird. Auf diese Weise kann die recht verstandene Ausübung der entsprechenden Religionspraxis das Dasein bei der Entwicklung zur vollkommenen Liebe unterstützen.

Interessant zu erwähnen an dieser Stelle sind die „unverrückbaren Weisungen", die Hans Küng im Vorwort von „Buddhismus und Christentum" (Brück & Lai, 1997, S. 21 f.) aufführt, da man sie parallel zu den vier Grundbefindlichkeiten Angst, Wut, Leid und Scham, sowie zu den entsprechenden grundlegenden Gegensätzen kontinuierlich-diskontinuierlich, objektiv-subjektiv, linear-zirkulär und räumlich-zeitlich und außerdem zu den oben aufgeführten vier Weltreligionen Judentum, Islam, Christentum und Buddhismus sehen kann:

– „Du sollst nicht töten! Oder positiv: Hab Ehrfurcht vor dem Leben! Also eine Verpflichtung auf eine Kultur der Gewaltlosigkeit und der Ehrfurcht vor dem Leben.

– Du sollst nicht stehlen! Oder positiv: Handle gerecht und fair! Also eine Verpflichtung auf eine Kultur der Solidarität und eine gerechte Wirtschaftsordnung.

– Du sollst nicht lügen! Oder positiv: Rede und handle wahrhaftig! Also eine Verpflichtung auf eine Kultur der Toleranz und ein Leben in Wahrhaftigkeit.

– Du sollst nicht Unzucht treiben! Oder positiv: Achtet und liebet einander! Also eine Verpflichtung auf eine Kultur der Gleichberechtigung und die Partnerschaft von Mann und Frau." (ebenda)

Der erste Punkt betrifft die Angst, da es um die Bedrohung des Lebens geht, und Angst als primäre Befindlichkeit passt zum Judentum, da sowohl das Erleben von Moses als auch das des jüdischen Volkes bis heute von dem Gegensatz kontinuierlich-diskontinuierlich und damit verbunden von lebensbedrohlicher Gewalt wie Pogromen und Genozid geprägt sind. Da bei Gefahr unbedingt gehandelt werden muss, wird das Judentum bis heute auch als Religion des Handelns bezeichnet. Moses forderte die Israelis aufgrund der Gefahr, von den Ägyptern vernichtet zu werden, dazu auf, zu handeln und durch den Sumpf beim Roten Meer zu fliehen. Aber Handeln kann auch falsch sein.

Das zweite betrifft Wut, da es um Ungerechtigkeiten geht, und als primäre Befindlichkeit passt es zum Islam, da sowohl das Erleben von Muhammad als auch die Geschichte des Islam bis heute von dem Gegensatz objektiv-subjektiv und damit verbunden von Heimtücke und Ungerechtigkeiten immer wieder überschattet wurde. Wenn es um Gerechtigkeit geht, ist Disziplin und Gehorsam ganz wichtig, sodass der Islam auch als Religion des Gehorsams bezeichnet wird. Im Kampf für Gerechtigkeit gegen die Mekkaner musste Muhammad absoluten Gehorsam fordern, sonst wäre der Kampf verloren worden. Aber auch Gehorsam kann in bestimmten Situationen falsch sein.

Die dritte Weisung betrifft das Leid, da es um Toleranz bzw. Duldung statt Trennung geht, und das passt als primäre Befindlichkeit insofern zum Christentum, als dass Jesus mit Intoleranz konfrontiert war und dieses Thema sich durch die ganze Geschichte der Christenheit zieht, sei es, dass anfänglich die Christen nicht toleriert wurden, sei es, dass sie selbst während der Inquisition intolerant waren, oder dass bis heute Christen anderen Kulturen gegenüber intolerant sind und sich – man könnte mit Bob Dylan ironisch sagen „mit Gott an ihrer Seite" – in deren Entwicklung derart einmischen, dass sie Leid verursachen. Mit dem Gegensatz linear-zirkulär wurde Jesus bei der Ermordung von Johannes dem Täufer konfrontiert: einerseits bewirkte Johannes einen Aufbruch, dass etwas nach vorne ging, also linear, andererseits war seine Ermordung ein Rückschlag für alle, also zirkulär, sodass Jesus Schmerz und Trauer darüber empfand. Mit der Befindlichkeit des Leids und dem Gegensatz linear-zirkulär ist die ganze Zeitlichkeit erschlossen, und die Erlösung von Leid liegt in der Zeitlosigkeit, in der Ewigkeit, nämlich im ewigen Leben. In der Zeitlosigkeit liegt allerdings auch das Leid der ewigen Verdammnis. Bei der Erlösung von Getrennt-Sein und Leid sind Glaube und Vertrauen ganz wichtig, sodass das <u>Christentum</u> auch als <u>Religion des Glaubens</u> bezeichnet wird. Jesus forderte seine Jünger auf, vollkommen auf Gott zu vertrauen und daran zu glauben, dass sie erlöst werden, wenn sie ihm nachfolgen, sogar bis in den Tod. Aber Vertrauen und Glaube kann ebenfalls falsch sein, z.B. wenn man glaubt, die eigene Kultur sei für andere besser als deren Lebensweise.

Das vierte betrifft die Scham, da es um etwas Widerwärtiges wie Unzucht und Menschenverachtung geht, und passt als primäre Befindlichkeit zum Buddhismus, da Buddha die menschenverachtende Verschwendung der Reichen widerwärtig fand, und da bis heute im Buddhismus angestrebt wird, in der Meditation die Widerwärtigkeiten der Welt auszuhalten und zu überwinden. Den Gegensatz räumlich-zeitlich löste Buddha in der Meditation, indem er sich dabei einerseits vorbildhaft Raum und Zeit ließ, andererseits aber keine konkreten Ratschläge erteilte und so einem menschenverachtenden und beherrschenden Dogmatismus weder Raum noch Zeit gab. So forderte Buddha seine Jünger auf, nichts im Vorhinein zu bewerten. Aber alles ganz wertfrei zu betrachten und sich nicht zu engagieren, kann auch falsch sein.

Im Gegensatz zu den abrahamischen Religionen Judentum, Christentum und Islam, welche die Rückkehr zu Gott in der Zeitlosigkeit bzw. Ewigkeit sehen, ist im Buddhismus primär die Räumlichkeit mit der Befindlichkeit der Scham erschlossen (wer sich schämt, möchte am liebsten nicht mehr im Raum sein, sondern in der Erde verschwinden, die sich auftun möge), sodass hier der Übergang, die Rückkehr oder die Erlösung in der Raumlosigkeit, in der Leere, im Nirwana besteht. Nirwana und ewiges Leben entsprechen sich also durchaus, und beides hat nichts mit Nihilismus im Sinne einer Verneinung jeglicher Seins-, Erkenntnis-, Wert- oder Gesellschaftsordnung zu tun. Interessant ist hierbei, dass die abrahamischen Religionen den Gegensatz gut-böse mit hinüber ins Jenseits nehmen, indem dort Himmel und Hölle räumlich getrennt sind (es gibt also noch Raum und Getrenntheit), während es diesen Gegensatz im buddhistischen Jenseits der Raumlosigkeit nicht gibt. Auf der anderen Seite geht im Christentum das Diesseits kontinuierlich ins Jenseits über, indem es einen Jüngsten Tag annimmt, der im Grunde auch der älteste Tag des Diesseits ist, während der Buddhismus streng trennt zwischen dem Diesseits als Verhaftet-Sein mit dem Raum und dem Jenseits als Raumlosigkeit.

Ich möchte an dieser Stelle noch einmal die Bedeutung und Wichtigkeit aller fünf grundlegenden Gegensätzlichkeiten im Umgang mit der Materie in Bezug auf das Ziel der vollkommenen Liebe betonen: einerseits wäre zwar mit der vollkommenen Überwindung des Gegensatzes räumlich-zeitlich die vollkommene Liebe erreicht, aber diese Überwindung kann so lange nicht gelingen, wie eine der anderen grundlegenden Gegensätzlichkeiten nicht überwunden ist. Von daher ist die Arbeit an allen fünf Gegensätzlichkeiten wichtig für den Weg zur vollkommenen Liebe. Damit haben auch alle der genannten vier Weltreligionen eine wichtige Stellung in der Welt und für die Menschheit, denn jede hilft mit dabei, dass wichtige Aspekte auf dem Weg zur vollkommenen Liebe nicht übersehen und damit unüberwindbar werden. Wenn ich hier andere Religionen nicht erwähnt habe, so liegt dies nicht an einer mangelnden Wertschätzung, sondern lediglich an meiner

Unvollkommenheit und Unwissenheit. Ich werde allerdings im 7. Kapitel gesondert auf Hinduismus, Konfuzianismus und Taoismus eingehen und kurz die Bedeutung der Volksreligionen skizzieren.

An dieser Stelle möchte ich auf einen wichtigen Zusammenhang zwischen Ethik und Religion aufmerksam machen: wenn ich nicht weiß, was ich tun soll, dann kann mir die Hoffnung den Weg weisen. Bei allen vier Religionsstiftungen war es in der Vorgeschichte zu gesellschaftlichen Missständen gekommen. Das politische Handeln in den Gemeinschaften war ethisch nicht mehr vertretbar, und die Machtstrukturen in Form von bestimmten festgefahrenen Traditionen waren unmenschlich geworden: die Israeliten zur Zeit von Moses mussten so schwer arbeiten, dass viele daran oder wegen der Misshandlungen der ägyptischen Aufseher starben, die nur nach fester Tradition handelten; sozial benachteiligte Menschen in Mekka, z.B. Bettler oder Waise wie Muhammad selbst, wurden mehr oder weniger ausgeschlossen (z.B. auch von dem jeweiligen Kult einer bestimmten traditionellen Gottheit) und unfair behandelt; die Priesterschaft der Juden in der Zeit von Jesus war ebenfalls in Traditionen verhaftet, machte mit den römischen Machthabern gemeinsame Sache, um ihren Status zu erhalten, und hatte sich vom Volk getrennt und abgesondert; und die hohen Kasten in Indien genossen ihre traditionell begründete Macht und verachteten die Menschen in den unteren Kasten.

Die vier Religionsstifter machten Hoffnung, indem sie zum einen als körperlich-materielle Subjekte durch Taten Veränderungen herbeiführten, und sei es, dass sie nur durch Predigten andere beeinflussten, zum anderen indem sie den Menschen, die um sie herum eine Gemeinschaft gebildet hatten, als psychische Subjekte begreiflich machten, welche Bedeutung ihre Taten hatten, und sie schließlich dazu aufforderten, selbst als geistige Subjekte neue Möglichkeiten des Seinkönnens zu entwerfen, die nicht mehr in den alten verkrusteten Traditionen verhaftet waren, und diese Möglichkeiten entsprechend als körperlich-materielle Subjekte umzusetzen, um die begonnenen Veränderungsprozesse weiterzuführen. Wenn die Aufgaben, die sich auf dem Weg zur vollkommenen Liebe stellen, nicht mehr gelöst werden können, weil die Gemeinschaft sich traditionell-machtpolitisch in eine Sackgasse hineinmanövriert hat, sodass ihre Sitten und Gewohnheiten bzw. ihre ethische Haltung und ihre Traditionen nicht mehr vertretbar sind, dann bedarf es eines oder mehrerer Mittler zwischen dem Einzelnen und dem Absoluten, die auf die eben beschriebene Art und Weise Hoffnung machen, ein neues ethisches Bewusstsein wecken, dadurch die Traditionen und Machtstrukturen aufweichen und so den Weg zur vollkommenen Liebe wieder freimachen. Ethik ist also das Einzelne und abhängig von bzw. relativ zur Entwicklung der vollkommenen Liebe, während Religion das Allgemeine ist, was diese Entwicklung fördern soll. Dazwischen vermittelt das Dasein als das Besondere, indem es handelnd die Ethik an die Erfordernisse (Unterstützung der Entwicklung der Liebesfähigkeit) der Religion anpasst, sodass die Entwicklung unserer Liebesfähigkeit nicht gehemmt, sondern tatsächlich gefördert wird.

Zum Schluss möchte ich auf die Bedeutung von Glaube und Hoffnung hinweisen, die sich insgesamt in diesem Kapitel ergeben hat, und Paulus (Korinther, 13, 13) zitieren: „Nun aber bleibt Glaube, Hoffnung, Liebe, diese drei; aber die Liebe ist die größte unter ihnen." Religionsstifter vermitteln den Glauben an und begeisternde Vorstellungen (Geist) von der vollkommenen Liebe und wecken die begreifliche Hoffnung (Psyche), dass es sich lohnt, sich entschlossen handelnd auf den Weg zur vollkommenen Liebe einzulassen. Dies vermitteln sie mit einem möglichst vollkommenen Verständnis der materiellen Unterschiede zwischen Sollen und Sein bzw. zwischen den Erwartungen und den entsprechenden Täuschungen und wie die Menschen von daher enttäuscht sind. Sie vermitteln es also mit der entsprechenden Liebe (Harmonisierung von Geist und

Psyche), was das Wichtigste und Größte bei allem ist und bleibt.

5.   ERSCHEINUNGSWELTEN UND DIE ENTWICKLUNG DER LIEBESFÄHIGKEIT

Wie schon am Ende des 1. Kapitels erwähnt, erfordern unterschiedliche Erscheinungswelten unterschiedliche Paradigmen, d.h. insbesondere unterschiedliche religiöse Praktiken, um die Liebesfähigkeit der Mitglieder einer entsprechenden Gemeinschaft zu fördern. Angemessene religiöse Praktiken sollten ja, wie meine bisherige Analyse ergab, genau diesen Zweck erfüllen. Wenn wir heutzutage noch irgendwelchen nach unserem Empfinden unmenschlichen religiösen Praktiken begegnen sollten, dann hat es wenig Sinn, diese einfach nur zu unterbinden, wir sollten stattdessen auch danach trachten, die Erscheinungswelt der betreffenden Menschen zu verändern. Dazu wird es wichtig sein, auf der materiellen Ebene nach bestimmten Gegensätzen zu suchen, mit denen die Betreffenden noch nicht verständnisvoll genug umgehen können, wobei „verständnisvoll" bedeutet, dass sie noch nicht ausreichend viele alternative Möglichkeiten des Seinkönnens kennen oder sich darauf verstehen, um sich anders mit bestimmten Gegebenheiten auseinanderzusetzen. Um dies zu veranschaulichen, betrachte ich die fünf grundlegenden Gegensätzlichkeiten von Nishida (Nishida, 2011), von denen ich bereits aufgezeigt habe, dass alle Gegensätzlichkeiten im Umgang mit der Materie sich als Kombinationen dieser fünf auf der seelisch-geistigen Ebene begreifen und vollständig analysieren lassen (Kolb, 2017a).

Nehmen wir als erstes den Gegensatz aktiv-passiv: Wenn eine Gemeinschaft noch nicht begriffen hat, wie sie durch bestimmte Aktivitäten ihre Umwelt zu ihren Gunsten beeinflussen kann, z.B. wie sie effektiv Ackerbau betreiben kann, dann wird sie nach erfolgreichem Sammeln von Nahrungsmitteln aus der Natur als religiöse Praktik bestimmte Dankesopfer bringen, und durch Dankbarkeit kann die Liebesfähigkeit von Menschen gefördert werden. In unserer Gesellschaft dagegen werden eher allgemeine Dankgebete gesprochen, weil wir uns auf sehr viele Techniken der Nahrungsmittelbeschaffung verstehen. Wenn dann unserem Empfinden nach unmenschliche Opferpraktiken betrieben werden, das Opfern also übertrieben wird, wenn Nahrungsknappheit droht, dann sollte man dies nicht einfach verurteilen, sondern Alternativen zur Lösung derartiger Probleme aufzeigen.

Nachdem Menschen herausgefunden hatten, wie man Ackerbau und Viehzucht betreibt, und nachdem sie dadurch sesshaft geworden sind, stellte sich ihnen die Aufgabe, wie der Besitz von Ackerboden und Vieh aufgeteilt werden sollte, d.h. es ging dabei um den Gegensatz objektiv-subjektiv, denn subjektiv wollte jeder das Beste und so viel wie möglich, objektiv dagegen mussten Regelungen gefunden werden, damit die Gemeinschaft nicht auseinanderbrach. Hier konnten sich als religiöse Praktiken rituelle Wettkämpfe wie die Olympischen Spiele herausbilden, wodurch Fairness geübt wurde und sich dadurch die Liebesfähigkeit der Menschen entsprechend weiterentwickelt hat. Bei uns zeigen sich noch Überreste derartiger Praktiken im Sport, wo es auch heute noch als Tugend gilt, Fairness zu üben. Wenn man allerdings Fairness und Gerechtigkeit übertreibt, kann man Leid verursachen.

Als sesshafte Gemeinschaften waren die Menschen vermehrt Überfällen von umherziehenden Volksstämmen oder auch örtlichen Naturkatastrophen ausgesetzt und waren dadurch mit dem Gegensatz kontinuierlich-diskontinuierlich konfrontiert. Manche Völker bauten dann nicht nur Verteidigungswälle um ihre Wohngebiete, sondern errichteten als religiöse Praktik hohe Tempelbauten, die von möglichen Feinden auch über die Stadtmauern hinweg sichtbar waren und diese abschrecken sollten. In diesen Tempeln wurden dann als demütige Bitte um Schutz entsprechende Opfer gebracht. Auch Demut ist einer Haltung, welche die Liebesfähigkeit von Menschen fördern kann. Mit manchen Monumenten und Mahnmalen gedenken wir auch heute in Demut bestimmter Menschen oder bestimmter Geschehnisse. Wenn man die Demut aber übertreibt und unangemessene Unterwerfung fordert, entsteht Ungerechtigkeit.

Im Laufe der Menschheitsgeschichte gab es nun viele Eroberungen, bei denen Leid über viele Menschen gebracht wurde, indem sie von dem, was sie liebgewonnen hatten, oder von Menschen, die sie liebten, getrennt wurden. Manchmal kamen sie wieder zusammen und konnten in ihre Heimat zurückkehren, manchmal aber waren alle Bemühungen vergeblich, die jeweilige Trennung zu überwinden, sodass sie mit dem Gegensatz linear-zirkulär konfrontiert waren. Wo immer auch einige wenige von ihnen sich in der Fremde wiedertrafen, tauschten sie sich aus und halfen sich gegenseitig, gedachten ihrer Lieben und spendeten einander zumindest kurzfristigen Trost. Als religiöse Praxis entwickelte sich daraus tätige Nächstenliebe für Bedürftige. Dies kann, wie man leicht einsehen wird, die Liebesfähigkeit von Menschen deutlich fördern. Auch bei uns heute gibt es immer wieder Spendenaufrufe, die uns zu derartigem Handeln auffordern. Wenn dies übertrieben wird, indem man Menschen hilft, die sich gut auch selbst helfen können, degradiert man sie und bläht sich selbst gewissermaßen auf, erzeugt also eine unangemessene hierarchische Ordnung.

Im Rahmen der Globalisierung trafen in den letzten Jahrhunderten immer öfter und immer mehr verschiedene Kulturen mit unterschiedlichen Wertvorstellungen bzw. Wertsystemen aufeinander, manche Kulturen waren verglichen mit der westlich-europäischen Kultur zeitlich rückständiger, sodass die gesamte Menschheit hier mit dem Gegensatz räumlich-zeitlich konfrontiert war und in der Folge viele interkulturelle Probleme auftauchten. Von religiösen Menschen aus und damit auch als religiöse Praxis ist man hier um gegenseitiges Wohlwollen bemüht, d.h. um Freundschaft, wie Aristoteles dies in der Nikomachischen Ethik beschrieben hat (Aristoteles, 1985). Wie Freundschaft, die nicht auf Nutzen oder auf etwas Angenehmen beruht, sondern darauf, dass man sich umso wohler fühlt, je wohler sich der andere fühlt, und dass man sich dies auch gegenseitig mitteilt und sich darüber austauscht, immer mehr zur vollkommen Liebe führt, habe ich schon in „Dasein, um zu lieben" aufgezeigt (Kolb, 2017a). Wenn in einer multikulturellen Gesellschaft dies dahingehend übertrieben wird, dass jemand sich Menschen anderer Kulturen gegenüber zu nachsichtig verhält, dann erzeugt das Angst und Misstrauen in dessen eigener Gemeinschaft, er oder sie sei nicht mehr loyal genug seinen eigenen Leuten gegenüber, sodass Spaltungen entstehen und Werte insgesamt immer mehr relativiert werden, bis es im schlimmsten Fall gar keine Werte mehr gibt und großes Leid entsteht.

Nach diesen allgemeinen Betrachtungen möchte ich hier und in den nächsten Kapiteln auf die Entwicklung der vier Religionen eingehen, die ich anhand ihrer Religionsstifter analysiert habe, und die verschiedenen Entwicklungen miteinander vergleichen. Dabei geht es zuerst einmal um die bleibende Glaubenssubstanz (Küng, Das Judentum. Die religiöse Situation der Zeit, 1991), die sich als Charakteristikum durch alle Krisen und Paradigmen erhalten hat, und die auch heute noch von allen Glaubensanhängern jeweils mitgetragen wird.

Im Islam ist dies der Glaube an den einen und barmherzigen Gott, der sich dem Propheten Muhammad durch den Erzengel Gabriel geoffenbart und ihm aus Barmherzigkeit geholfen hat, gegen alle Feinde und deren Nachstellungen zu seinem Recht zu kommen. Wie schon im vorigen Kapitel erwähnt, geht es hier um den Gegensatz objektiv-subjektiv und um die Empfindung von eigentlicher Wut, von der vollkommenen Liebe getrennt worden zu sein, die sich aus der uneigentlichen Empfindung des Zorns wegen erlittener Ungerechtigkeiten entwickelt hat. Die Barmherzigkeit Gottes zeigt sich darin, dass jedem Menschen geholfen wird, der mit ganzem

Herzen nach der vollkommenen Liebe strebt, der sich Gott ganz hingibt und damit ein echter Muslim ist (Islam bedeutet Hingabe an Gott, und ein Muslim ist jemand, der sich Gott hingibt). Einerseits ist Gott eindeutig und mahnt streng, gerecht zu sein, er ist in dieser Hinsicht ganz objektiv, andererseits ist er barmherzig und verzeiht jede Ungerechtigkeit, wenn der Betreffende begreift, wie ungerecht er war, bereut und im tiefsten Herzen große Sehnsucht nach Gott empfindet. Schon im Koran findet man ein Beispiel, als der Prophet Muhammad sich mit einem Hochgestellten in eine ineffektive Diskussion verstrickt und dabei einen einfachen Mann abweist, der ihn gerne gesprochen hätte. Nachdem er sein Unrecht begriffen und bereut hatte, wurde ihm offenbart, dass ihm verziehen worden war. Ein weiteres Zeugnis dieser Sichtweise Gottes findet sich im Mathnawi von Rumi, dem Hauptwerk dieses persischen Sufi-Dichters, als er beschreibt, wie ein Mensch verdammt wird, seine Strafe begreifend annimmt, auf dem Weg zur Hölle von tiefer Sehnsucht nach Gott ergriffen und genau in diesem Moment von Gott zu sich gerufen wird. In dieser Hinsicht ist Gott ganz subjektiv, d.h. insgesamt ist bei ihm der Gegensatz subjektiv-objektiv absolut überwunden.

Im Judentum ist die bleibende Glaubenssubstanz der Glaube an den einen beschützenden und rettenden Gott, der sich seinem Volk durch die Befreiung aus der ägyptischen Gefangenschaft geoffenbart und danach einen ewigen Bund mit ihm geschlossen hat. Wie schon im vorigen Kapitel beschrieben, geht es dabei um den Gegensatz kontinuierlich-diskontinuierlich und die eigentliche Empfindung der Angst, nie mehr zur vollkommenen Liebe zurück zu gelangen, die sich aus der uneigentlichen Empfindung der Furcht vor dem Untergang in der ägyptischen Gefangenschaft entwickelt hat. Einerseits ist Gott langmütig und geduldig, indem er trotz vieler Vergehen seines Volkes schützend die Hand über ihm hält und es immer wieder durch seine Propheten ermahnt umzukehren, in dieser Hinsicht wirkt er ganz kontinuierlich, andererseits aber kommt plötzlich Unheil über sein Volk, was dieses oft als Strafe empfindet, und Gott erscheint in dieser Hinsicht ganz diskontinuierlich. Erst wenn sein Reich gekommen ist, dann ist dieser Gegensatz kontinuierlich-diskontinuierlich auch für die Menschen absolut überwunden.

Im Christentum ist die bleibende Glaubenssubstanz der Glaube an den einen und liebenden Gott, der sich den Jüngern und Aposteln Jesu durch dessen Auferstehung und durch die geistige Kraft (hebräisch „ruach", der Geist Gottes) geoffenbart hat, damit sie die tröstende frohe Botschaft von Jesus allen Menschen verkünden können. Wie schon im vorigen Kapitel erwähnt, geht es beim Christentum um den Gegensatz linear-zirkulär und um die eigentliche Empfindung des Leids, im Hier und Jetzt von der vollkommenen Liebe getrennt zu sein, die sich aus der uneigentlichen Empfindung der Trauer um den Tod von Johannes dem Täufer und dem Tod von Jesus entwickelt hat. Einerseits liebt Gott alle Menschen als seine Kinder und wirkt in dieser Hinsicht ganz geradlinig bzw. linear, andererseits zerstören diese „Kinder" immer wieder durch Lieblosigkeit sein Werk, und er muss wieder von vorne anfangen, in dieser Hinsicht erscheint Gottes Wirken also ganz zirkulär. Je mehr es den Menschen gelingt, den Gegensatz linear-zirkulär immer vollkommener zu überwinden, indem sie einerseits in den drei oben erwähnten persönlichen Beziehungsformen zu Gott diesen immer mehr lieben lernen, oder was diesem gleichkommt, zu lernen, immer mehr sich selbst und gleichermaßen den Nächsten auch in der Tat zu lieben, sei es der Nachbar oder ein Fremder, desto mehr wird die vollkommene Liebe erreicht und der Gegensatz linear-zirkulär immer vollkommener überwunden.

Der Buddhismus unterscheidet sich in der Hinsicht, was Offenbarung und bleibende Glaubenssubstanz betrifft, deutlich von den bisher dargestellten Religionen. Man erkennt hier nämlich keine bleibende Glaubenssubstanz wie eine ge-

meinsame Haltung, wie man etwas begreifen soll, oder konkrete Einstellung, wofür man sich entscheiden soll, wie bei den
abrahamischen Religionen, höchstens den Glauben, dass jeder
Mensch erleuchtet sein kann und dadurch erlöst ist bzw. ins
Nirwana eingeht, dass er aufgrund von immer mehr Erkenntnis
immer besser mit seinen Unzulänglichkeiten umgeht, immer
selbstbestimmter handelt und immer effektiver Leid vermindert. Der Buddhismus ist auch keine prophetische Religion,
denn es gibt Varianten, in denen er Offenbarungen keine Beachtung schenkt und sie für bedeutungslos oder eher hinderlich
auf dem Weg zur Erleuchtung hält. Im Zen-Buddhismus z.B.
werden besondere Erlebnisse während der Meditation als Zen-
Gestank bezeichnet. Letztlich gegen jede Art von Prophetie
gerichtet ist auch der Rat im Zen, dass man, wenn man Buddha
begegnet, ihn erschlagen sollte. Wie schon im vorigen Kapitel
beschrieben, steht im Buddhismus der Gegensatz räumlich-
zeitlich im Vordergrund und die damit verbundene eigentliche
Empfindung der Scham darüber, dass man aus der vollkommenen Liebe herausgefallen ist, womöglich nie wieder dorthin
zurückkehren kann und im Moment nicht in der Lage ist, vollkommen zu lieben. Dies hat sich aus der uneigentlichen Empfindung heraus entwickelt, dass man sich und andere gemessen
an irgendwelchen Wertsystemen als unzulänglich verurteilt
hat. Einerseits gilt es also, sich von allen Wertsystemen zu befreien und in dieser Freiheit ganz viel Raum zu haben, andererseits soll man sich und andere geduldig und ohne Zeitdruck,
also ohne eine damit verbundene Bewertung, lieben, wie man
ist und sein kann. Als bleibende Glaubenssubstanz des Buddhismus kann man insgesamt die Auffassung betrachten, dass
es bei allem Handeln stets darum geht, selbstbestimmt zu handeln und das Leid in der Welt zu vermindern, und für beides
braucht man immer mehr Erkenntnis über die eigenen Unzulänglichkeiten. Die grundlegende religiöse Praktik ist daher
die Meditation, in der man sich auf die eine oder andere Weise
mit dem Gegensatz räumlich-zeitlich auseinandersetzt und

dadurch immer mehr Erkenntnis über sich selbst und über das Leid, dessen Entstehung und Möglichkeiten der Leidminderung bekommt. Verglichen mit den anderen drei hier aufgeführten Religionen kann man den Buddhismus von seinem Kern her als eine Art Anti-Religion bezeichnen, obwohl seine vielfachen Ausgestaltungen im ganzen asiatischen Raum ganz anders in Erscheinung treten, dies aber auch nur deshalb, weil hier andere religiöse Strömungen wertfrei mit aufgenommen wurden.

Was die bleibende Glaubenssubstanz betrifft, so kann man hier einen deutlichen Zusammenhang erkennen mit dem ursprünglichen Empfinden der jeweiligen Religionsstifter bzw. mit der ursprünglichen Gegensätzlichkeit im Umgang mit der Materie, mit der sie konfrontiert waren und die sie zu überwinden suchten.

6.   DIE ENTWICKLUNG DER ABRAHAMISCHEN RELIGIONSGEMEINSCHAFTEN

An den abrahamischen Religionen möchte ich die im letzten Kapitel skizzierte allgemeintypische Entwicklung von Gemeinschaften demonstrieren, die ja auch der typischen Entwicklung des Kindes entspricht mit den Entwicklungsebenen des physischen, des sozialen, des teleologischen, des intentionalen und des repräsentationalen Selbst (Fonagy, Gergely, Jurist, & Target, 2008, S. 212). Parallelen zwischen Gemeinschaften und dem Einzelnen konnte ich schon früher im 8. Kapitel von „Dasein, um zu lieben" (Kolb, 2017a) aufzeigen.

6.1.   Das Judentum

Die historischen Daten über das Judentum habe ich einem Buch von Hans Küng entnommen (Küng, Das Judentum. Die religiöse Situation der Zeit, 1991). Während er diese Daten anhand der Kuhn´schen Paradigmentheorie (Hoyningen-Huene, 1989) geordnet hat, versuche ich, die verschiedenen Paradigmen den oben genannten Entwicklungsebenen zuzuordnen. Durch diese Abstraktion will ich das allgemein Menschliche, was jeder Religion und jeder menschlichen Entwicklung wesenhaft zugrunde liegt, in den Blick bekommen.

Direkt nach der Religionsstiftung und der Befreiung von den Ägyptern waren die Juden Nomaden, zogen umher, lernten immer besser, mit dem Gegensatz aktiv-passiv umzugehen, vermehrten sich, d.h. sie wurden als Gemeinschaft auch physisch stärker, was der Entwicklung des physischen Selbst beim Einzelnen entspricht (Physis bedeutet Eigenwüchsigkeit), und dankten Gott für Manna und für das Wasser aus dem Felsen. Diese Dankgebete und -opfer waren ihre hauptsächliche religiöse Praxis. Insofern es hier um die Eigenwüchsigkeit

des israelischen Volkes ging, hat diese Praxis physische Züge,
sodass man hier von der Entwicklung des „physischen Selbst"
des Judentums sprechen kann.

Wie schon bei der Beschreibung der Religionsstiftung
im 4. Kapitel ausgeführt, waren die gesamte Entwicklung der
Israelis und diese erste Phase insbesondere zusätzlich noch geprägt von Angst um ihr Leben und dem entsprechenden Gegensatz kontinuierlich-diskontinuierlich. Da war die Angst vor
den Ägyptern, die sie plötzlich (diskontinuierlich) doch verfolgten trotz der Zusage des Pharaos, da fehlte es plötzlich an
Brot und Wasser, obwohl sie doch geführt wurden, da war Moses plötzlich auf dem Berg Sinai verschwunden, und es war
ungewiss, ob er jemals wiederkommt. Andererseits wurden sie
stets (kontinuierlich) gerettet, die Ägypter ertranken im Roten
Meer, es gab Manna und Wasser aus dem Felsen, und Moses
kam mit den Gesetzen, die die Kontinuität des Bundes garan-
tierten, wieder zurück vom Berg Sinai.

Nachdem sie dann im gelobten Land sesshaft geworden waren, brach die Zeit der Richter an, und es wurden immer
mehr Regeln und Gesetze aufgestellt, damit das Zusammenleben möglichst friedlich ablaufen konnte. Sie lernten so immer
besser, mit dem Gegensatz objektiv-subjektiv umzugehen, und
ihre Gemeinschaft wurde immer sozialer, man verhielt sich
immer fairer. Indem man die Richter ehrte und die Regeln und
Gesetze so gut wie möglich befolgte, ehrte man als zusätzliche
religiöse Praxis auch Gott. In dieser Praxis findet man also
auch eine soziale Komponente und die Tugend der Fairness,
sodass sich hier das „soziale Selbst" des Judentums entwickelte. Wie bei der ersten Phase war auch diese Entwicklung
von Angst vor plötzlich hereinbrechenden Gefahren überschattet, wenn sie von anderen Volksstämmen, die der Besied-
lung durch die Juden nicht tatenlos zuschauten, angegriffen
wurden, aber auch hier gelang es ihnen kontinuierlich, sich
durchzusetzen und ihr Gebiet stetig zu erweitern.

Aufgrund der wachsenden Bedrohung von außen schloss man sich enger zusammen, gründete ein Königreich und errichtete unter König David in der Landesmitte auf einem Hügel weithin sichtbar die Hauptstadt Jerusalem, die allen potentiellen Angreifern klarmachen sollte, dass hier der Friede Gottes herrschte (Salem in Jeru-salem heißt Friede, bezeichnet aber auch die Stelle, an der sich Abraham und Melchisedek, der König von Salem und Nachkomme von Sem, dem ältesten Sohn Noahs, begegneten. Jeru kommt von Yireh, und geht ebenfalls auf die Geschichte von Abraham zurück, bezeichnet den Opferberg, auf dem er seinen Sohn Isaak opfern sollte, und bedeutet, Gott gibt Einsicht, befreit von Furcht, bekräftigt das Leben und garantiert so Salem, den Frieden). Salomon errichtete dann als zusätzliches Monument noch den berühmten Tempel auf dem sogenannten Tempelberg, auf dem Abraham seinen Sohn Isaak opfern sollte und dabei seinen eigenen Willen (den Widder) anstelle von Isaak hingegeben hat. Man lernte so immer besser mit dem Gegensatz kontinuierlich-diskontinuierlich umzugehen und wurde in diesem Sinne immer teleologischer (Telos heißt Ziel), dass man komplexere Ziele durch die Strukturierung von Handlungen mithilfe von Zwischenzielen erreichen konnte wie z.B. die Erbauung einer Stadt, die Errichtung eines Tempels und insgesamt auch die gesamte Organisation eines ganzen Königreiches. Aber nicht nur äußerlich gab es diese straffe Organisation, auch in der Theologie suchte man die Offenbarungen Gottes immer mehr zu strukturieren und ihnen eine rationale Fassung zu geben, man suchte den Kompromiss zwischen Offenbarung und Vernunft. Als neue religiöse Praxis kam nun noch der stark ritualisierte Tempeldienst hinzu, wodurch auch religiöse Handlungen immer strukturierter und in diesem Sinne teleologischer wurden, sodass man vom „teleologischen Selbst" des Judentums reden kann. Dadurch, dass der Einzelne sich den großen Zielen der Gemeinschaft unterwarf, übte er sich in der Tugend der Demut.

Durch das Babylonische Exil wurde diese Phase äußerlich beendet, innerlich aber war es schon vorher zu einem Niedergang gekommen, weil Salomons Prunkbauten viel Geld gekostet und daher eine wirtschaftliche Krise ausgelöst hatten. Es gab nun eine sehr unruhige Zeit, bei der sich lineare und zirkuläre Prozesse abwechselten, sodass man lernen konnte, immer besser mit dem Gegensatz linear-zirkulär umzugehen. Propheten wie Nehemia und Esra mahnten, sich stärker auf Gott zu konzentrieren und nach seinem Willen zu leben, es entwickelte sich eine immer größere Sehnsucht nach Gott, und statt in Hoffnungslosigkeit zu verfallen, kam immer mehr die Hoffnung auf den Messias auf. Die darin liegende Intentionalität (Intentio heißt Spannung) zeigte sich in den vielen Volksbewegungen, als größere Menschenmengen den Predigten religiöser Redner zuhörten, um darin das Wort Gottes zu finden. In der darin liegenden Suche und Sehnsucht ist das „intentionale Selbst" des Judentums erkennbar. Man suchte nach Zeichen und Hinweisen, um den Weg zu Gott zu finden. In diesem Sinne wandte man sich von einer zu starken Rationalität und dem darin gründenden Gefühl der Sicherheit ab, das ja definitiv enttäuscht worden war, und wieder mehr den Offenbarungen zu, die durch die Propheten vermittelt wurden. Auch hier wie in den vorangegangenen Entwicklungsphasen des Judentums war die Angst vor einer endgültigen Vernichtung auf der einen Seite und das Vertrauen auf Gottes Hilfe auf der anderen Seite immer grundlegend vorhanden.

Kommunikation und Religiosität befanden sich aber noch nicht auf einer symbolischen Ebene, die Menschen wollten noch Zeichen und Wunder. Der Unterschied zwischen der zeichenhaften Ebene, wie ich sie nennen will, da man an Zeichen haftete, und der symbolischen Ebene von Religiosität lässt sich am Beispiel des Tempels veranschaulichen: auf der zeichenhaften Ebene ist der Tempel das Zeichen dafür, dass es Gott gibt, und dass er in dem Tempel wohnt; auf der symbolischen Ebene ist der Tempel ein Symbol für die persönliche Beziehung der Menschen zu Gott, d.h. dabei wird von dem konkreten Tempelbau vollkommen abgesehen. Als Zeichen dagegen bleibt es der konkrete Tempel, auf den man sich bezieht. Die religiöse Praxis im damaligen Judentum war noch auf konkrete Zeichen ausgerichtet wie auf das versprochene konkrete gelobte Land, auf die Hauptstadt Jerusalem und auf den Tempel Salomons. Indem man seine Hoffnungen auf konkrete Zeichen setzte, waren die Menschen aber auch dazu angehalten, selbst konkrete Zeichen für ihre persönliche Beziehung zu Gott zu zeigen, und so übten sie sich wie die Pharisäer in Gesetzestreue und auch in der äußerlich sichtbaren Tugend der tätigen Nächstenliebe. Die Zeichenhaftigkeit oder auch Zeichentreue zeigte sich so in einer festgefahrenen Tradition, die sehr konservativ auf Zeichen fixiert war und sowohl die Tora (Gebot, Weisung, Belehrung) als auch die Halacha (den rechtlichen Teil der Überlieferung) wortwörtlich nahm.

Nach der Zerstörung des Tempels und Jerusalems und der Zerstreuung (Diaspora) der Juden über die ganze Welt gab es für sie keine sichtbaren Zeichen mehr, sodass die religiöse Praxis dahingehend umgestellt wurde, dass es statt des einen Tempels viele Synagogen und anstelle von Priestern nur noch Schriftgelehrte gab, nämlich die Rabbis. Man blieb aber auf der zeichenhaften Ebene, denn die Synagogen waren die Zeichen, die den Tempel und seine Zerstörung als Zeichen ersetzten. Da man sich von seiner Umgebung und anderen Menschen abschloss bzw. von diesen auch in Gettos gedrängt wurde, blieb die Entwicklung stehen und die religiöse Praxis bis auf die oben genannten Änderungen dieselbe. Überhaupt ging es den Juden fast genauso wie während der römischen Besatzungszeit: sie wurden materiell immer wieder ausgebeutet, und es gab immer wieder Pogrome, die ihnen demonstrierten, dass ihr Leben für die anderen nichts wert sei. Da die Entwicklung ihrer Liebesfähigkeit aber stagnierte, kam es teilweise auch zu einer Rückentwicklung: die Gesetzestreue wurde bei manchen immer zwanghafter, und die Nächstenliebe, die zurzeit von Jesus sowohl dem Nachbarn als auch in veränderter Form dem Fremden gelten sollte, beschränkte sich meist nur noch auf gläubige Juden.

Erst mit der Menschenrechtserklärung der USA und der Französischen Revolution öffneten sich die Gettos allmählich, und, statt sich zu isolieren, begannen immer mehr Juden, sich für die westliche Kultur zu interessieren und damit eine eigene jüdische Wissenschaft zu etablieren, eine Wissenschaft des Judentums, für die sich mehr und mehr auch die Christen interessierten, sodass es zu einem gewissen kulturellen Austausch kam. Wie schon im letzten Kapitel ausgeführt, sind die Juden hier mit dem Gegensatz räumlich-zeitlich konfrontiert, und es kommt zur Uneinigkeit darüber, welche Repräsentationen der Welt, welche Glaubensvorstellungen und welche Weltanschauung die richtige sei. Insofern bildete sich hier immer mehr das „repräsentationale Selbst" des Judentums. Nach Hans Küng gab es bald folgende verschiedene Gruppierungen: die zionistische Bewegung, die orthodoxen, die konservativen, die reformierten und schließlich sogar die säkularisierten Juden (Küng, 1991). Was Küng (ebenda) als postmodernes Paradigma bezeichnet, was aber noch nicht entwickelt worden sei, müsste nach meiner Analyse idealerweise ein gegenseitiges Wohlwollen wie unter Freunden sein, so wie Aristoteles es in seiner Nikomachischen Ethik beschreibt (Aristoteles, 1985). Dieses Wohlwollen sollte sich nicht nur auf die verschiedenen Gruppierungen innerhalb des Judentums richten, sondern sich auf alle Menschen und alle religiösen Gemeinschaften beziehen.

Warum ich ein derartiges Paradigma für ideal halte, möchte ich folgendermaßen begründen: das ideale Ziel schlechthin ist ja nach meiner Daseinsanalyse das Erreichen der vollkommenen Liebe, d.h. ein ideales Paradigma muss diesem Ziel dienen, es muss die Entwicklung unserer Liebesfähigkeit fördern. Da wir Menschen uns jeweils auf verschiedenen Entwicklungsstufen befinden, benötigen wir jeweils verschiedene religiöse Praktiken, unterschiedliche Gruppierungen innerhalb eines religiösen Bekenntnisses, ja letztlich auch unterschiedliche Religionen. Außerdem ist gegenseitige Toleranz und Wohlwollen schon in sich selbst eine Praktik, die jegliche Liebesfähigkeit nur fördern kann.

Hans Küng führt bei der Anwendung der Paradigmentheorie von Thomas S. Kuhn aus, dass im Unterschied zu den Naturwissenschaften, für die Kuhn dieses Modell entwickelt hat, in der Religionswissenschaft mehrere Paradigmen gleichzeitig innerhalb einer Religionsgemeinschaft angewendet werden können. Dies gilt auch für das kindliche Entwicklungsmodell von mir, wie ich es anhand der fünf Entwicklungsebenen nach Fonagy et al. (Fonagy, Gergely, Jurist, & Target, 2008), den fünf Gegensatzpaaren von Nishida (Nishida, 2011) und den fünf dianoetischen Tugenden von Aristoteles (Aristoteles, 1985) konstruiert habe. Die verschiedenen Entwicklungsebenen entwickeln sich einerseits nacheinander und auf jeder Entwicklungsstufe muss der Umgang mit dem entsprechenden Gegensatzpaar bzw. die entsprechende Tugend eine gewisse Reife erreicht haben, bevor die nächste Entwicklungsebene zugänglich wird. Andererseits können wir uns in Bezug auf jede Tugend bzw. den Umgang mit jedem Gegensatzpaar immer weiterentwickeln und müssen dies auch, wenn wir die vollkommene Liebe erreichen wollen. Von daher braucht jeder eine wie oben geschilderte Pluralität im Religiösen, um seinen persönlichen Weg zur vollkommenen Liebe zu finden.

Konkret auf das Innenverhältnis des Judentums bezogen bedeutet das oben geschilderte ideale Paradigma, dass es wichtig ist, dass möglichst alle die zionistische Bewegung tolerieren, da es Menschen jüdischen Glaubens gibt, die sich in einem Entwicklungsstadium befinden, in dem es für sie gerade gut ist, den Gegensatz aktiv-passiv noch besser überwinden zu lernen, denn im Zionismus geht es um das Thema, aktiv zu werden für ein neues Zion, aber je nachdem auch passiv, wenn Aktivität Gewalt und Leidvermehrung bedeuten würde. Entsprechend gilt für das orthodoxe Judentum, dass dies für Menschen ist, die den Gegensatz objektiv-subjektiv bearbeiten, da es bei der Orthodoxie um das Thema der objektiv richtigen Lehre geht. Beim konservativen Judentum geht es um den Gegensatz kontinuierlich-diskontinuierlich, denn hierbei sucht man nach der Kontinuität der Tradition mit der Gegenwart, während das reformierte Judentum Verbesserungen anstrebt, um in unserer Welt geradliniger mit den Problemen zurecht zu kommen und nicht immer wieder von vorne anfangen zu müssen, das betrifft also den Gegensatz linear-zirkulär. Die säkularisierten Juden schließlich wollen mit den Menschen außerhalb des Judentums besser zusammenarbeiten und suchen nach Verständigung trotz unterschiedlicher Wertsysteme, sie suchen also den Gegensatz räumlich-zeitlich zu überwinden.

Nach dem von mir vorgeschlagenen Paradigma sollten umgekehrt aber auch alle Beteiligten einerseits einander wohlwollend tolerieren in dem Bewusstsein, dass alle ja daran arbeiten, ihre Liebesfähigkeit zu verbessern, indem sie mit den entsprechenden Gegensätzen immer besser umzugehen lernen, andererseits sollte jeder sich nicht zu sehr auf seinen zu bearbeitenden Gegensatz fixieren und sich klar machen, dass es keine perfekte Lösung gibt und dass man sich frei fühlen solle, zu wechseln, wenn man sich festgefahren hat und nicht mehr weiterkommt. Hier kann freundschaftliche Hilfe von anderen geboten sein.

Freundschaft bedeutet sowohl konstruktive Kritik als auch ehrliche Anerkennung und daher eine Kommunikation, einen Dialog, für den ich als eine wichtige Kommunikationsregel etwas empfehlen möchte, was sich als sehr nützlich bei Selbsthilfegruppen herausgestellt hat, die nach dem Modell der Anonymen Alkoholiker gegründet worden sind: Es stellt sich nämlich hier die Frage, wer eine Religion in einem philosophischen oder theologisch engagierten Dialog interpretieren kann, ohne dadurch Gegensätze zu erzeugen. Von der Psychologie bzw. von den Erfahrungen mit Selbsthilfegruppen ohne professionelle Leitung (z.B. die Anonymen Alkoholiker) her ist klar, dass ein Dialog nur dann konstruktiv sein kann, wenn die jeweiligen Dialogpartner nur sich selbst interpretieren und ansonsten möglichst nah bei den Fakten bleiben. Ich möchte diesen Gedanken folgendermaßen konkretisieren: Allgemein betrachtet kann ein Mensch religiös sein, im Einzelnen hat er dann ein bestimmtes religiöses Bekenntnis und im Besonderen eine bestimmte religiöse Praxis und ein damit verbundenes religiöses Erleben. Hinsichtlich der Religion ergibt sich somit eine Dialektik mit diesen drei Komponenten des Allgemeinen, des Besonderen und des Einzelnen. Entsprechend kann jemand Religion im Allgemeinen, ein bestimmtes _eigenes_ religiöses Bekenntnis im Einzelnen und _seine_ spezifische religiöse Praxis mit seinem spezifischen religiösen Erleben im Besonderen interpretieren, ohne dass ein Dialog mit anderen destruktiv werden muss. Auf diese Weise kann die Kommunikation zwischen verschiedenen religiösen Bekenntnissen wesentlich tiefere Dimensionen erreichen, als wenn die betreffenden Dialogpartner nur auf der allgemeinen Ebene kommunizieren.

6.2. Der Islam

Bei meiner Betrachtung der Entwicklung des Islam habe ich ebenfalls die historischen Fakten einem Buch von Hans Küng entnommen (Küng, Der Islam. Geschichte, Gegenwart, Zukunft, 2004). Im Islam entspricht direkt nach der Religionsstiftung durch Muhammad die erste Entwicklungsebene mit dem Gegensatz aktiv-passiv dem sogenannten „Goldenen Zeitalter" (Mekka und Medina) von 632 bis 661 n. Chr., als die arabischen Muslime noch wie Nomaden in einer ersten Eroberungswelle den Islam ausbreiteten. Man war in dem Sinne aktiv, dass man eroberte und den Islam verkündete, aber man war passiv in der Hinsicht, dass man sich dort nicht niederließ und das Eroberte verwaltete, man zwang auch niemanden, sich zum Islam zu bekehren. Die arabischen Eroberungsgruppen gewannen immer mehr an Übung im Erobern, sodass man hier durchaus von einer physischen Entwicklung sprechen kann, man wurde sich seiner physischen Kraft und Energie immer bewusster, das „physische Selbst" des Islam entwickelte sich immer mehr. Zugleich gab es in dieser Entwicklungsphase wie auch bis heute stets das erste Thema, was dem Islam schon durch Muhammad zugrunde gelegt worden war, nämlich das Thema der Gerechtigkeit und der Gegensatz objektiv-subjektiv. Man fühlte sich „subjektiv" im Recht, den „objektiv richtigen" Glauben zu verbreiten, den man den „subjektiv falsch" Glaubenden nicht aufdrängte, ihnen dafür aber eine „objektiv" begründete Abgabe abverlangte. Man hielt dies alles im Sinne Allahs und des Propheten für gerecht.

Während des umaiyadischen Kalifats in Damaskus von 661 bis 750 n. Chr. wurden die Muslime schon sesshafter, und man konnte sich deswegen in einer zweiten Eroberungswelle bis Spanien, Indien und Südrussland ausbreiten. Der Koran wurde in dieser Zeit kanonisiert, d.h. theologisch betrachtet wurde die subjektive mündliche Überlieferung in eine objektive schriftliche umgewandelt, wir haben hier also den Gegensatz objektiv-subjektiv vor uns. Das Zusammenleben zwischen Muslimen und Andersgläubigen, vor allem Juden und Christen, wurde geregelt, aber auch zwischen den Muslimen wurden Konflikte juristisch durch Richter (Kadis) geschlichtet, sodass sich in diesem Sinn das „soziale Selbst" des Islam immer mehr entwickelte.

Das abbasidische Kalifat in Bagdad von 750 bis 1258 n. Chr. war geprägt von äußerem Prunk und einer großen Machtkonzentration, die abbasidischen Kalifen strebten nicht nur nach absoluter politischer Macht, sondern auch danach, als unfehlbare religiöse Führer anerkannt zu werden. Man suchte nach Kontinuität sowohl im zwischenmenschlichen Bereich, indem sich die vier Rechtsschulen bildeten, um eine kontinuierliche Rechtsprechung zu gewährleisten, und theologisch wollte man die Brüche in der Tradition mithilfe einer rationalen Theologie kitten und suchte nach Synthesen, d.h. es ging hierbei um den Gegensatz kontinuierlich-diskontinuierlich. Durch logisch-systematisches Aneinanderreihen verschiedener religiöser und juristischer Praktiken entwickelte sich so das „teleologische Selbst" des Islam. Zusätzlich ging es aber auch immer um das Problem des objektiv Richtigen und Gerechten im Gegensatz zum Falschen und Ungerechten, weswegen man sich so intensiv mit der Tradition beschäftigte, die man objektiv rational zu rechtfertigen suchte, statt sie subjektiv als einfach gegeben zu betrachten. Aufgrund von Machtmissbrauch, Korruption und wirtschaftlicher Krise wurden die Kalifen, die sich immer mehr vom Volk entfernten und sich vom Militär abhängig machten, von diesem schließlich entmachtet, sodass das islamische Großreich immer verwundbarer wurde aufgrund der innenpolitischen Instabilität und am Ende sich nicht mehr richtig wehren konnte gegen die Invasionen der Mongolen und Timuriden.

Ähnlich wie im Judentum kommt es nach der Zerstörung des Großreiches zu einer im Islam allerdings nur vorläufigen Trennung von religiöser und politischer Macht, und im Religiösen spielte das Volk eine wesentlich größere Rolle als vorher, die Kalifen hatten sich ja immer mehr vom Volk entfernt. Zum einen gab es da die Rechtsgelehrten, die Ulama, deren Schulen (Madrasa) sich jetzt in eigenen Gebäuden befanden und die finanziell von Privatleuten getragen wurden, zum anderen kamen jetzt die Bettelorden der Sufis auf, die in der Bevölkerung ähnlich wie die Propheten im Judentum nach dem Babylonischen Exil oder die Mönche im Christentum des Mittelalters immer mehr Zulauf und Popularität erhielten. Diese beiden Richtungen des Gesetzes-Islams der Ulamas in ihren Schulen und des mystischen Islams der Sufis in ihren

Konventen standen sich zu Anfang gegensätzlich gegenüber, das Linear-Gradlinige des Gesetzes und das Zirkuläre der mystischen Suche nach der Begegnung mit Allah. Hier zeigt sich der Gegensatz linear-zirkulär.

Erst mit al-Gazzali, der zuerst Gesetzeslehrer (Alim) gewesen war und dann Sufi wurde und einen eigenen Konvent gründete, gelang die Überwindung dieses Gegensatzes immer besser, nachdem sich seine Ansichten allmählich zumindest bei den Sunniten immer mehr durchsetzten. Im Verlauf dieses Prozesses kam es wieder zur Vereinigung von religiöser und politischer Macht, eine Entwicklung, die in der Folge für den Islam zu einer Unterlegenheit gegenüber dem Christentum führen sollte (siehe weiter unten).

Während al-Gazzali häufig mit Thomas von Aquin verglichen wird (Küng, Der Islam. Geschichte, Gegenwart, Zukunft, 2004), so zeigen sich bei aller Ähnlichkeit hier auch die wesentlichen Unterschiede zwischen Islam und Christentum: zum einen der Unterschied zwischen den beiden Personen des Propheten Muhammad als Mensch im Islam und des Messias Jesus Christus als Gott-Mensch im Christentum, zum anderen darin verwurzelt die unterschiedlichen Interessen, die diese beiden Personen verfolgten, nämlich das Hauptthema der Gerechtigkeit von Muhammad im Islam, weswegen al-Gazzali an der Orthopraxie der Scharia festhielt, und das Hauptthema der Überwindung der Getrenntheit von Gott bei Jesus im Christentum, weswegen Thomas von Aquin an der Orthodoxie der Dogmenlehre festhielt, in der er die unerschütterliche Festung des Gottvertrauens sah, dass alle Menschen vom Getrennt-Sein von Gott erlöst werden können. Wir haben hier also den Unterschied zwischen Orthopraxie im Islam, was für den Zusammenhalt der Gemeinschaft (objektiv) förderlich war, aber die Weiterentwicklung der Wissenschaft aufgrund zu großer Subjektivität blockierte, und Orthodoxie im Christentum, was zum Denken anregte und den wissenschaftlichen

Fortschritt (linear) vorantrieb, aber immer mehr zu Konkurrenz und Disharmonie in der Gemeinschaft führte, sodass man
hier, was Friede und Harmonie betraf, immer wieder von vorne
anfangen musste. Entsprechend geht es im Islam bis heute um
die Überwindung des Gegensatzes objektiv-subjektiv und im
Christentum um die des Gegensatzes linear-zirkulär.

Wie im Judentum stockte die Entwicklung des Islam an
dieser Stelle, an der es um den Gegensatz linear-zirkulär ging.
Während die Juden sich in die Welt verstreuten (Diaspora) und
dort in Gettos eingeschlossen wurden, die sich erst am Ende
des 18. Jahrhunderts mit den Menschenrechtserklärungen in
den USA und Frankreich öffneten, sodass der Gegensatz räumlich-zeitlich bearbeitbar wurde und sich das repräsentationale
Selbst des Judentums entwickelte, klebte der Islam seit al-Gazzali an den Worten des Koran und der Scharia wie an Zeichen
und ließ praktisch keine Deutungen zu. Damit war auch der
Niedergang der von al-Gazzali „widerlegten" islamischen Philosophie besiegelt, die dann ins Christentum abwanderte und
dort für einen Entwicklungsschub sorgte, mit dem das Christentum, welches etwa ein Jahrhundert hinter dem Islam hinter-
herhinkte, schließlich während der Renaissance den Islam
überholte.

Mit dem unbedingten Gehorsam gegenüber den eng
ausgelegten Worten des Koran und der Scharia versuchte man
im Islam den religiösen Zusammenhalt aufrecht zu erhalten,
der politisch durch den Zerfall der Kalifenherrschaft zunichte-
geworden war. Durch den damit verbundenen Totalitarismus
wurde dieser Zusammenhalt immer mehr zu einer äußeren
Hülle, die schließlich wie eine Seifenblase zerplatzte, als der
westliche Kolonialismus sich in einen Imperialismus verwandelte und die islamische Welt, die ihm hoffnungslos unterlegen
war, im 19. Jahrhundert eroberte. Erst hundert Jahre später als
im Judentum wurden dadurch die Entwicklung zur Auseinandersetzung mit dem Gegensatz räumlich-zeitlich und die des
repräsentationalen Selbst des Islam angestoßen.

Philosophisch betrachtet liegt dem unbedingten Gehorsam des Islam der naturalistische Fehlschluss zugrunde, dass aus dem Sein ein Sollen folge. Wenn der Koran und die Scharia buchstabengetreu und ohne Interpretation übernommen werden, dann folgt in jeder konkreten Situation bei einem Konflikt (einem Sein) aus Koran und Scharia genau, was getan werden soll (ein Sollen). Spätestens mit Kant, der die erkenntnistheoretische reine (das Sein betreffende) Vernunft von der ethischen (das Sollen betreffende) trennte, ist im Christentum dieser Fehlschluss zumindest erschlossen und damit problematisierbar.

Der übertriebene religiöse Zusammenhalt resultiert letztlich aus der Gehorsamspflicht innerhalb einer Gemeinschaft, die sich in einem Kampf um Gerechtigkeit befindet, die Grundhaltung des Islam seit seiner Gründung durch Muhammad, der sich im Krieg mit den Mekkanern befand. Zu einer Wende kam es erst, als man den Dschihad, den Kampf um Gerechtigkeit, symbolisch interpretierte als das Bemühen eines jeden einzelnen darum, bei sich selbst für Gerechtigkeit zu sorgen und die eigenen Unzulänglichkeiten zu bekämpfen. Anstatt nur die Gemeinschaft aller Muslime zu betrachten, rückte nun wieder der einzelne ins Rampenlicht.

Die Überbetonung der Gleichheit (jeder soll die Überlieferung gleichermaßen auslegen), die zu einem Totalitarismus führte, wurde aufgeweicht zugunsten größerer Freiheit, wobei es allerdings noch Angst vor zu großer Freiheit und Anarchismus zu geben scheint. Man klebte nicht mehr so sehr an äußeren Zeichen und begann wieder mehr, den Koran und die Scharia bzw. die Sunna zu interpretieren und sich philosophischen Fragestellungen zu widmen. Dadurch konnte sich nun das repräsentationale Selbst des Islam seit dem 19. Jahrhundert immer mehr entwickeln und der Gegensatz räumlich-zeitlich bearbeitet werden.

Wie im Judentum haben wir heute auch im Islam eine sehr heterogene Situation: es gibt die Idee des Ur-Islam (Küng,

Der Islam. Geschichte, Gegenwart, Zukunft, 2004, S. 550 ff.) bei allen Muslimen, der dem physischen Selbst des Islam entspricht, den Panarabismus und arabischen Nationalismus (ebenda), eine Entsprechung des sozialen Selbst des Islam, den Panislamismus (ebenda), vergleichbar mit dem teleologischen Selbst des Islam (hier soll eine religiöse Kontinuität des Islam über alle Nationen hinweg erreicht werden), den Traditionalismus, Konservatismus bzw. Islamismus (ebenda) z.B. in Saudi-Arabien oder im Iran, der zirkulär zurück zu den Ursprüngen des Islam wollte, das intentionale Selbst des Islam, und den islamischen Reformismus und Säkularismus (ebenda), der sich seit dem 19. Jahrhundert als das repräsentationale Selbst des Islam bis heute entwickelt hat mit der Trennung von Staat und religiösen Einrichtungen zur Überwindung des Gegensatzes räumlich-zeitlich.

Wie schon oben beim Judentum ausgeführt, müsste das, was Küng (ebenda) als postmodernes Paradigma des Islam bezeichnet, was aber noch nicht entwickelt worden sei, nach meiner Analyse idealerweise ein gegenseitiges Wohlwollen all dieser verschiedenen Strömungen wie unter Freunden sein. Dazu müsste allerdings erst einmal die „dramatisch wachsende Wissenskluft" (ebenda, S. 563 ff.) zwischen der islamischen Welt und dem Weltdurchschnitt geschlossen werden. Der Muslim Mahathir bin Mohamad aus Malaysia stellte dafür die Juden als Vorbild hin mit den Worten: „Sie überlebten 2000 Jahre von Pogromen nicht durch Zurückschlagen, sondern durch Denken." (ebenda, S. 565) An dieser Stelle sei mir die Bemerkung erlaubt, dass die Machthaber im Staat Israel das Zurückschlagen inzwischen kräftig nachgeholt haben, ohne darüber richtig nachzudenken, was aus der Zukunft auf sie und den Staat Israel dadurch zukommen kann. Was beim Zurückschlagen fast immer passiert, ist leider, dass es die Falschen trifft, nämlich diejenigen, die nichts dafürkönnen, insbesondere Kinder.

In Ergänzung zu Küng bin ich der Meinung, dass eine
wichtige Ursache für die „dramatisch wachsende Wissenskluft" die tiefe Spaltung zwischen Sunniten und Schiiten
ist (ich werde am Ende des 8. Kapitels genauer darauf eingehen), die mit dem dem Islam wesenhaft zugrundeliegenden
Gegensatz objektiv-subjektiv zu tun hat. Solange eine Gemeinschaft diesen Gegensatz nicht bis zu einem gewissen
Grad überwunden hat, ist die aristotelische Tugend der Wissenschaft blockiert und die Gemeinschaft insgesamt unfähig,
sich mit anderen auszutauschen, auch wenn es einzelne gibt,
die ihre Liebesfähigkeit in dieser Hinsicht schon weiterentwickelt haben.

Bei vorsichtiger Analyse scheint es so zu sein, dass auf
der ersten Entwicklungsebene der jeweiligen Religion, bei der
es um den Gegensatz aktiv-passiv geht, ganz klar die jeweilige
Offenbarung im Vordergrund steht, welche Kraft und Stärke
für die verschiedenen Aktivitäten der Verbreitung des jeweils
neuen Glaubens gibt. Auf der nächsten Ebene objektiv-subjektiv wird versucht, diese Offenbarung in irgendeiner Art zu fixieren, ihr eine immer fester umschriebene Form zu geben, die
verschiedenen subjektiven Auffassungen werden objektiv zu
einer Art Kanon zusammengefasst, wobei man jede Verunrei-
nigung dieser Offenbarung eliminieren will. Wenn es dann um
den Gegensatz kontinuierlich-diskontinuierlich geht und um
den Schutz vor äußeren Bedrohungen (Königtum des Judentums, Abbasidisches Kalifat in Bagdad beim Islam), entwickelt sich ein Kompromiss zwischen Offenbarung und logi-
schem Denken. Aufgrund der Zentralisierung der Macht
kommt es früher oder später zum Machtmissbrauch mit entsprechendem Verfall: Salomo gab zu viel Geld aus für Prunkbauten und ruinierte so die Wirtschaft und entfremdete sich so
vom Volk, unter den Abbasiden kam es zu Korruption und
ebenfalls zu einer Entfremdung der Kalifen vom Volk. Nach
einem Einbruch äußerer Kräfte (Babylonisches Exil, Mongo-

len-Einfall) – fast schon eine logische Konsequenz des vorangegangenen Verfalls – gerät das Ganze endgültig in eine Ver-
trauenskrise aufgrund des so entstandenen Leids der Getrenntheit von dem, was man geliebt hat. Später allerdings wird diese
Zeit idealisiert, und es kommt zur Legendenbildung: Salomon
erscheint als der Weise, der stets gerecht geurteilt hat, und der
Kalif Harun al Raschid wird in „1001 Nacht" verherrlicht als
gütiger, weiser und volksnaher Herrscher, obwohl wahrscheinlich jeweils eher das Gegenteil der Fall war.

Es geht jetzt um den Gegensatz linear-zirkulär, und es
entstehen theologische Strömungen, die sich von der Rationalität abwenden und wieder mehr der Offenbarung zuwenden,
wie sie von Propheten bzw. Mystikern vermittelt wird, wobei
man die Propheten auch als eine Art Mystiker bezeichnen
kann. Hier können dann viele Sekten entstehen, die sich von
der Tradition der vorangegangenen Entwicklungsphase ab-
spalten, sodass das Leid der Getrenntheit vergrößert und der
Gegensatz linear-zirkulär verschärft wird. Muhammad soll
laut Überlieferung gesagt haben, dass die Juden sich in 71, die
Christen in 72 und die Muslime sogar in 73 Gruppen aufteilen
würden. Dies steht in einem Hadith, welches in der entsprechenden Zeit der Mystiker des Islam besonders aktuell war,
daran erkennbar, dass der islamische Mystiker Rumi, auch der
„Prophet der Liebe" genannt, der im 13. Jahrhundert in Konya
lebte, es in seinem Hauptwerk, dem Mathnawi, zitiert.

Erst wenn dann immer mehr die Unzulänglichkeiten
der eigenen Position erkannt werden im Zusammenhang damit, dass das Festhalten an Zeichen und Wundern aufgegeben
wird und man die eigene Offenbarung immer mehr auch symbolisch interpretiert und versteht, erst wenn dadurch die Dialogbereitschaft mit anderen Religionen und mit verschiedenen
Strömungen der eigenen Religion wächst, wird der Gegensatz
räumlich-zeitlich überwindbar und ein friedlicheres Zusammenleben möglich.

6.3.   Das Christentum

Kommen wir nun zur Entwicklung des Christentums, wobei ich auch hier die historischen Fakten einem Buch von Hans Küng entnehme (Küng, Das Christentum. Wesen und Geschichte, 1994). Hier entspricht die erste Phase mit dem urchristlichen apokalyptischen Paradigma direkt nach dem Kreuzestod Jesu der Ebene des physischen Selbst mit dem Gegensatz aktiv-passiv: Zuerst verhielten sich die Apostel und die Jünger Jesu passiv bis zum sogenannten Pfingstwunder, als sie dann sehr aktiv anfingen, zu predigen und ihren Glauben zu verbreiten. Dadurch wuchs das Christentum als Religion immer mehr an, d.h. wir können hier durchaus von einer Eigenwüchsigkeit (griechisch Physis) sprechen.

Das altkirchlich-hellenistische Paradigma, wie Küng es nennt, wird schon relativ früh durch Paulus begründet, der in seiner Theologie das zusammenfasst, was Jesus beispielhaft vorgelebt hat:

– ein neues Verständnis der hebräischen Bibel, deren augenscheinliche Widersprüche zwischen älteren und neueren Texten auf eine Entwicklung verweise, z.B. des Gottesverständnisses von einem strafenden zu einem liebenden Gott, und dass sie auf Jesus, den Messias hinweise, wobei er den Titel Gottessohn hervorhebt, der in der griechischen Kultur am besten begriffen wird, allerdings später dann im Unterschied zu Paulus naturalistisch verstanden wird (Gleichstellung von Jesus und Gott),

– ein neues Gesetzesverständnis, dass die zeremoniell-rituellen Gebote weniger ernst zu nehmen seien als die ethischen, sodass man sich später an die jüdische Halacha überhaupt nicht mehr gebunden fühlte,

– ein neues Gottesvolkverständnis, dass nämlich auch diejenigen, die sich auf Jesus Christus berufen und in seinem Namen getauft wurden, dazugehören, was später radikalisiert wurde, dass nur noch die im Namen Jesu Getauften das Gottesvolk bildeten, die Juden also ausgeschlossen wurden.

Während in den urchristlichen Gemeinden Juden und Heiden, Freie und Sklaven, Männer und Frauen noch gleichbehandelt wurden (vgl. den Galaterbrief von Paulus: „Es gibt nicht mehr Juden und Griechen, nicht Sklaven und Freie, nicht Mann und Frau; denn ihr alle seid ›einer‹ in Christus Jesus." (Gal 3, 27 f.)), waren immer auch Kräfte dagegen am Werk, die sich schließlich durchsetzten. In den von Paulus missionierten und betreuten Gemeinden hatte jeder sein „Charisma" und vollzog so den Dienst an und in der Gemeinde, sodass man von einer weiblichen Form der Machtausübung sprechen kann (Kolb, 2017c), wie ich hier im 8. Kapitel genauer ausführen werde. Die Hierarchie war ziemlich komplex und demokratisch, jeder diente jedem und kontrollierte jeden. Erst später, insbesondere als es immer mehr Konflikte um die Stellung der Frau gab (z.B. in Korinth), änderte Paulus seine Meinung und wollte, dass Frauen ihr Haupt verhüllten, wenn sie lehrten oder prophetisch redeten (1 Kor 11,3). Der berüchtigte Satz, dass Frauen in den (Kirchen-) Versammlungen schweigen sollten (1 Kor 14, 34 f.), wurde allerdings erst später in denselben Brief hineinmanipuliert, in welchem Paulus noch drei Kapitel zuvor vom prophetischen Reden der Frauen sprach. Hier bahnte sich schon an, was sich im Rahmen einer immer stärkeren Institutionalisierung durchsetzte, in der die männliche Form der Machtausübung immer mehr zunahm: Frauen hatten immer weniger zu sagen, und jede Gemeinde bekam einen alleinigen Führer mit einem Ältestenrat (presbyterial-episkopale Kirchenverfassung) – alles Männer. Bei dem sich so entwickelnden altkirchlich-hellenistischen Paradigma galt das „subjektive" Bekenntnis von Menschen mit prophetischem Charisma immer weniger, und man bemühte sich immer mehr um eine „objektive" kanonisierte Lehre, was im Konzil von Nicäa 325 n. Chr. seinen ersten Höhepunkt feierte. Wir haben es hier also mit dem Gegensatz objektiv-subjektiv und der Entwicklungsebene des sozialen Selbst des Christentums zu tun, welches sich in dieser Phase zum ersten Mal eine verbindliche Verfassung zur Regelung seiner sozialen Strukturen gab.

Ironie des Schicksals ist es, dass es ausgerechnet Frauen waren, die für die Sicherheit und Konsolidierung des Christentums sorgten, nämlich adlige Römerinnen, die Christinnen geworden waren, insbesondere Helena, die Mutter Kaiser Konstantins, die sich bei ihrem Sohn dafür einsetzte, dass die Christenverfolgung 313 n. Chr. beendet und das Christentum nach dem Konzil von Nicäa 325 n. Chr. zur Staatsreligion erhoben wurde, denn dadurch wurde die Rolle der Frau in der Kirche festgeschrieben: sie hatte für Trost, Sicherheit und Konsolidierung zu sorgen, während der Mann die Leitungsfunktionen innerhalb der Kirche ausübte. Zum Dank werden Frauen dafür geehrt und wie Helena heiliggesprochen. Es ist schon bezeichnend, dass die Restauration der zentralistischen männlichen Form der Machtausübung gegen Ende und nach dem zweiten Vatikanum mit einer Verstärkung der Marienverehrung einherging. Das männliche Prinzip, erst Selbstkonsolidierung, dann Dienst an der Gemeinschaft, wird logischerweise gestärkt durch Trost in Krisen, Sicherheit vor schwierigen Aufgaben und Konsolidierung nach Kämpfen. Entsprechend wird das weibliche Prinzip, erst Dienst, dann Sorge für sich selbst, dadurch gestärkt, dass man durch Verehrung zeigt, dass man tröstende und Sicherheit gebende Frauen – im Grunde genommen Mutterfiguren – braucht. Es ist nichts dagegen einzuwenden, wenn Frauen Mutterfunktionen und Männer Leitungsaufgaben übernehmen, aber es kann kritisch werden, wenn man Frauen von Leitungsfunktionen ausschließt und Männer belächelt und geringschätzt, wenn sie mütterliche Aufgaben erfüllen.

Hans Küng stellt nun die Frage, wie es kommt, dass die Emanzipation der Frau in dieser Zeit verhindert wurde, obwohl doch sowohl in der Antike seit Platon in Griechenland und seit

Seneca in Rom die Frau immer mehr eine Gleichstellung erlangte und auch im Christentum (siehe oben das Zitat aus dem Galaterbrief von Paulus) Mann und Frau als gleich betrachtet wurden und es Prophetinnen und Lehrerinnen im Urchristentum gab. Als wichtige Faktoren gibt Küng folgende drei an:
  – Die Durchsetzung hierarchischer Strukturen (Bischof, Presbyter, Diakone und Laien), was der männlichen Form der Machtausübung entspricht,
  – die Sexualfeindlichkeit, die in der Spätantike wiederaufkam (schon früher soll Pythagoras auf die Frage, wann man denn am günstigsten Sex haben sollte, geantwortet haben: „Wann man sich schwächen will."),
  – und die Abwertung von Bildung insbesondere für die Frau.

In den ersten zwei Jahrhunderten seit der Herrschaft von Kaiser Augustus waren die Römer nicht mehr auf Eroberungen aus, sondern suchten, das bis dahin Eroberte in ihr Imperium zu integrieren, und bei Integrationsprozessen ist die weibliche Form der Machtausübung effektiver als die männliche. Aber seit der römischen Reichskrise im 3. Jahrhundert n. Chr. musste sich das römische Reich immer mehr gegen äußere Feinde wie die Germanen im Norden und die Sassaniden aus Persien verteidigen, und dabei ist die männliche Form der Machtausübung besser geeignet, sodass die Wertschätzung der Frau wieder abnahm.

Frauen verführten angeblich Männer zum Sex, sodass sie als Soldaten nicht mehr so gut kämpfen konnten, meinte damals z.B. Kaiser Claudius II. und ließ daher 269 n. Chr. einen Priester in Rom, den heiligen Valentin, hinrichten, weil er junge Soldaten trotz kaiserlichen Verbots traute. Die Geringschätzung von Bildung erklärt sich ebenfalls damit, dass die Meinung vorherrschte, dass sie bei der Kriegsführung eher hinderlich und auf jeden Fall unnütz sei, vor allem wenn sie von Frauen betrieben werde. Und dass im Christentum sich die

Hierarchisierung immer mehr durchsetzte, lag daran, dass aufgrund der Eigenwüchsigkeit (siehe Entwicklung des physischen Selbst) und damit zahlenmäßigen Zunahme der Anhänger des Christentums und einer damit verbundenen Vielfalt verschiedener Meinungen eine stärkere Strukturierung und damit eine mehr männliche Form der Machtausübung innerhalb der verschiedenen Gemeinden und in der Christenheit insgesamt notwendig wurde. Man brauchte einen Maßstab (griechisch Kanon heißt Maßstab), was die rechte Lehre (Orthodoxie) sei.

Auf dieser Entwicklungsstufe des sozialen Selbst mit dem Gegensatz objektiv-subjektiv, der einen objektiven Maßstab für den subjektiven Glauben, einen Kanon, erforderte, und mit dem ökumenisch-hellenistischen Paradigma kam es zur Verbindung von subjektivem Glauben und objektiver Wissenschaft, von subjektiver Theologie und objektiver Philosophie, subjektiver Kirche und objektiver Kultur und schließlich sogar durch Kaiser Konstantin seit dem Konzil von Nicäa immer mehr von subjektivem Christentum und objektivem Staat bzw. Imperium. Wie weiter unten im 8. Kapitel aufgeführt, kam es dadurch seit Theodosios dem Großen (379 – 395) zur Hinrichtung von Häretikern, weswegen ich das Konzil von Nicäa als Sündenfall des Christentums interpretiert habe. Innerhalb von knapp 100 Jahren war aus der verfolgten eine verfolgende Kirche geworden.

Der Übergang von der Ebene des physischen zum sozialen Selbst hatte aber nicht nur organisatorische Folgen, sondern auch Konsequenzen für die Glaubenssubstanz des Christentums. Durch die Verbindung mit der hellenistischen Kultur und Philosophie kam die Idee auf, dass Jesus als Gottes Sohn schon von Anfang an existiert haben musste, weil man den jüdischen Begriff Gottessohn naturalistisch interpretierte – die griechischen Götter hatten ja auch Kinder mit Menschen, z.B. Herakles als natürlicher Sohn des Zeus – und nicht wie z.B. bei David, der den Titel Gottessohn bekommen hatte im Sinne von König der Juden von Gottes Gnaden. Dadurch wurde das Weihnachtsfest genauso wichtig wie Ostern, während im judenchristlichen Sinn Jesus erst durch die Auferstehung durch Gottes Gnade zum Messias, Christus und Gottessohn gemacht wurde. Daraus ergaben sich dann heftige Auseinandersetzungen bezüglich Wesen und Substanz von Jesus, Gott Vater und Heiligem Geist, die schließlich zu mehreren Abspaltungen führten. Dazu passt auch, dass die mit dieser Entwicklungsstufe verbundene Empfindung die der Wut ist (Kolb, 2017c). Dass wir menschliche Konstrukte für etwas Substantielles halten, dass wir in diesem Sinne hypostasieren, hat schon Kant kritisiert, und in der modernen Philosophie bezeichnet man dies als den zweiten naturalistischen Fehlschluss (der erste ist, dass aus einem Sein ein Sollen folgt).

Der nächste Paradigmenwechsel zum römisch-katholischen Paradigma des Mittelalters vollzog sich nur in der westlichen von Rom bestimmten Christenheit und besiegelte das Schisma zwischen der Orthodoxie im oströmischen Reich, die am ökumenisch-hellenistischen Paradigma festhielt, und der durch das Papsttum bestimmten weströmischen Kirche. Als Vater des neuen Paradigmas, dessen Entwicklung erst mit der Gregorianischen Reform abgeschlossen war, bezeichnet Küng Augustinus (354 – 430 n.Chr.). Schon beim sogenannten Donatistenstreit, bei dem der Gegensatz kontinuierlich-diskontinuierlich die Hauptrolle spielte, suchte Augustinus die Einheit und Kontinuität der Kirche zu erhalten. Bei diesem Streit ging es inhaltlich darum, ob die Gültigkeit von gespendeter Taufe oder Priesterordination von der Würde des Spenders abhing, konkret, ob ein von einem Häretiker gespendetes Sakrament wiederholt werden müsse oder nicht. Die Wirkung eines gespendeten Sakramentes konnte nach Meinung der Donatisten plötzlich und damit diskontinuierlich abbrechen, wenn der Spender sich in einen Häretiker verwandelte.

Indem Augustinus das Bild der „pilgernden Kirche" entwarf, welche „die Scheidung von Spreu und Weizen dem letzten Richter überlassen" (Küng, Das Christentum. Wesen und Geschichte, 1994, S. 345) müsse, überwand er den Gegensatz objektiv-subjektiv, da die subjektive Würdigkeit des Spenders eines Sakramentes nicht dessen objektive Gültigkeit beeinflussen könne. Das Problem des Gegensatzes kontinuierlich-diskontinuierlich verschärfte er allerdings, indem er eine fatale Rechtfertigung von Zwangsbekehrungen, Inquisition und heiligem Krieg aus der Interpretation des Gleichnisses vom Festmahl (Lukas, 14, 15-24) lieferte. Dabei benutzte er eine Version dieses Gleichnisses, nach der die Menschen „auf Gassen und an Zäunen" nicht eingesammelt, sondern gezwungen wurden, am Festmahl teilzunehmen (das verwendete lateinische Wort cogere kann mit sammeln, versammeln, aber auch mit zusammentreiben, zwingen übersetzt werden). Hier zerreißt Augustinus diskontinuierlich das kontinuierliche Band der Liebe und verschärft diesen Gegensatz. Wäre er doch beim Weizen geblieben und hätte stattdessen das Gleichnis vom Weizenfeld (Matthäus 13, 24-30) benutzt, dass man das Unkraut nicht herausreißen solle, um nicht den Weizen zu zertrampeln! In diesem Gleichnis wird das Problem kontinuierlich-diskontinuierlich gelöst bzw. überwunden.

Ebenfalls kritisch ist die Rechtfertigungslehre von Augustinus, wie der Mensch gerettet wird: einerseits liegt er ganz auf der Linie von Paulus, wenn er argumentiert, dass nicht menschliche Werke, sondern nur die Gnade Gottes den Menschen retten kann, und dass die Liebe das Entscheidende ist, wenn die Liebe Gottes sich immer mehr im Menschen entfaltet, eine Gnade Gottes, die wir Menschen nur zulassen müssen (hier wird der Gegensatz objektiv-subjektiv in der objektiven Gnade und vollkommenen Liebe Gottes und der subjektiven Bereitschaft von uns Menschen überwunden), andererseits deutet er die Willensschwäche des Menschen, die ihm selbst in Form einer übergroßen Geschlechtslust begegnet sei, als Erbsünde, die jeder Mensch von Geburt an mitbringe. Von daher gebe es eine Vorherbestimmung, wer zu den Auserwählten gehört, die dann tatsächlich gerechtfertigt sind. Damit reißt Augustinus einerseits die Sexualität aus der Liebe zwischen Mann und Frau heraus, zerstört sozusagen die kontinuierliche Entwicklung einer liebevollen Beziehung zwischen Mann und Frau, bei der die Sexualität zuerst eine größere, mit der Zeit aber eine immer geringere Rolle spielt. Man kann hier Augustinus kritisch fragen, ob er nicht dadurch etwas trennt, was Gott zusammengefügt hat. Andererseits trennt und teilt er auch die Menschen im Vorhinein in Auserwählte und Nicht-Auserwählte auf, was dazu führen kann, dass man sich gegenseitig misstrauisch beäugt, wer zu den Auserwählten gehört und wer nicht. Auch hier wieder dasselbe Phänomen: Augustinus löst brillant den Gegensatz objektiv-subjektiv, aber er verschärft den Gegensatz kontinuierlich-diskontinuierlich. Dieser ist ja mit Empfindungen von Angst verbunden, und mit Augustinus werden die Ängste vor der Hölle und der ewigen Verdammnis geschürt.

Neben der Angst um die Vorherbestimmung und neben der Unterdrückung der Sexualität werden bei Augustinus die Gnade und damit auch die Liebe als etwas Geschaffenes (gratia creata) betrachtet, was damit vergänglich und letztlich diskontinuierlich ist. Auf diese Weise wird etwas Absolutes, nämlich Gottes Gnade und die vollkommene Liebe, als etwas Relatives hingestellt, sodass die Gnadenlehre von Augustinus durch diese Verwechslung von Absolutem und Relativem etwas Abergläubisches bekommt. Hierdurch wird der Gegensatz kontinuierlich-diskontinuierlich ebenfalls verschärft und Ängste geschürt.

Insgesamt kann man sagen, dass mit Augustinus der Gegensatz objektiv-subjektiv genial gelöst ist, das ist sein großer Verdienst, der Gegensatz kontinuierlich-diskontinuierlich und die damit verbundenen Ängste hingegen werden der Christenheit in aller Deutlichkeit gestellt, sodass dadurch die Entwicklung eines neuen Paradigmas erforderlich geworden ist. Ergänzend sei hier noch hinzugefügt, dass Augustinus in seinem letzten Werk (De civitate Dei) den Gegensatz linear-zirkulär aufscheinen lässt, indem er in einer „sinnvollen Zusammenschau der Weltgeschichte" behauptet, „dass Geschichte im jüdisch-christlichen Verständnis – so ganz anders als im zirkulär-hellenistisch-indischen – eine von Gott gelenkte, gerichtete Bewegung ist, auf ein Ende hin: die ewige Gottesstadt, das Friedensreich, das Gottesreich." (Küng, Das Christentum. Wesen und Geschichte, 1994, S. 363)

Wie beim Judentum mit König David und Salomon kommt es in der nächsten Entwicklungsphase des Christentums mit dem römisch-katholischen Paradigma des Mittelalters zu einer Konzentration der Macht beim Bischof von Rom, der sich Papst nennen lässt, um in einer chaotischen und damit diskontinuierlichen Zeit der Völkerwanderung wenigstens im religiösen Bereich für Sicherheit und Kontinuität zu sorgen. Es gab „in dieser Zeit eine fundamentale Kontinuität des christlichen Glaubens, des Ritus und der Ethik." (Küng, Das Christentum. Wesen und Geschichte, 1994, S. 384) Die christliche Glaubenssubstanz wurde bewahrt (ebenda, S. 385). Andererseits gab es diskontinuierlich auch einen fundamentalen Umbruch (ebenda) im religiösen Denken, durchaus vergleichbar mit der Neunmonatsrevolution des Kleinkindes zu Beginn der Entwicklung des teleologischen Selbst (Fonagy, Gergely, Jurist, & Target, 2008) und der Entwicklung seiner Kunstfertigkeit, z.B. das Laufen-Lernen. Man unterschied Ziele von Mitteln, passte sich immer besser an neue Situationen an, was in dieser chaotischen Zeit absolut notwendig war, und wählte die Mittel, die am effizientesten zum Ziel führen könnten. So entwickelt auch ein Kind im Alter von neun Monaten immer mehr Geschicklichkeit (Fonagy, Gergely, Jurist, & Target, 2008, S. 229). Die Devise war damals: Der Zweck heiligt die Mittel.

Die geistig, psychisch und materiell formenden Momente, die den Umgang mit dem Gegensatz kontinuierlich-diskontinuierlich und damit das römisch-katholische Paradigma bestimmten, waren also zum einen die Theologie Augustins, die zur geistigen Auseinandersetzung und Anpassung herausforderte, indem sie den Gegensatz kontinuierlich-diskontinuierlich verschärfte und individuelle Ängste schürte, und zum anderen das römische Papsttum, das psychisch-motivational mit allen Mitteln nach einer absoluten Herrschaft im gemeinschaftlichen Gottesstaat strebte, aber zuerst noch vom byzantinischen Kaiser abhängig war. Als drittes aber wurde dieses Paradigma noch durch die Christianisierung der Germanen beeinflusst, deren archaische Mentalität und deren Aberglauben als neue Situation und materiell-widersprüchliches Element die spezifischen religiösen Praktiken, vor allem die Trennung von Klerus und Laien, begünstigten bzw. dafür verantwortlich waren. Dieses Paradigma spiegelt sich also in den drei Daseinsaspekten Geist, Psyche und Materie und den drei grundlegenden Daseinsmodi Genus (als Gemeinschaftswesen), Individuum und Spezies (als spezifisch handelndes Wesen) wieder.

Zur Entfaltung des römisch-katholischen Paradigmas hat dann der Islam beigetragen, indem er die byzantinische Macht entscheidend schwächte, sodass der Papst sich aus seiner Abhängigkeit vom oströmischen Kaiser lösen konnte, und indem der Islam die Franken herausgefordert hatte, sich besser zu organisieren und sich in Südfrankreich (z.B. Schlacht von Tours und Poitiers, 732 n. Chr.) immer besser gegen die Mauren zu wehren. Ohne den Islam hätte es keinen Karl den Großen gegeben. Und ohne den Paradigmenwechsel vom ökumenisch-hellenistischen zum römisch-katholischen Paradigma wäre das weströmische Reich genauso untergegangen wie das oströmische. Denn was den Islam dem Christentum so überlegen machte, waren nicht seine militärisch so erfolgreichen berittenen Streitkräfte, sondern die Zerstrittenheit der Christen untereinander aufgrund der „unzulänglichen Begründetheit des christologischen und trinitarischen Dogmas" (Küng, Das Christentum. Wesen und Geschichte, 1994, S. 402). Im Islam gab es nicht diese Orthodoxie, sondern es herrschte eine Orthopraxie, die nicht zu Streit, sondern im Gegenteil zu einer relativ stabilen Gemeinschaftlichkeit geführt hatte.

Darin liegt die Größe von Papst Gregor dem Großen, dass er die Theologie Augustins so vereinfacht dargestellt hat, dass sie für die Germanen verständlich wurde, und dass er für das westliche Christentum mehr die pastorale Praxis – ebenfalls Orthopraxie statt Orthodoxie wie im Islam – betont und z.b. Britannien statt mit sechs Legionen wie Cäsar mit nur 40 Mönchen erobert hat. Durch seine konsequente Verbreitung des römisch geprägten christlichen Glaubens hat er die Grundlage für die geistig-kulturelle Einheit West- und Mitteleuropas geschaffen. Dabei beanspruchte er nicht autoritär die absolute Macht des Papsttums, sondern wurde aufgrund seiner außerordentlichen Dienste für die Menschen (er versorgte Hungernde mit Nahrung aus seinen exzellent bewirtschafteten Gütern und kaufte Rom frei von der Plünderung durch die Langobarden) als Autorität im positiven Sinne anerkannt.

Was die spezifischen Praktiken des römisch-katholischen Paradigmas betrifft, die wie oben erwähnt mit der Besonderheit zusammenhängen, dass die zu christianisierenden Germanen kulturell auf einer niedrigeren Stufe als die Römer und Griechen standen und noch sehr abergläubisch waren, so sind hier die vielen Fälschungen zu erwähnen und deren Praktik zu analysieren. Der Aberglaube der Germanen bestand unter anderem darin, dass sie ihren Schriftzeichen, den Runen, eine magische Kraft zusprachen. Dies nutzten die Päpste und ihre Mönche aus, indem sie z.b. Pippin zur sogenannten Pippin'schen Schenkung veranlassten durch die Fälschung der sogenannten konstantinischen Schenkung, und die päpstliche Macht erweiterte man durch die Fälschung der pseudoisidorischen Dekretale (Küng, Das Christentum. Wesen und Geschichte, 1994, S. 426). Gleichzeitig überwachten sie alle schriftlichen Dokumente von anderen und gingen streng gegen Fälscherringe vor. Das erinnert an das Zitat von Wilhelm

Busch: „Ein guter Mensch gibt gerne acht, ob auch ein andrer Böses macht." In dieser Praxis wird aber auch das Streben erkennbar, Diskontinuitäten zu überwinden. Man hätte ja seine Ansprüche auch direkt geltend machen können, so aber wird eine scheinbare Kontinuität „von alters her" geschaffen mit dem zufriedenstellenden Ergebnis, dass man seine Macht elegant und kunstfertig erweitert und der Gegensatz kontinuierlich-diskontinuierlich überwunden erscheint.

In Byzanz, wo man nicht so abergläubisch war, und später, als der Aberglaube in Westeuropa immer mehr abnahm, stieß diese Praxis auf entsprechenden Widerstand, sodass es einerseits zum endgültigen Schisma mit der Ostkirche und andererseits zur Reformation kam. Heutige Kirchenkritiker wie Hans Küng weigern sich einerseits, die heutigen Auswirkungen zu akzeptieren (z.B. die Unfehlbarkeit des Papstes, das priesterliche Zölibat u.ä.), wollen aber andererseits die daraus entstandenen Strukturen nicht einfach umstürzen, sondern sie im Dialog eines demokratischen Prozesses verändern. Die Kirche ist nicht absolut göttlich, das wäre Aberglaube, da Relatives und Absolutes dann vermischt wären, sondern von Menschen geschaffen und daher von Menschen veränderbar.

Die scheinbare, aber nicht wirkliche Überwindung des Gegensatzes kontinuierlich-diskontinuierlich führte zu den schlimmen Diskontinuitäten (Päpste und Gegenpäpste usw.) des 10. Jahrhunderts bis in das 11. hinein, welches deshalb auch das „finstere Jahrhundert" genannt wird. Das einzige, was damals die Kontinuität des Papsttums bewahrte, war der Augustinische Gedanke, dass man zwischen der Würde des Amtes und der des Trägers deutlich unterscheiden müsse. Erst im 11. Jahrhundert durch Gregor VII. (1073-1085) wurde das römisch-katholische Paradigma, welches bis dahin nur Programm war, „radikal und unwiderruflich in die politische Praxis umgesetzt" (Küng, Das Christentum. Wesen und Geschichte, 1994, S. 442).

Von einem Mitstreiter (Petrus Damiani) anerkennend „heiliger Satan" genannt, beschrieb Gregor VII. die seiner Meinung nach gottgegebene Machtfülle des Papstes in dem „Dictatus Papae", in welchem drei Grundideen zum Ausdruck kommen: Der Papst sei unumschränkter Herr der Kirche, oberster Herr der Welt und als Nachfolger Petri heilig, weswegen die römische Kirche, von Gott gegründet, nie geirrt habe und nie irren werde (ebenda, S. 445). Außenpolitisch kommt es zum Investiturstreit mit Heinrich IV. (Gang nach Canossa), und innenpolitisch-kirchlich konzentriert sich Gregor auf den Kampf gegen die Priesterehe. Schon mit seinem Papstnamen Gregor versucht er eine Kontinuität mit Gregor dem Großen herzustellen, und manche Historiker sprechen auch von einer zweiten Christianisierung des Abendlandes. Dem ist allerdings entgegenzuhalten, dass man nur dann von einer Christianisierung reden kann, wenn etwas wahrhaft Christliches verbreitet wird, und die Machtpolitik Gregors VII. kann man nicht unbedingt christlich nennen, wenn man bedenkt, dass im Neuen Testament jegliche Gewalt kritisiert wird, sogar wenn sie zur Rettung von Jesus selbst eingesetzt werden soll. So sagt Jesus zu Petrus, dem „Vorgänger" von Gregor VII., er solle sein Schwert einstecken, als dieser dem Malchus damit ein Ohr abschlägt. Weiter heißt es bei Matthäus 26, 52: „denn wer das Schwert nimmt, der soll durchs Schwert umkommen". Gewalt ist immer etwas Diskontinuierliches, und so ist auch die zweite Hälfte der Amtszeit von Gregor VII. durch Gewalt und Erfolglosigkeit seinerseits gekennzeichnet, und er stirbt verbittert im selbstgewählten Exil bei den Normannen, die er herbeigerufen hatte, um ihn aus der Bedrängnis von Heinrich IV. zu befreien, der Rom 1084 eingenommen hatte, sodass Gregor sich in der Engelsburg verschanzen musste. Da die Normannen aber Rom plünderten, sodass die Bevölkerung gegen Gregor aufgebracht war, musste er mit den Normannen nach Salerno gehen, wo er 1085 starb.

Im 13. Jahrhundert setzte mit der Theologie von Thomas von Aquin (1225-1274) eine neue Entwicklung im christlichen Abendland ein. Aufbauend auf der Theologie von Augustinus strebte Thomas eine Synthese mit der aristotelischen Philosophie an, wobei er die beiden Erkenntnisebenen des Menschlichen und die des Göttlichen einander gegenüberstellte, im Einzelnen der Vernunft (den Evidenzen) den Glauben (die Mysterien), der Natur die Gnade, dem Naturrecht die christliche Moral, dem Staat (Kaiser) die Kirche (Papst), der Philosophie die Theologie und dem Menschlichen das Christliche. Im Unterschied zu Augustinus hob Thomas die Bedeutung der menschlichen Ebene deutlich an, und in seiner Vorstellung der menschlichen Entwicklung von Gott ausgehend als Ursprung und aus der Gottesferne wieder zurückkommend zu Gott als das Endziel – hier ist auch eine gewisse Zirkularität erkennbar – stellte er eine gewisse Kontinuität in der Diskontinuität von Gott und Mensch her, sodass der Gegensatz kontinuierlich-diskontinuierlich deutlich lösbarer erscheint als bei Augustinus.

Wenn man das bei Küng verwendete Bild der beiden Stockwerke (Küng, Das Christentum. Wesen und Geschichte, 1994, S. 487) verwendet, dann befindet sich bei Augustinus das Augenscheinliche und die Vernunft im Keller, und der Mensch sollte vor allen Dingen auf der Ebene der Geheimnisse des Glaubens leben und höchstens ab und zu einmal in den Keller gehen, um etwas von der menschlichen Vernunft nach oben zu holen, während Thomas von Aquin ein neues Haus mit zwei Stockwerken und ohne Keller gebaut hat, in welches er die Theologie in das oberste und beherrschende Stockwerk einziehen ließ und dabei ein paar unbrauchbare Dinge entsorgte und ein paar kleine Neuerungen einfügte, während er der augenscheinlichen Erkenntnis und der Vernunft das untere Stockwerk einräumte, sodass der Mensch seine von Gott geschenkten Fähigkeiten im Dienste des oberen Stockwerks entwickeln und einsetzen konnte.

Mit der größeren Verbindung des Menschlichen mit dem christlichen Glauben steht auch nicht mehr die Angst im Vordergrund wie bei Augustinus, dass man eventuell doch nicht erlöst wird, stattdessen betont er mehr das Leid der Gottesferne und weist damit auf die nächste Entwicklungsstufe des intentionalen Selbst hin mit dem Gegensatz linear-zirkulär und der Emotion des Leids. (Die Angst war ja verknüpft mit der Entwicklungsebene des teleologischen Selbst und dem Gegensatz kontinuierlich-diskontinuierlich.) So hat Thomas von Aquin, obwohl noch absolut papsttreu und im römisch-katholischen Paradigma verhaftet, auf der geistigen Ebene einen Prozess angestoßen, welcher die Entwicklung der menschlichen Erkenntniswissenschaften und insgesamt die Emanzipation der Menschen von der Bevormundung durch die Kirche förderte.

Auf der Entwicklungsebene des teleologischen Selbst, bei dem die aristotelische Tugend der Kunstfertigkeit trainiert wird, kommt es mehr auf die Orthopraxie an, im Fall des Christentums wurde diese Entwicklung von Gregor dem Großen eingeleitet und von Gregor VII. auf seine Weise vollendet. Wäre dies nicht geschehen, hätte der Islam mit seiner überlegeneren Orthopraxie vielleicht das weströmische Reich genauso erobert wie das oströmische. Auf dem Weg zur Ebene des intentionalen Selbst, bei der eine reine Orthopraxie hinderlich ist, da man nur anhand einer richtigen Lehre (= Orthodoxie) die richtigen Ziele auswählen kann und da eine reine Orthopraxie die dazu nötige Vernunft im Unterschied zum Glauben nicht gelten lässt wie im Islam nach dem Mongolensturm, war der Kompromiss von Orthodoxie und Orthopraxie von Thomas von Aquin, die das menschliche Denken förderte, entscheidend dafür, dass das christliche Abendland in seiner Entwicklung den islamischen Orient allmählich überholte.

Auf der Entwicklungsebene des teleologischen Selbst, bei der es um die Auseinandersetzung mit Gewalt geht, also mit dem, was immer wieder die Kontinuität unterbrechen kann, kommt es typischerweise immer wieder zu Misstrauen und Skeptizismus. Menschen wenden sich verstärkt dem eigenen Selbst zu und bemühen sich um eine sichere und kontinuierliche Verbindung mit dem, was absolut außerhalb von ihnen liegt. Der Skeptiker landet früher oder später tragischerweise in der Isolation, und wenn er sich dann fragt, wer er sei, bekommt er keine befriedigende Antwort, höchstens ein leeres „Ich bin Ich". Cavell schreibt dazu: „Dass ich ich bin, besagt daher, dass ich nicht einmal ich bin – ein heiteres oder vielmehr ekstatisches Aufscheinen der Möglichkeit, dass alle Definitionen und Beschreibungen, die mir die Welt von mir gibt, mich nicht erschöpfen." (Cavell, 2006, S. 619) Auf der Ebene des teleologischen Selbst suchen Menschen häufig „das Heil im eigenen Inneren" (Küng, Das Christentum. Wesen und Geschichte, 1994, S. 515), sie beschäftigen sich konzentriert mit den Täuschungen und Enttäuschungen, die sie erlebt haben, als ihre kontinuierlichen Bemühungen unterbrochen oder sogar abgebrochen worden sind, lassen sich dann ergriffen-passiv in eine Art Kontemplation fallen, bis sie sich heiter und ekstatisch in den unermesslichen Möglichkeiten des Absoluten, nämlich des „Ich bin Ich" und des „Ich bin Nicht-Ich", verlieren. Damit ist aus dem misstrauischen und isolierten Skeptiker, der nach einer Überwindung des Gegensatzes kontinuierlich-diskontinuierlich gesucht hat, ein Mystiker geworden, wie Küng es beschreibt (ebenda, S. 515 f.).

Sowohl im Judentum, als nach dem Niedergang des Königtums und im babylonischen Exil die kontinuierliche Entwicklung gewaltsam unterbrochen wurde, als auch im Christentum, als etwas Ähnliches aufgrund des mit Gewalt verbundenen Streits zwischen Papst und Kaiser geschah, als auch im Islam mit den Sufis nach dem Untergang des Kalifats und durch den Mongoleneinfall, wie weiter oben beschrieben, kam es zu diesem Phänomen der Mystik. Wie im vorigen Abschnitt ausgeführt, ist dies typisch für die Entwicklungsebene des teleologischen Selbst. Wenn Hans Küng prophetische und mystische Religionen unterscheidet, dann bedeutet dies nicht, dass es in prophetischen Religionen keine Mystik gibt. In prophetischen Religionen verkünden die Mystiker ihre mystischen Erkenntnisse als Propheten, während sie in mystischen Religionen andere Menschen darin unterweisen, selbst mystische Erfahrungen zu machen.

Weil im Judentum und im Islam die Gewalt von außen kam, wurden die Mystiker, die Propheten und die Sufis, als Befreier und Retter oft positiv angenommen. Da im Christentum des römisch-katholischen Paradigmas die Gewalt von innen, von Kaiser und Papst kam, beäugte der Papst die verschiedenen Mystiker äußerst kritisch und verfolgte sie teilweise über die Inquisition mit äußerst drastischen Mitteln. Manche Mystiker richteten sich mit ihrer Botschaft mehr gegen die Gewalt, die von der weltlichen Macht, also vom Kaiser ausging, wie z.B. Franz von Assisi, der allem Weltlichen entsagte, und solche Mystiker waren dem Papst natürlich willkommen. Wenn sich ihre Kritik aber um das Glaubensverständnis und das Verständnis der persönlichen Beziehung zu Gott drehte wie z.B. bei Meister Eckhart, dann wurde ein Inquisitionsverfahren eingeleitet. Um derartige Bewegungen wie die der Katharer oder Waldenser nicht mehr aufkommen zu lassen, verbot man den Laien, zu predigen und außerhalb der Kirche über Religion zu diskutieren. Ironischerweise wurde dadurch der Skeptizismus und damit indirekt auch die Mystik nur noch weiter gefördert, sodass es nur noch eine Frage der Zeit war, bis ein Mann wie Martin Luther erfolgreich gegen den Papst auftrat.

Bezeichnenderweise gab es unter den Mystikern auch viele Frauen, die laut dem gefälschten Paulus-Brief an die Korinther in der Kirche ja zu schweigen hatten. Ähnlich wie im Islam war ihre Stellung nur innerhalb der Familie geschützt durch das Sakrament der Ehe. Auch Witwen wurden geachtet und genossen einen besonderen Schutz innerhalb der Gesellschaft. Als Äbtissinnen in Klöstern konnten Frauen ebenfalls eine gewisse Achtung erlangen wie z.b. Hildegard von Bingen, deren Ernährungskunde und Gesundheitstipps allerdings meist mehr Beachtung fanden als ihr eigentliches religiöses Anliegen. Die Inquisition nahm Frauen gegenüber eine besonders brutale Form an in den Hexenverfolgungen.

Eine besonders subtile Form der Unterdrückung der Frau zeigt sich meines Erachtens im Marienkult, mit der ein Frauenbild als Ideal gezeichnet wird. Nach dem Galaterbrief von Paulus sind Mann und Frau gleich (siehe oben), und beide sollten eigentlich gleichermaßen Jesus nachfolgen, und nicht getrennte Wege gehen, indem der Mann Jesus und die Frau Maria sich als Vorbild nimmt.

In der Folgezeit hat sich das römisch-katholische Paradigma und die Entwicklungsebene des teleologischen Selbst mit dem Gegensatz kontinuierlich-diskontinuierlich bis heute kontinuierlich gehalten, es wurden lediglich im Laufe der Zeit gewisse Restaurationen vorgenommen, die größte als Reaktion auf die Reformation, um bestimmte offensichtliche und unzeitgemäße Missstände zu korrigieren. Damit ist das Papsttum das einzige absolutistische Regime, das sich seit dem Mittelalter kontinuierlich bis heute gehalten hat.

Nach dem zuletzt im Unterkapitel über das Judentum gesagte, halte ich den Katholizismus in dieser Form für wichtig, da es, wie man leicht sehen kann, immer noch genug Menschen gibt, die bei Problemen des teleologischen Selbst Unterstützung und Hilfe brauchen, um ihre Liebesfähigkeit weiterzuentwickeln. Von daher sollte der Katholizismus bei Restaurationen bleiben, um die Kontinuität für diese Menschen aufrecht zu erhalten. Wer sich entsprechend schon weiterentwickelt hat und nicht mehr eine derartige Unterstützung bei der Überwindung des Gegensatzes kontinuierlich-diskontinuierlich braucht, kann und sollte ruhig, aber nicht diskontinuierlich, d.h. ohne andere vor den Kopf zu stoßen und ihnen dadurch Leid zuzufügen, zu einem anderen Paradigma bzw. auf eine andere Entwicklungsstufe zur Förderung seiner Liebesfähigkeit gehen.

Insofern widerspreche ich hier Hans Küng, wenn er in der katholischen Kirche bleiben will, um sie zu reformieren. Das einzige, was ich genauso befürworte wie er, ist es, die Bedeutung des Dialogs deutlich zu machen: die verschiedenen Religionen, Konfessionen und Richtungen innerhalb einer Religion sollten einander nicht bekämpfen, sondern miteinander reden und sich jeweils bewusstmachen, in welcher Weise sie selbst dazu beitragen können, die Liebesfähigkeit verschiedener Menschen immer besser zu fördern. Jeder kann dann über Schwierigkeiten und Erfolge berichten, und die anderen können aus den jeweiligen Erfahrungen lernen wie in Selbsthilfegruppen und ihre eigene Praxis verbessern.

Durch das Vatikanum II ist meines Erachtens folgende Veränderung in der römisch-katholischen Kirche vorgegangen: einerseits hält sie immer noch an ihrem Paradigma fest, verharrt auf der Entwicklungsstufe des teleologischen Selbst und ist für alle Christen nützlich, die an der Überwindung des Gegensatzes kontinuierlich-diskontinuierlich arbeiten, um ihre Liebesfähigkeit zu verbessern, andererseits ist sie deutlich mehr dialogbereit mit anderen Konfessionen und Religionen und akzeptiert sie teilweise sogar als Heilsbringer, wodurch sie allmählich ein neues Paradigma aufbauen könnte. Dies zeigt sich insbesondere in ihrem Umgang mit Hans Küng: einerseits hat sie ihm die Lehrbefugnis zur Priesterausbildung entzogen und hält damit an ihrem Paradigma fest, welches Hans Küng gerne verändern möchte, andererseits ist er ihr als katholischer Theologe sehr nützlich, der für den Dialog mit anderen Religionen ein Vorreiter ist und dieses Thema in seiner Forschung und seinen Büchern immer weiter vorangetrieben hat.

Beim nächsten Paradigmenwechsel mit Luther zum protestantisch-evangelischen Paradigma geht es um eine Rückbesinnung auf das bzw. eine Rückkehr zum Evangelium (daher „evangelisch"), das ist zirkulär, und darum, aus der damaligen Krise von Religionspraxis und Gesellschaft herauszukommen, das ist linear, d.h. wir haben es hier mit dem Gegensatz linear-zirkulär zu tun. Luther ging es um die Absicht, wieder zum rechten Glauben, zur Wahrheit zurückzukehren, das ist intentional, d.h. er und die mit ihm verbundene Bewegung befinden sich auf der Entwicklungsebene des intentionalen Selbst. Dazu bedurfte es einer entsprechend weitgehenden Überwindung des Gegensatzes kontinuierlich-diskontinuierlich, und Luther war ja auch in seiner Kritik am römisch-katholischen Paradigma sehr diskontinuierlich, bewahrte aber „eine fundamentale Kontinuität des Glaubens, des Ritus und des Ethos" (Küng, Das Christentum. Wesen und Geschichte, 1994, S. 626). Er überwand damit auch weitgehend die mit diesem Gegensatz verbundene Angst und empfand viel stärker das Leid der Getrenntheit, welches mit dem Gegensatz linear-zirkulär verknüpft ist.

Wenn man zusätzlich bedenkt, dass mit der Ebene des intentionalen Selbst die dianoetische Tugend der Klugheit verknüpft ist (Kolb, 2017a), wird verständlich, dass die Vernunft einen noch höheren Stellenwert im protestantisch-evangelischen Paradigma erhält als im römisch-katholischen: Calvins streng rational und sehr vernünftig durchgeplante Kirchen- und Staatsordnung in Genf oder die soziale Disziplin im Protestantismus in Bezug auf Tanzen, Glücksspiel, Alkohol, Kirchweihe und Karneval, wodurch der Protestantismus seine Distanz zur Volkskultur betonte, geben hiervon ein klares Zeugnis. Bei Thomas von Aquin war die Vernunft schon aus dem Keller, in den Augustinus sie verbannt hatte, geholt worden, befand sich wertungsmäßig aber immer noch unterhalb des Glaubens, bei Luther aber standen sich Vernunft und Glauben gleichberechtigt gegenüber.

Wenn man die genaueren historischen Daten betrachtet, wie sie von Küng beschrieben sind (Küng, Das Christentum. Wesen und Geschichte, 1994, S. 602 - 741), dann zeigen sich beim protestantisch-evangelischen Paradigma vier verschiedene Phasen, die den vier Entwicklungsebenen des physischen, sozialen, teleologischen und intentionalen Selbst entsprechen: zuerst mit Luther verbreitet sich dieses Paradigma, es wächst heran mit Hilfe der dianoetischen Tugend des Verstandes (Verständnis der grundlegenden Prinzipien bei der Rückbesinnung auf das Evangelium) wie bei der Entwicklung des physischen Selbst mit dem Gegensatz aktiv-passiv und ist von Freude und Enthusiasmus getragen. Dann setzt eine Phase der Konsolidierung ein, man ist mit der äußeren Realität konfrontiert wie bei der Ebene des sich entwickelnden sozialen Selbst, ist vielleicht desillusioniert oder gar enttäuscht und verbittert wie Luther am Ende seines Lebens, und man organisiert sich wie z.B. Calvin in Genf, der mit entsprechender Schaffenswut einen strengen „christlichen" Staat zu errichten sucht – er errichtet ihn, aber ob er wirklich christlich ist, bestreiten seine Gegner, d.h. hier liegt die Ebene des sozialen Selbst mit dem Gegensatz objektiv-subjektiv (wer hat Recht?), der Emotion der Wut und der dianoetischen Tugend der Wissenschaft vor. Als die reformatorische Bewegung aus dem dabei entstehenden Streit sich immer mehr spaltet, kommt es zu einer sogenannten Konfessionalisierung, man grenzt sich den anderen gegenüber kunstfertig mit immer ausgefeilter begründeten Bekenntnissen ab und achtet ängstlich auf Kontinuität der eigenen „christlichen" Auffassung, d.h. man erkennt hier immer deutlicher die Entwicklungsebene des teleologischen Selbst mit dem Gegensatz kontinuierlich-diskontinuierlich, der Emotion der Angst und der dianoetischen Tugend der Kunstfertigkeit. Schließlich besinnt man sich auf die eigentliche Absicht der Reformation, nämlich die Rückkehr zum Ursprung des Christentums, zum Fundament des Glaubens, d.h. wir haben es hier wieder mit der Entwicklungsebene des intentionalen Selbst zu tun mit dem Gegensatz linear-zirkulär, der Emotion des Leids und der dianoetischen Tugend der Klug-

heit, und dabei entwickeln sich zwei Bewegungen, der Funda-
mentalismus, eine Radikalisierung zur Abwehr der hereinbrechenden Moderne, die als zu komplex und zu verwirrend erscheint und daher verteufelt wird, und verschiedene sogenannte Erweckungsbewegungen, die sich teilweise zu einem
Ökumenismus entwickeln und damit das nächste Paradigma
einläuten, wie man möglichst christlich mit dem etwa Mitte
des 17. Jahrhunderts deutlich gewordenen modernen Zeitalter
mit seinen grundlegenden Veränderungen gegenüber dem Mittelalter umgehen kann.

Was ist nun das Charakteristische des modernen Zeitalters? Zum einen verschieben sich die geschichtlichen Ge-
wichte vom Mittelmeer (Antike) über Zentraleuropa (Mittelalter) zum Atlantik hin, es entsteht der Kolonialismus mit der
ersten protestantischen Seemacht, den Vereinigten Niederlan-
den, die sich gerade im Westfälischen Frieden von 1648 von
Spanien befreit haben. Auf dem Festland entwickelt sich
Frankreich zum modernsten Staat mit modellhaftem Absolu-
tismus. Es kommt zu einem „Nebeneinander von gleichberechtigten modernen Territorialstaaten" (Küng, Das
Christentum. Wesen und Geschichte, 1994, S. 753), in denen
ein einzelner Führer (meist König) Anspruch auf die oberste
Gewalt erhebt, die in einer entsprechend modernen Staatsthe-
orie nicht mehr von Gottes Gnaden wie bei Papst und Kaiser
begründet wird, sondern durch eine „natürliche Vernunft",
eine bindungsfreie naturrechtlich begründete „Souveränität"
(frei nach Küng, ebenda). Die entsprechende „säkularisierte
naturrechtliche Staatslehre […] sieht den Staat als natürliches
Produkt eines Vertrags zwischen Volk und Regierung"
(ebenda, S. 754). Später wird von Rousseau daraus eine Volks-
souveränität abgeleitet. Nach innen bedeutete dies eine absolutistische Monopolisierung, nach außen eine gefährliche nationale Abkapselung, gefährlich, weil dadurch Kriege vorprogrammiert sind, bei denen es nicht um religiöse Streitpunkte,
sondern rein weltlich um nationale Hegemonie und um ein

Gleichgewicht der europäischen Mächte ging, damit eine einzelne Macht nicht die Oberhand über alle anderen bekam.
Auch wenn es eine naturrechtlich begründete Ethik in den
Auseinandersetzungen zwischen den Nationen gab, eine Art
Kriegsrecht eingeschlossen, so konnte der Frieden in Europa
bis zum Zweiten Weltkrieg nicht wirklich garantiert werden.
Indem sich das abendländische Denken immer mehr
von der Kirche, sowohl von der römisch-katholischen als auch
von den reformierten Kirchen, emanzipierte, angefangen mit
den Naturwissenschaften von Galilei bis Newton bis zur Philosophie und den politischen und ökonomischen Wissenschaf-
ten, kam es zu entsprechenden Revolutionen: den Revolutionen in Wissenschaft und Philosophie und schließlich der Un-
abhängigkeitserklärung der USA und der Französischen Revolution mit der Erklärung der Menschenrechte und im 19. Jahrhundert zur industriellen Revolution. Die Trennung von Staat
und Kirche, von Religion und Gemeinwesen war damit endgültig vollzogen, und mit dem Grundrecht auf Religionsfreiheit bahnte sich ein neues Paradigma im Christentum an, das
vernunft- und fortschrittsorientierte Paradigma der Moderne o-
der auch das aufgeklärt-moderne Paradigma, wie Küng es
nennt (Küng, Das Christentum. Wesen und Geschichte, 1994).
„Zum erstenmal in der Geschichte der Christenheit
kommen im 17. Jahrhundert die Anstöße zu einem neuen Paradigma, zu einem neuen Grund-Modell von Welt, Gesellschaft, Kirche und Theologie, primär nicht aus dem Innenraum
von Theologie und Kirche, sondern von außen: aus jener [...]
von Kirche und Theologie sich »emanzipierenden« Gesellschaft" (ebenda, S. 770). Auch hier gibt es die Parallele zur
kindlichen Entwicklung, wenn ein Kind mit etwa vier Jahren
die Ebene des repräsentationalen Selbst erreicht und merkt,
dass andere auch eine „Weltanschauung" haben, die von der
eigenen abweicht, und dass sowohl die eigene als auch die
Sicht der anderen richtig oder falsch sein kann. Die Welt der
anderen, die Gemeinschaft seiner Eltern scheint sich für das

Kind von ihm „emanzipiert" zu haben, durch Kritik seiner Unzulänglichkeiten wird es angestoßen, ein neues Grund-Modell
von der Welt und den anderen zu entwickeln, in welchem es
falsche und richtige Anschauungen gibt, und wobei es schwierig ist herauszufinden, wie und was etwas wirklich ist, was also
nicht zu Täuschungen und Enttäuschungen führt. Je nach Zeit
oder Ort, also in Abhängigkeit von Raum und/oder Zeit, kann
etwas anderes wirklich und damit wirksam sein und seine Wirkung entfalten. Im Christentum bedeutet das insbesondere,
dass sowohl die Bibel als auch die verschiedenen Dogmen aus
ihrer Zeit und der jeweiligen örtlichen Kultur heraus verstanden werden müssen, die kritisch-historische Bibelexegese
muss in der Übertragung der christlichen Botschaft ins Hier
und Jetzt den Gegensatz räumlich-zeitlich immer besser überwinden und immer mehr die dianoetische Tugend der Weisheit
entwickeln.

Wie man bei allen drei abrahamischen Religionen
sieht, gilt für Paradigmen auf der Entwicklungsebene des repräsentationalen Selbst ganz allgemein, dass Anstöße dazu immer von außerhalb der betreffenden Religionsgemeinschaft
kommen, im Judentum waren es die Kontakte außerhalb ihrer
Gettos, im Islam kam es dazu durch die kolonial-imperialisti-
sche Eroberung ihrer Welt, die ihnen bestimmte eigene Unzulänglichkeiten vor Augen führte.

Die „säkularisierte Welt" hatte in gewisser Weise das
reformatorische Paradigma aufgenommen,

– indem z.B. Descartes den Begriff der „tabula rasa"
prägte, um die Wissenschaft ganz von vorne auf der Vernunft,
dem Leitwert Nummer 1 der Moderne, aufzubauen – man ging
also zurück zu den Ursprüngen wie Luther auf das Evangelium
zurückgriff –,

– indem sich immer mehr ein unbedingter Glaube an den
Fortschritt, dem Leitwert Nummer 2, etablierte – im Protestan-

tismus glaubte man daran, auf diese Weise immer mehr Fort-schritte in Richtung einer gottgefälligen Lebensführung zu machen –,

– und indem das Gemeinschaftliche als Leitwert Num-mer 3 der Nationen, also der Nationalismus, immer mehr an Bedeutung gewann – im Protestantismus wurden auch die Laien immer mehr bei Entscheidungen mitbeteiligt.

Das Gemeinschaftliche hatte allerdings nichts mit einer Art Kollektivismus zu tun, sondern im Gegenteil, es wurde das Wohl des Einzelnen in der Gemeinschaft hervorgehoben, dass eine Gemeinschaft nur dann funktionieren könne, wenn es je-dem einzelnen gut gehe bzw. er sich wohl fühle. Das war ja das „Naturrecht", dass Individuen sich nur deshalb zu einer Gemeinschaft zusammenschlossen, weil es ihnen Vorteile brachte und sie sich dadurch wohler fühlten als für sich allein. Den Nationalismus kann man ja auch als eine Art Individuali-sierung der Volksgemeinschaften betrachten. Indem es immer mehr um die Harmonie innerhalb der Gemeinschaft ging, also um den Aufgabenbereich, bei dem das von mir als weiblich bezeichnete Prinzip für alle Problemlösestrategien vor-herrscht, dass man erst für die anderen sorgen soll, bevor man sich um sich selbst kümmert, wurde Macht immer weniger in der sogenannten männlichen, sondern immer mehr in der weiblichen Form ausgeübt (Kolb, 2017c). Bei einer derartigen Machtausübung war es nur noch eine Frage der Zeit, dass man zu den Werten von Freiheit und Gleichheit fand wie in der Französischen Revolution.

Durch diese Entwicklung war das Christentum heraus-gefordert zu reagieren, zum einen, weil die Moderne in der Übertreibung ihrer Leitwerte große Probleme erzeugte (der Nationalismus führte anfangs zu Kriegen, weil man noch nicht kapiert hatte, dass die verschiedenen Nationen sich besser auch zu Gemeinschaften zusammenschließen sollten wie die einzel-nen Mitglieder einer Nation, der Fortschrittsglaube erzeugte immer mehr Spannungen zwischen Arm und Reich, und in der

Überbetonung der Vernunft wurden die menschlichen Emotionen vernachlässigt und Menschen überfordert oder ungerecht behandelt – aufgrund des übertriebene Vernunftglaubens kam es in der Philosophie zu dem sogenannten ersten naturalistischen Fehlschluss, dass aus einem Sein angeblich ein Sollen folgt: wer weiß, was ist, weiß vernünftigerweise, was er tun soll), zum andern, weil es im Zeitalter der Vernunft durch die Aufklärung angegriffen wurde, um ihren übermächtigen Einfluss auf den einzelnen aufzugeben, ihn nicht mehr in Unmündigkeit und Abhängigkeit, „in einer von kirchlichem Aberglauben und kirchlichen Vorurteilen verfinsterten Welt" (Küng, Das Christentum. Wesen und Geschichte, 1994, S. 780 f.) festzuhalten. Der Wahlspruch der Aufklärung lautete demgemäß „Sapere aude! Habe Mut, dich deines eigenen Verstandes zu bedienen!" (ebenda).

In der christlichen Theologie gewinne der Paradigmawechsel von der Reformation zur Moderne in Friedrich Schleiermacher geradezu körperliche Gestalt, meint Hans Küng (ebenda, S. 791). Wenn Schleiermacher Religion als andächtiges Erleben von allem Seienden und Geschehenden in unmittelbarem Anschauen und Fühlen sieht, dann erinnert mich dies sehr an meine Umschreibung vollkommener Liebe als das unmittelbare und echte Verstehen von allem Seienden in seiner Ergriffenheit bzw. in seinem Worumwillen (Kolb, 2017a). Was Küng des Weiteren über den Begriff der Religion bei Schleiermacher ausführt, finde ich ebenfalls in meinen Ausführungen: Das Innewerden des Unendlichen im Endlichen entspricht dem, dass das menschliche Dasein eine Projektion Gottes bzw. des absoluten Nichts in die Endlichkeit ist, und dass der Weg zur vollkommenen Liebe sowohl die absolute Negation, als auch die absolute Bejahung, als auch die absolute Bedeutungslosigkeit des Daseins beinhaltet. Bei Schleiermacher ist Religion unabhängig von Metaphysik und Moral, die vollkommene Liebe und der Weg dorthin sind geradezu anti-

metaphysisch, und je nach Entwicklungsstand kann immer etwas anderes moralisch gut sein in dem Sinne, dass es die Entwicklung unserer Liebesfähigkeit fördert.

Sowohl Schleiermachers theologischer Ansatz als auch
meine Daseinsanalyse gehen vom menschlichen Dasein aus
und rechtfertigen religiöses Streben vom Menschlichen her
(Schleiermacher) bzw. zeigen auf, dass es sinnvoll und im
menschlichen Dasein als ganzheitliche Erfüllungsgestalt begründet ist, sich auf den Weg zur vollkommenen Liebe zu machen, d.h. seine Liebesfähigkeit immer weiter zu vervollkommnen. Laut Küng (Küng, Das Christentum. Wesen und
Geschichte, 1994, S. 799) entwickelten katholische Theologen
etwas Ähnliches in der sogenannten Fundamentaltheologie,
die ebenfalls nicht „von oben" mit Dogmen, sondern „von unten", vom Menschlichen her die Theologie begründen.

Genauso wie Schleiermacher die Vorstellung einer
„natürlichen Religion" ablehnt, die sich wie von selbst in jedem einzelnen entwickelt, so habe ich ausgeführt, dass der
Weg zur vollkommenen Liebe vermittelt werden muss, das
menschliche Dasein insgesamt und seine Liebesfähigkeit im
Besonderen kann sich nur in einer Gemeinschaft entwickeln.
Daher sind die einzelnen Religionen zu betrachten und zu analysieren, in welcher Hinsicht sie positiv zur Entwicklung der
Liebesfähigkeit beitragen bzw. bei welchen Gegensätzen im
Umgang mit der Materie sie zu deren Überwindung beitragen,
denn die vollkommene Liebe wäre erst erreicht bei der vollkommenen Überwindung aller Gegensätzlichkeiten. Insofern
gibt es keine optimale Religion, sondern je nach Entwicklungsstand ist die eine oder andere gerade die beste.

Allein aus diesem Grund sollte keine Religion verurteilt werden, die bestimmten Menschen geholfen hat, die eigene Liebesfähigkeit zu verbessern. Andererseits sollte jeder
sich frei fühlen zu wechseln, wenn er sich in seiner bisherigen
Religion nicht mehr weiterentwickeln kann. Toleranz und Re-

ligionsfreiheit sind daher unabdingbar, sowie ein Dialog zwischen den Religionen, damit jeder sich ein Bild machen kann, um für sich gegebenenfalls eine bessere Unterstützung und Vermittlung der vollkommenen Liebe finden zu können. Da bei einem solchen Wechsel das Kriterium dafür immer die Weiterentwicklung der Liebesfähigkeit sein sollte, sollte ein Wechsel nie rein individuell und willkürlich vollzogen werden, jeder Wechsel sollte immer das unmittelbare und echte Verstehen des Worumwillens von allen Beteiligten und Betroffenen so gut und weitgehend wie möglich mitberücksichtigen. Ein Wechsel mag zwar subjektiv bestimmt sein, ist aber trotzdem objektiv begründet, d.h. man geht vom Subjekt aus, allerdings ohne die Gemeinschaft zu vergessen, bleibt also in diesem Sinne objektiv, ohne Subjektivierung und Anthropologisierung.

Indem Schleiermacher der Überzeugung ist, „dass nur im Christentum das Wesen der Religion rein und klar sichtbar wird" (Küng, Das Christentum. Wesen und Geschichte, 1994, S. 805), ist er nach dem im vorigen Abschnitt Aufgeführten und hier im 4. Kapitel Aufgezeigten nicht ganz so objektiv und tolerant gegenüber anderen Religionen. Insbesondere das Judentum, welches er als eine tote Religion bezeichnet, hat er wohl nicht richtig gesehen. Wenn Schleiermacher nur im Christentum das Verhältnis des Endlichen zum Unendlichen als Verhältnis von Verderben und Erlösung, Feindschaft und Vermittlung betrachtet, so sehe ich in allen Religionen, welche die Liebesfähigkeit fördern und insofern einen Bezug zum Unendlichen haben, als dass sie die vollkommene Überwindung mindestens eines der fünf grundlegenden Gegensätze als Ziel anstreben, dieses Verhältnis als Verhältnis von Abkehr und immer wieder vom Dasein selbst geforderter möglichst unmittelbarer und echter Zuwendung zum Worumwillen der anderen und seiner selbst. Dabei geht es nicht nur um die Ankunft in einer konkreten und also bestimmten und bestimmbaren Wirklichkeit, sondern auch um deren Herkunft und dem, was aus der Zukunft auf das Dasein zukommen kann, und erst im entschlossenen Sich-Einlassen auf die entsprechenden Auskünfte ergibt sich der Sinn des Daseins und des Seins überhaupt. Wie schon im 4. Kapitel dargelegt, kann die Abkehr nur dadurch überwunden und die Entwicklung der Liebesfähigkeit nur dadurch erreicht werden, dass dies durch einen anderen vermittelt wird, dessen Liebesfähigkeit schon weiterentwickelt ist. Dies könnte man auch als Gnade bezeichnen.

Daraus ergibt sich für das Christentum die Schlüsselbedeutung von Jesus als dem absolut liebevollen Vermittler, als der er sich im Tod am Kreuz gezeigt hat. Nachdem nun klargestellt ist, dass Schleiermacher mit seinem Religions- und Gottesbegriff ein neues Paradigma vertritt, stellt sich die Frage nach seiner Christologie und Trinitätslehre, ob er sich darin auch vom altkirchlich-hellenistischen, römisch-katholischen und reformatorisch-protestantischen Paradigma unterscheidet. Einerseits ist für Schleiermacher Jesus allen Menschen gleich aufgrund „der Selbigkeit der menschlichen Natur" (ebenda, S. 813), andererseits von allen Menschen unterschieden „durch die stetige Kräftigkeit seines Gottesbewusstseins, welche ein eigentliches Sein Gottes in ihm war" (ebenda). Dieses Christusbild ist meines Erachtens zu statisch und vernachlässigt den Entwicklungsaspekt, der ebenfalls zur menschlichen Natur gehört, d.h. er hätte eigentlich von der Entwicklung des Gottesbewusstseins sprechen müssen, welche ihre Absolutheit erst in dem „Es ist vollbracht!" am Kreuz erreicht hat, nachdem Jesus den Schmerz des „Warum hast du mich verlassen?!" überwunden hatte. Insofern kritisiert Küng Schleiermacher zurecht, wenn er schreibt, dass „er dem Skandalon des Kreuzes und der Hoffnung der Auferstehung [...] nicht den zentralen Platz eingeräumt" (ebenda, S. 817) hat. Erst dadurch, dass Jesus durch sein Leben und seine Entwicklung aufgezeigt hat, dass jeder Mensch zu Gott bzw. zur vollkommenen Liebe finden kann, wird er zu „Gottes Wort, einzigartiges Abbild, Urbild und Vorbild, Gesandter, Vermittler und Erlöser" (ebenda, S. 815).

Trotz dieser Kritik vertritt Schleiermacher in seiner Christologie ein neues Paradigma, denn er lehnt „die »Höhe« der christologischen Konzilien [...] als »überhöht«" (ebenda) ab. Auch bezüglich des Heiligen Geistes geht Schleiermacher von dieser »Höhe« zurück zum urchristlichen Paradigma, dass dieser der vom gekreuzigten und auferstandenen Christus ausgehende in der Gemeinschaft der Nachfolger Christi immer mehr an Macht gewinnende göttliche Geist ist. Was ebenfalls neu an dem von Schleiermacher vertretenen Paradigma ist und wodurch es eine lebendige Dynamik bekommt, ist seine Auffassung, dass die christliche Lehre »der fortgesetzten kritischen Behandlung« bedürfe (ebenda, S. 816). So kann der Gegensatz räumlich-zeitlich immer besser überwunden werden.

Zusammenfassend lässt sich bezüglich Schleiermachers christlicher Antwort auf die Herausforderungen der Moderne feststellen, dass er sich nicht dem Zeitgeist der Moderne mit ihren Leitwerten Vernunft, Fortschritt und Nation ausgeliefert hat, sondern die Vernunft des christlichen Glaubens, wie er ihn verstand und für den sich jeder frei entscheiden kann, aufgezeigt, dem Fortschritt eine für alle gleiche und vernünftige Richtung in der Nachfolge von Jesus gewiesen und dem aufkommenden Nationalismus die brüderlich-schwesterliche Gemeinschaft der Nachfolger von Jesus entgegengesetzt hat. Insofern sind die drei Parolen der Französischen Revolution von Freiheit, Gleichheit und Brüderlichkeit in diesem Sinne absolut christliche Werte.

Von kirchlicher Seite war die Antwort auf die Moderne allgemein und auf die soziale Frage (aufgrund der industriellen Revolution und die Entstehung des Proletariats) im Besonderen bis nach dem Zweiten Weltkrieg sowohl auf katholischer als auch auf protestantischer Seite meistens durch das männliche Prinzip geprägt, erst die eigene Position zu konsolidieren, bevor man sich um andere kümmert. Zuerst galt es, die eigene Macht zu sichern, erst dann wandte man sich den Nöten der Menschen zu (Küng, Das Christentum. Wesen und

Geschichte, 1994, S. 836 - 855). Zum männlichen Prinzip passt auch das Verhalten von Pius XII. gegenüber Hitler: erst die Position der katholischen Kirche in Deutschland sichern, bevor man sich um die Rettung der Juden kümmert. (Dies ist weder eine Entschuldigung noch eine Verurteilung, sondern nur die nüchterne Feststellung, dass das Oberhaupt einer Kirche, in der spätestens seit dem Konzil von Nicäa das männliche Prinzip vorherrschend war, nach diesem Prinzip gehandelt hat.) Dasselbe gilt auch für die Unterstützung der Rechte von Frauen: solange die Position der Männer nicht beschnitten wurde, überließ man den Frauen (vor allem karitative) Aufgaben in deren Eigenverantwortung, aber eine echte Gleichberechtigung ließ man nicht zustande kommen (Küng, Das Christentum. Wesen und Geschichte, 1994, S. 855 - 868).

Was die römisch-katholische Kirche betrifft, so hat sie durch ihre Dialogbereitschaft mit anderen Religionen und durch die Anerkennung, dass auch diese den Menschen Heil bringen können, ihr bisheriges Paradigma durch das Zweite Vatikanische Konzil deutlich verändert, denn dadurch trägt sie dazu bei, dass sowohl die Gegensätzlichkeit linear-zirkulär als auch der Gegensatz räumlich-zeitlich besser überwunden werden kann. Durch den Austausch mit anderen kann man lernen und sich geradliniger weiterentwickeln, aber auch anderen wichtige Hinweise geben, damit diese nicht immer wieder von vorne anfangen müssen. Durch die Anerkennung auch anderer Religionen als Heilsbringer erkennt das Vatikanische Konzil die Relativität von Raum und Zeit an und kann dadurch diese Gegensätzlichkeit ebenfalls immer besser überwinden.

Als Aufgabe für die Zukunft steht meiner Meinung noch aus, den alle bisher angeführten grundsätzlichen Gegensätze umfassenden und vereinigenden Gegensatz männlich-weiblich immer mehr zu überwinden. Dabei geht es nicht nur um die Gleichberechtigung zwischen Mann und Frau, dass z.B. auch Frauen zum Priesteramt zugelassen werden, sondern auch um ein gesundes Gleichgewicht zwischen männlicher und weiblicher Form der Machtausübung, wie ich es weiter unten im 8. Kapitel beschrieben habe. Insbesondere geht es dabei um eine stärkere Beteiligung der Laien bei wichtigen Entscheidungen innerhalb der Kirche. Vielleicht kann man das Paradigma der Postmoderne, wie Hans Küng es nennt in seinen drei Bänden über Judentum (Küng, 1991), Christentum (Küng, 1994) und Islam (Küng, 2004), beschreiben als die immer bessere Überwindung des Gegensatzes männlich-weiblich im gerade ausgeführten Sinn.

Den Gegensatz männlich-weiblich kann man auch als den Gegensatz zwischen den beiden Prinzipien beschreiben, dass es einmal – typisch männlich – wichtiger ist, erst sich selbst zu festigen und zu konsolidieren, bevor man andere unterstützt, und dass es ein andermal – typisch weiblich – wichtiger ist, erst für andere zu sorgen, bevor man an sich selbst denkt. Mit der Überwindung dieses Gegensatzes kann man dann die Probleme der Realität wesentlich angemessener lösen, die Küng anhand seiner „Dimensionen der Wirklichkeit [in folgende vier Problemfelder einteilt]:

- die kosmische Dimension: Mensch und Natur;
- die anthropologische Dimension: Mann und Frau;
- die sozialpolitische Dimension: Arme und Reiche;
- die religiöse Dimension: Mensch und Gott.“

(Küng, Das Christentum. Wesen und Geschichte, 1994, S. 882).

Bei der ersten Dimension geht es darum, dass wir nicht immer nur zuerst auf unsere Interessen achten, sondern diese auch erst einmal zurückstellen und für die Natur sorgen. Es geht eben nicht nur um die Ausbeutung der Natur, sondern auch um ökologische Nachhaltigkeit. Entsprechend ist es keine Lösung bei der zweiten Dimension, wenn in heute noch von Männern dominierten Lebensbereichen diese erst einmal die Sicherheit ihrer eigenen Position aufrechterhalten wollen, bevor sie Frauen mehr Freiheiten und Entfaltungsmöglichkeiten einräumen. Die dritte Dimension betreffend sollten Reiche nicht immer zuerst ihr eigenes Vermögen sichern, bevor sie Armen etwas abgeben, was dann meist eher den Charakter von Almosen besitzt. Bei der religiösen Dimension geht es um die Offenheit, erst einmal andere in ihren religiösen Auffassungen, ihren persönlichen Beziehungen zum Absoluten oder Unendlichen immer besser, d.h. immer echter und unmittelbarer zu verstehen, und dadurch die eigenen Auffassungen zu überprüfen, bevor man den anderen die eigenen Auffassungen darlegt. Da zurzeit das männliche Prinzip noch überwiegt, werden wir nicht umhinkönnen, erst einmal mehr das weibliche zu betonen, um dann immer mehr ein durchaus dynamisches Gleichgewicht zu finden und diesen Gegensatz männlich-weiblich immer vollkommener zu überwinden, d.h. immer mehr die vollkommene Liebe zu erreichen.

7.   MYSTISCHE UND WEISHEITSRELIGIONEN

Nachdem ich die Entwicklungen der abrahamischen Religionen analysiert habe, möchte ich mich jetzt an die schwierige Aufgabe heranwagen, die mystischen Religionen des Hinduismus und die mystisch-weisheitliche des Buddhismus sowie die beiden chinesischen Weisheitsreligionen des Konfuzianismus und des Taoismus zu betrachten. Ich könnte hier natürlich genauso wie im letzten Kapitel die historische Entwicklung nachzeichnen und entsprechende Paradigmen finden, die mit den fünf Entwicklungsebenen des Selbst (Fonagy, Gergely, Jurist, & Target, 2008), mit den fünf Gegensätzlichkeiten nach Nishida (Nishida, 2011), mit den fünf dianoetischen Tugenden von Aristoteles (Aristoteles, 1985) und den alltagspsychologischen Interpretationen der fünf Sinne mit den entsprechenden Emotionen (Kolb, 2017a) verknüpft sind. Wenn man die historischen Daten des Hinduismus (Küng & von Stietencron, 1984), des Buddhismus (Küng & Bechert, 1984) und der chinesischen Religionen des Konfuzius und des Taoismus (Küng & Ching, 1988) heranzieht, dürfte es nach den bisherigen Ausführungen relativ leicht gelingen, dies zu bewerkstelligen, sodass ich diese Thematik nur streifen und nicht so ausführlich behandeln will wie im vorigen Kapitel. Mein Hauptaugenmerk liegt bei den mystischen (Hinduismus und teilweise Buddhismus) und den Weisheitsreligionen (Konfuzianismus, Taoismus und teilweise Buddhismus) auf anderen spezifischeren Themen, die das Verständnis dieser für unseren Kulturkreis fremden Religionen fördern sollen.

7.1.   Der Hinduismus

Der Hinduismus ist keine einzelne Religion, sondern das Kollektiv aller aus Indien stammenden Religionen mit

Ausnahme des Buddhismus und des Jainismus, die sich allerdings aus hinduistischen Religionen entwickelt haben. All diesen Religionen ist gemeinsam, dass sie mystische Religionen sind, d.h. dass es zur allgemeinen religiösen Praxis gehört, sich um mystische Erfahrungen zu bemühen. Daraus ergeben sich Fragen über das Mystische, nämlich was eine mystische Erfahrung ist, ob es nicht-religiöse mystische Erfahrungen gibt, und ob alle mystischen Erfahrungen gleich sind oder je nach Religion differenziert werden müssen.

Küng (Küng & von Stietencron, 1984) antwortet darauf, dass eine mystische Erfahrung allgemein eine „unmittelbar-intuitive Einheitserfahrung" sei, die auch durch Drogen herbeigeführt werden kann. Um religiöse mystische Erfahrungen von anderen zu unterscheiden, muss man sich klarmachen, was religiös bedeuten soll, und hier definiert Küng Religion als „die vielschichtige Realisierung einer Beziehung zu etwas, was den Menschen und seine Welt umgreift: zu einer wie immer zu verstehenden allerletzten Wirklichkeit, einem Absoluten (Gott, Brahman, Dharma, Leerheit, Nirvana)" (ebenda, S. 66 f., siehe auch meine Definition von Religion auf Seite 28). Von daher ist es klar, dass es auch nicht-religiöse mystische Erfahrungen (z.B. durch Drogen) gibt, und da jede Erfahrung davon geprägt ist, wo sie herkommt, muss man sie auch danach differenzieren, von welchem religiösen oder nicht-religiösen Hintergrund sie kommt. Eine Rolle spielen dabei also die durch religiöse oder nicht-religiöse Rede und Praxis vermittelte allgemeine religiöse oder nicht-religiöse Haltung, wie sie in der religiösen oder nicht-religiösen Gemeinschaft herrscht, aus der der Betreffende herkommt, die individuelle religiöse oder nicht-religiöse Einstellung, die der einzelne im Begreifen der religiösen oder nicht-religiösen Rede und Praxis für sich vornimmt, womit er von daher rechnet, auf was er zukommen kann, und die spezifische religiöse oder nicht-religiöse Stimmung, in der er sich momentan gerade befindet und die sich in der eigenen religiösen oder nicht-religiösen Rede und Praxis ausdrückt. Diese drei Momente bilden eine Disposition, von der es abhängt, ob und was für eine mystische Erfahrung jemand macht. Was die genaue Definition und den Zusammenhang von Haltung, Einstellung, Stimmung und Disposition betrifft, so verweise ich hier auf das 1. Kapitel von „Liebe, Macht und Sexualität" (Kolb, 2017c).

Mystische Erfahrungen kann man auch als Resonanzerfahrungen bezeichnen, bei denen wir eine derart starke Resonanz empfinden, dass wir das Gefühl haben, mit etwas Übermächtigem in Kontakt geraten zu sein. Da wir uns dabei und danach gekräftigt und in ausgezeichneter Stimmung fühlen, assoziieren wir das, was uns da berührt hat (Kontakt kommt von lateinisch „contangere", sich berühren), mit etwas absolut Gutem, mit einer Höheren Macht bzw. mit Gott, wie wir ihn jeweils verstehen (ich verwende hier die Formulierung der Anonymen Alkoholiker, die sich als spirituell bezeichnen, aber sich nicht religiös gebunden fühlen). Je weiter wir unsere Liebesfähigkeit entwickelt haben, desto mehr Resonanz und desto stärkere mystische Erfahrungen können wir vertragen.

Dazu gibt es eine anschauliche Geschichte von den vier Rabbinern, die ich bei Clarissa Pinkola Estés gefunden habe (Estés, 1997): Nach einem tiefgreifenden mystischen Erlebnis, welches vier Rabbiner gemeinsam erlebt hatten, wurde der erste verrückt, der zweite verleugnete, was er gesehen hatte, dass alles nur ein Traum gewesen sei, der dritte wurde Fanatiker und stritt mit allen Gelehrten über die Bedeutung seiner Erfahrung, und nur der vierte konnte sein Glück ertragen, wurde Dichter und verfasste ein Dankeslied nach dem anderen über Alltägliches.

Mystische Erfahrungen finden zwar in der Kontemplation statt oder zumindest dann, wenn wir aus dem Kontakt mit unserer Umwelt herausgerissen werden, und wenn unsere Sinne dadurch ganz auf uns selbst gerichtet sind, aber sie wirken sich im tätigen Leben aus, indem sie unser Erkennen und unser Beurteilen beeinflussen, insbesondere von was wir uns affizieren bzw. anmachen und wovon wir uns ergreifen lassen, sodass auch unsere praktisch-ethischen Entscheidungen davon verändert werden können.

Da es schwierig ist, von der Intensität her zu unterscheiden, wann eine Resonanzerfahrung mystisch ist und wann nicht, möchte ich vorschlagen, eine solche Erfahrung dann mystisch zu nennen, wenn unsere Liebesfähigkeit sich dadurch weiterentwickelt, denn in gewisser Weise ist die Entwicklung hin zur vollkommenen Liebe schon etwas mysteriös[1]. Damit wäre der Zustand der vollkommenen Liebe die ultimative mystische Erfahrung, die nie mehr enden würde, eine Erfahrung, die natürlich nicht in dieser endlichen Welt stattfinden kann. Die vollkommene Liebe ist für uns unbegreiflich, auch wenn wir beliebig viele endliche Schritte in ihre Richtung erfassen können und dieser Zustand uns daher prinzipiell erschlossen ist. Trotzdem können wir ihn niemals im Leben begreifen. Allein dadurch ist die vollkommene Liebe für uns schon absolut geheimnisvoll und damit mystisch. Man mag mir hier vielleicht vorwerfen, ich würde den Begriff „mystisch" inflationär verwenden, denn jede Verliebtheit könnte dann z.B. mystisch sein. Dem kann ich nur entgegenhalten, dass es schon geheimnisvoll und mystisch ist, wenn eine Verliebtheit unsere Liebesfähigkeit fördert und weiterentwickelt. Salomons Hohelied der Liebe ist dafür ein Beispiel, denn die Liebe zu einer Frau hat hier Ausdruck und Weiterleitung zu etwas Höherem gefunden.

Wie wir im letzten Kapitel gesehen haben, tritt das Phänomen der Mystik besonders häufig auf der Entwicklungsebene des teleologischen Selbst mit der Emotion der Angst und dem Gegensatz kontinuierlich-diskontinuierlich auf und ist Voraussetzung für die Ebene des intentionalen Selbst mit der

---

[1] „Mystisch" und „mysteriös" kommen von griechisch „myein", sich schließen, wenn man z.B. Lippen und Augen verschließen soll bei den „Mysterien (= Geheimnissen) von Eleusis".

Emotion des Leids und dem Gegensatz linear-zirkulär. Wenn die Zustände aufgrund des entsprechenden Paradigmas auf der Entwicklungsstufe des teleologischen Selbst immer unerträglicher geworden sind, dann wenden sich immer mehr Menschen von der äußeren und schlimm empfundenen Welt ab, besinnen sich auf sich selbst und erleben dabei besonders stark die Getrenntheit von ihren Idealen, sie suchen nicht mehr nach Wasser in der äußeren Welt, sondern erleben den Durst ihrer Sehnsucht nach Allah wie der islamische Mystiker Rumi, oder sie machen die Erfahrung, dass Leid das schnellste Ross zu Gott ist, sodass sie eine Einheitserfahrung wie Meister Eckart machen. Es kommt dann zu verschiedenen Rückbesinnungen und einer neuen Entwicklungsstufe, bei der es um den Gegensatz linear-zirkulär, die Emotion des Leids und die Entwicklung des intentionalen Selbst geht. In Indien war dies das Zeitalter des Umbruchs von 600 bis 300 v. Chr. mit verschiedenen Reformversuchen, Gründungen von Mönchsorden (Buddhismus, Jainismus), die mittleren Upanishaden, der Beginn der Bhakti-Bewegung (Bhagavad Gita) und der zunehmenden Bedeutung der Volksreligionen.

Je nachdem, ob sich in einer derartigen Bewegung das Bestreben der Menschen mehr gradlinig nach außen auf die Welt hin oder mehr zirkulär auf einen selbst zurück richtet, werden diejenigen, die ein entsprechend eindrückliches mystisches Erlebnis haben, entweder zu Propheten, indem sie die Welt zu verändern suchen und andere auffordern mitzumachen, oder begründen bzw. stärken eine mystische Religion, indem sie ihre Jünger oder Anhänger generell dazu anregen, erst einmal innezuhalten und nicht in der Welt durch irgendwelche Handlungen etwas bewirken zu wollen, sondern bei sich selbst zu bleiben und analoge mystische Erfahrungen zu machen, bevor sie handeln, wenn überhaupt. Konkrete Handlungsempfehlungen, Gebote oder Verbote gelten daher als sinnlos. An dieser Stelle unterscheiden sich prophetische und mystische Religionen.

Albert Schweitzer sieht an dieser Stelle mehr den Gegensatz mystisch-doktrinär (Schweitzer, 2., überarbeitete
Auflage 2010), wobei er sich mehr auf die Weltanschauung als
auf die Religion bezieht. Allerdings können Propheten mitun-
ter auch doktrinär sein, sie verkünden dann eine Lehre (Doktrin). Dieser Gegensatz bedeutet, dass eine Weltanschauung genau dann mystisch ist, wenn sie aus eigenen „nicht-sinnlichen"
und sehr beeindruckenden Erfahrungen abgeleitet ist oder zumindest dadurch unterstützt wird, also z.B. bei bestimmten
Träumen oder Trance-Zuständen, die man dann mystische Erfahrungen nennt. Diese vermitteln den Eindruck, dass man
Teil eines Ganzen ist, weil man sich mit etwas Größerem und
Mächtigerem verbunden fühlt, was derart positive Empfindungen auslöst, dass eine Sehnsucht nach derartigen Erfahrungen
nicht mehr erlischt. „Nicht-sinnlich" bedeutet hier, dass die
Sinne nicht auf die Umwelt, sondern ganz auf einen selbst gerichtet sind. Insofern ist der Ausdruck „nicht-sinnlich" irrefüh-
rend. Im Gegensatz dazu besteht eine doktrinäre Weltanschauung in einer Vorstellung oder Theorie eines anderen Menschen, die mir als Lehre, als Doktrin, erst beigebracht werden
muss, die ich erst lernen muss, und die mir durch eigene mystische Erfahrungen nicht zugänglich wird. Prinzipiell ist jede
Weltanschauung erst einmal doktrinär. (Dass meine teleologische Weltanschauung, die auf das utopische Ziel der vollkommenen Liebe ausgerichtet ist, für jeden Menschen mystisch
werden kann, kann ich damit belegen, dass in jedem Menschen
das Streben nach vollkommener Liebe bezeugt ist und er oder
sie immer wieder aufgefordert wird, danach zu trachten (Kolb,
2017a, S. 125). Ferner habe ich hier am Ende des 3. Kapitels
(S. 59 ff.) eine Meditationsübung vorgeschlagen, die entsprechende mystische Erfahrungen vermitteln kann.) Auf den Unterschied zwischen der hinduistischen und unseren westlichen
Weltanschauungen gehe ich am Ende dieses Kapitels unter 7.4
genauer ein.

Je vollkommener der Gegensatz linear-zirkulär in einer Religionsgemeinschaft überwunden wird und somit prophetische und mystische Züge der betreffenden Religion sich entsprechend mischen, desto mehr ist die vollkommene Liebe erreicht. Wenn Muhammad sich als der letzte Prophet bezeichnet hat, vielleicht wollte er damit ausdrücken, dass dieser Gegensatz linear-zirkulär bzw. prophetisch-mystisch überwunden werden soll, damit die Liebe und Hingabe an Gott immer vollkommener werde. Schließlich bedeutet der Name Islam Hingabe an Gott. Dazu forderte Muhammad auf, als er zu seinen Anhängern sagte, dass sie sich zwar Muslime nennen würden, aber keine wären, weil sie sich nicht vollkommen an Gott hingeben würden.

Der Unterschied zwischen prophetischen und mystischen Religionen zeigt sich auch in den unterschiedlichen Vorstellungen von Erlösung: für denjenigen, der geradlinig um Fortschritt bemüht ist bei einer prophetischen Religion, für den ist Zeit ein Stressfaktor, sodass die Zeitlosigkeit der Ewigkeit Erlösung bedeutet. Entweder hat er oder sie es dann geschafft und hat die Erlösung erreicht bzw. aus Gnade bekommen oder bleibt auf ewig getrennt von Gott in der Verdammnis; dagegen ist für jemanden, der sich immer im Kreis dreht und einmal mit dem Absoluten in Einklang und einmal getrennt ist davon, für den ist das ständige In-den-Raum-Geworfen-Werden – hier passt auch der Reinkarnationsglaube dazu – und so mit dem Räumlichen Verhaftet-Sein eine Qual und daher die Raumlosigkeit des Nirvana die Erlösung. Hier zeigt sich, dass erst in der Überwindung des Gegensatzes von prophetischer und mystischer Religion die wahre Erlösung und Überwindung des Gegensatzes räumlich-zeitlich liegt, sodass dann die vollkommene Liebe erreicht wäre in Raum- und Zeitlosigkeit.

Es gibt viele Parallelen zwischen den hinduistischen Religionen und den abrahamischen: wie im Judentum setzt sich der Monotheismus erst im Königtum der Juden bzw. mit der frühen Philosophie der älteren Upanishaden mit dem einzigen Gott Brahman durch, der sich im persönlichen Atman des Menschen zeigt (ca. 850-500 v. Chr.). Ähnlich wie die Juden hatten damals die Arier im unteren Gangestal ein Reich gegründet, d.h. man befand sich wie das Judentum auf der Entwicklungsebene des teleologischen Selbst. Was uns Europäern bei den hinduistischen Religionen als Pan- oder Henotheismus (ein oberster Gott und mehrere andere Götter darunter) erscheint, ist trotzdem Monotheismus, der eine Gott (Vishnu, Shiva oder Shakti) zeigt sich nur in verschiedenen Erscheinungsformen. Ansonsten werden wie im Christentum viele Heilige, historische Persönlichkeiten oder mythische Gestalten (im Christentum etwa Christophorus oder der Drachentöter Georg), in Bildern und Statuen verehrt.

Auch bei der Heilslehre, auf welchen Wegen Menschen erlöst werden können, gibt es große Ähnlichkeiten: es gibt die Erlösung durch Wissen bzw. durch den Weg der Erkenntnis, oft verbunden mit der Forderung nach Askese, was „mehr mit dem griechisch-alexandrinischen Weg verglichen werden" (Küng & von Stietencron, 1984, S. 142) könnte; den „Weg des Handelns, der Taten, der Werke – sei es im Sinne von asketischen oder kultisch-rituellen Leistungen – [...] der römisch-katholische Weg" (ebenda, S. 141); und den „Weg der bedingungslosen Hingabe [...], des Vertrauens, des Glaubens, der Liebe [...] – Analogien mit dem augustinisch-lutherisch-reformatorischen Weg" (ebenda, S. 142) bieten sich hier an. Wie auch im Christentum mischen sich diese drei Wege, und hier wie dort gibt es die göttliche Gnade, welche Erkenntnis vermittelt, welche das Bemühen beim niemals vollkommenen Handeln akzeptiert und dabei die menschliche Liebe mit göttlicher beantwortet.

Der Weg der Erkenntnis, nach der man sich richten sollte (Gehorsam), hatte seine Blütezeit nach der Kanonisierung des Rigveda und im Zusammenhang mit den älteren Brahmana-Texten (ca. 1000-850 v. Chr.), als man sich auf der

Entwicklungsebene des sozialen Selbst befand mit dem Gegensatz objektiv-subjektiv und Emotionen der Wut (Schaffenswut bei der Kanonisierung und dem Text-Aufschreiben – wer hat Recht?). Der Weg des Handelns (im Hinduismus rituelles Handeln) wurde in der Zeit der Entwicklung des teleologischen Selbst propagiert (ca. 850-500 v. Chr.), was dazu passt, dass auf dieser Entwicklungsstufe mit dem Gegensatz kontinuierlich-diskontinuierlich Emotionen der Angst vorherrschen, denn dann gilt es zu handeln. Der Weg der Hingabe und Liebe begann mit der Bhakti-Bewegung (ca. 600-300 v. Chr.) auf der Entwicklungsstufe des intentionalen Selbst mit dem Gegensatz linear-zirkulär und Emotionen des Leids wegen der Getrenntheit von dem, was man liebte und dem man sich hingeben wollte.

Was bei den hinduistischen Religionen als Unterschied zur christlichen Religion am meisten ins Auge springt, ist das weitaus größere Gewicht an mythischen Erzählungen, wenn man beispielsweise die beiden Personen Krishna und Jesus vergleicht in ihrer jeweiligen Darstellung: „Jesus Christus ist nicht wie Krishna eine Verschmelzung aus verschiedenen mythischen und historischen Gestalten" (ebenda, S. 212), und „Jesus Christus ist nicht wie Krishna eine Offenbarung oder Inkarnation Gottes unter vielen" (ebenda, S. 213). Daher konnte „eine Menge von – zumindest vom ethischen Niveau der Bhagavadgita her gesehen – recht fragwürdigen Mythen sich mit der Gestalt Krishnas verbinden" (ebenda). Des Weiteren zeigen sich hier auch das zyklische Denken der Hindus, das Mystische ihrer Religion (siehe oben) und ihre Wiedergeburtslehre. Diese drei Punkte bedingen sich gegenseitig und machen den charakteristischen Unterschied zu prophetischen Religionen aus wie den drei abrahamischen. Insofern könnte man sie als die gemeinsame Substanz aller hinduistischen Religionen bezeichnen. Das Zyklische und Mystische der Wiedergeburtslehre könnte dem Trost für ein Getrennt-Sein dienen, sodass man spekulieren könnte, die in Indien einwandernden Arier trauerten irgendeinem Paradies nach, aus dem sie vertrieben worden waren. Das würde zumindest die gemeinsame Substanz aller Religionen der Arier erklären.

Die Wiedergeburtslehre, die von den Hindus immer als selbstverständlich angesehen worden war, wird heute oft damit begründet, dass die Unterschiede zwischen den Menschen als Konsequenzen von guten und schlechten Taten in früheren Leben gesehen werden, sodass das Bild einer gerechten Welt aufrechterhalten werden kann. Auch in der Vorwärtsschau wird argumentiert, dass jeder Mensch in weiteren Leben immer neue Gelegenheiten erhält, sich weiter zu entwickeln, um schließlich erlöst zu werden. Küng argumentiert hier ganz richtig, dass derartige Spekulationen (wissen können wir ja nichts darüber) unnötig sind, denn die in dem Bild einer gerechten Welt enthaltene Antwort auf die Theodizee-Frage, wieso Gott Ungerechtigkeiten zulässt, obwohl er gütig und allmächtig ist, wird auf diese Weise nur auf den Anfang verschoben, wieso Gott im ersten Leben eines bestimmten Menschen es zugelassen hat, dass dieser ungerecht gehandelt hat oder behandelt wurde. Bezüglich der neuen Gelegenheiten, sich zu entwickeln, ist zu entgegnen, dass wir Menschen unendlich viele Leben bräuchten, um schließlich erlöst zu werden, da wir im Vergleich zu Gott absolut unvollkommen sind. Nur durch Gottes Gnade können wir erlöst werden, und Gott braucht dafür nur ein einziges Leben, selbst wenn es nur den Bruchteil einer Sekunde dauern würde, was für uns ja absolut unvorstellbar ist. Auf die Theodizee-Frage werde ich weiter unten im 11. Kapitel eingehen.

7.2.   Der Buddhismus

Der Buddhismus fällt insofern etwas aus dem Rahmen der bisher betrachteten Religionen, weil er zumindest in seinen

Anfängen die Frage nach Gott ausklammert, keinerlei Glauben verlangt, keine prophetische Religion ist und sich selbst in diesem Sinne gar nicht als Religion sondern mehr als Philosophie versteht, obwohl er zum einen nicht die ganze Welt erklärt und erklären will, sodass er in dieser Hinsicht weniger als Philosophie ist, und zum andern eine Heilslehre ist, einen Heilsweg empfiehlt und damit über das rein Philosophische hinausgeht. Angesichts dieser Eigenarten drängt sich mir der Eindruck auf, dass im Buddhismus schon von vorneherein dieses Paradigma des Wohlwollens bestand, wie ich es als ideale Lösung der drei abrahamischen Religionen in der von Küng in seinen drei Büchern über Judentum, Christentum und Islam bezeichneten Postmoderne beschrieben habe. Dadurch konnten und können im Buddhismus so viele verschiedene religiöse Praktiken und Richtungen nebeneinander existieren. Buddha soll ja auch einem gerade bekehrten Anhänger davon abgeraten haben, jainistischen Bettelmönchen nichts mehr zu geben.

Allerdings scheint mir das Ideal des Wohlwollens innerhalb des gesamten Buddhismus noch nicht ganz im Sinne seines Gründers verwirklicht, hier kann an gegenseitiger Toleranz z.B. noch viel gearbeitet werden. Was das betrifft, so haben natürlich alle Religionen und alle Menschen immer noch viel zu lernen, aber genau darum geht es, wenn wir „guten Willens" sein und „Frieden auf Erden" erreichen wollen. Hier ist der Buddhismus derselben Meinung wie Muhammad, der auch verkündet hat, dass niemand zum Islam gezwungen werden soll – ganz im Gegensatz übrigens zu Augustinus (siehe oben).

Zunächst möchte ich mich darauf konzentrieren, was es für Gemeinsamkeiten zwischen den abrahamischen Religionen und dem Buddhismus gibt: als erstes springt ins Auge, dass alle vier Religionen sogenannte Stiftsreligionen sind, von einzelnen Vermittlern „gestiftet", nämlich von Moses, Jesus, Muhammad und Buddha, wobei alle vier einen ähnlichen Prozess durchlebt haben, wie ich im 4. Kapitel geschildert habe, angefangen von gesellschaftlichen Missständen, mit denen sie konfrontiert waren, Widerständen und Sich-Gedrängt-Fühlen, etwas zu tun, bis hin zur Verkündigung ihrer Heilslehre und entsprechender Heilswege. Insofern sind diese Religionen grundsätzlich erst einmal nur verstehbar aus der historischen Situation ihrer Entstehung und der persönlichen Lage ihrer Stifter, wie bereits im 4. Kapitel dargelegt.

Weitere Gemeinsamkeiten werden erkennbar, wenn man die „Vier heiligen Wahrheiten" der ersten Lehrrede von Buddha, der „Predigt von Benares" mit Lehrinhalten der abrahamischen Religionen vergleicht. Die erste „Wahrheit" lautet: „Alles Bedingte ist Leiden", oder „die »drei Merkmale« des Daseins seien: Alles ist leidvoll, alles ist vergänglich, alles ist »nicht das Selbst«" (Küng & Bechert, 1984, S. 30). Dasselbe nur etwas mythenhafter ausgedrückt findet sich bei den abrahamischen Religionen im Bild der Vertreibung aus dem Paradies. Seitdem herrscht das Leid des Getrenntseins vom Paradies, alles ist mühsam, weil alles vergänglich ist und man immer wieder von vorne anfangen muss, und aufgrund der Vertreibung hat man auch sich selbst verloren, hält sein Selbst für ein Ding, welches man schamhaft unter einem Feigenblatt verbirgt. Die zweite „Wahrheit" ist die „von der Entstehung des Leidens" („Leid hat eine Ursache"), die man mit der Geschichte des Sündenfalls vergleichen kann. Aus Platzgründen habe ich den expliziten Vergleich in das 9. Kapitel verschoben. Die dritte und vierte „Wahrheit" ist die von „der Aufhebung des Leidens" („Es gibt ein Ende des Leids") durch „restlose Abwendung vom Begehren" („Es gibt einen Weg zum Ende des Leids"), was ich beides in demselben Kapitel mit dem höchsten mosaischen Gebot vergleiche, nämlich: „du sollst den Herrn, deinen Gott, liebhaben von ganzem Herzen, von ganzer Seele, von allem Vermögen" (5. Moses, 6,5). Diese absolute Hinwendung zu Gott entspricht der restlosen Abwendung vom Begehren. Das Erkennen dieser „Wahrheiten" als erster Schritt und des Weiteren ein „sittliches Verhalten des Erlösungssuchenden" (Küng & Bechert, 1984, S. 33) dienen

der Beseitigung der „drei »unheilsamen« Grundursachen [...]
Gier, Hass und Verblendung" (ebenda). Bei Moses entspricht
dies der Anerkennung der Bibel und der Zehn Gebote, was ja
von allen drei abrahamischen Religionen akzeptiert ist. Wie im
9. Kapitel ebenfalls ausgeführt benötigt man für alle vier
„Wahrheiten" nicht eine Reinkarnationslehre, die von Takeuchi als „verfallende, d.h. existenzlos objektivierende Fassung
der Lehre" (Takeuchi, 2011, S. 405) bezeichnet wird. Wie man
an dieser Bemerkung von Takeuchi sehen kann, gehört die
Wiedergeburtslehre, die typisch für die hinduistischen Religionen ist, nicht zum wesentlichen Kern des Buddhismus, sondern nur die Erkenntnissuche für selbstbestimmtes Handeln,
ohne Leid zu vermehren. Die Wiedergeburtslehre passt auch
insofern nicht zum Buddhismus, weil sie als Begründung für
das Kastensystem dient, welches Buddha abgelehnt hat.

　　　Küng führt nun verschiedene Vergleiche über Ähnlichkeiten und Verschiedenheiten zwischen den beiden Personen
des Siddhartha Gautama und Jesus an (Küng & Bechert, 1984,
S. 63 ff.), die meiner Meinung nach im Wesentlichen auf die
teils ähnliche, teils unterschiedliche historische und persönliche Situation von beiden zurückgeführt werden können. Vom
Historischen finde ich dabei am wichtigsten, dass beide Leid
und Unterdrückung vieler Menschen erlebten, wobei Jesus aus
der unterdrückten Schicht kam und viel Mitgefühl und Liebe
mit diesen Menschen hatte, Siddhartha aber stammte aus der
unterdrückenden Kaste, wobei er sich zuerst für diese Menschen schämte, sich von ihnen löste und so schließlich alle
Menschen immer besser verstehen und lieben konnte. Ferner
kam Jesus aus einer prophetischen und Siddhartha aus einer
mystischen Religionstradition. Dabei überwanden beide die
jeweilige Einseitigkeit dieser Tradition, indem Jesus auch zum
Gebet als Kontemplation, also zu einer Art durchaus mystisch
zu nennenden Einswerdung mit Gott aufforderte (siehe Berg-
predigt), während Siddhartha nicht nur die Meditation sondern

auch das Handeln betonte und es auch heute im Zen-Buddhismus heißt, dass der durch Erkenntnis erwachte Mensch zurückkomme zum „wundersamen Wirken" in der wirklichen Welt (Tanabe, 2011a, S. 143), dass man nach dem Erwachen nicht in der Ruhe der wahren Leerheit verharren darf, sonst wird sie zu einem unechten Zustand, sonst sei es kein Zen sondern „Zen des toten Menschen" (Hisamatsu, 2011, S. 220). Es gibt im Buddhismus aber keine so konkreten Handlungsanweisungen wie z.B. die tätige Nächstenliebe im Christentum. Jeder soll selbst herausfinden, was zu tun ist, und es absichtslos tun. Hier gibt es wiederum eine Parallele zum Christentum, dass die linke Hand nicht wissen soll, was die rechte tut (siehe Matthäus 6, 3).

Auf den Unterschied zwischen den jeweiligen Erlösungsvorstellungen des „ewigen Lebens" im Christentum und dem Nirvana des Buddhismus, der auch den hinduistischen Religionen entnommen ist, habe ich schon hingewiesen: das eine ist Zeitlosigkeit, das andere Raumlosigkeit, wobei das Christentum mit Himmel und Hölle noch am Raumhaften festhält und im Buddhismus ein Buddha, ein Erleuchteter, der das Nirvana erreicht hat, durchaus noch Zeit in dieser Welt verbringen kann, d.h. im Nirvana gibt es für den Buddhismus noch etwas Zeithaftes. Wie oben beschrieben hängt dies mit dem Charakter der religiösen Tradition zusammen, mystische Religionen scheinen eher nach der Erlösung vom Räumlichen, vom Sich-Einlassen-Müssen zu streben und prophetische mehr nach der Erlösung vom Zeitlichen, hinter der Erlösung her zu hetzen (statt „das Zeitliche zu segnen").

Das Mönchstum, zentraler Punkt des Buddhismus, gibt es in recht ähnlicher Form im Judentum (Qumran), im Christentum und im Islam (Sufi-Orden), aber Jesus verlangte nur Gehorsam gegenüber Gott, er kam ja auch aus der Bevölkerungsschicht der Armen, da musste er nicht Verzicht und Armut predigen, er wollte im Gegenteil die Mühseligen und Beladenen erquicken. Dies brachte ihm damals sogar den Vorwurf ein, ein Fresser und Weinsäufer zu sein. Ich denke daher, dass Jesus sich mit seiner „frohen Botschaft" vor allem an die Armen und Unterdrückten wandte, während Gautama die Reichen und Mächtigen aufforderte, ihr beschämendes Verhalten einzustellen, ihr mächtiges Ego aufzugeben und sich von der von ihnen abhängigen und beherrschten Bevölkerung als Bettelmönche abhängig zu machen, eine Art Rollenumkehr, um die Erfahrung zu machen, wie leer und eitel alles Machtstreben ist. Die Lehre des Buddha wendet sich daher auch an den Einzelnen, da mächtige Menschen oft Alleinherrscher sind („Der Starke ist am mächtigsten allein." Schiller, Wilhelm Tell, 1. Aufzug, 3. Szene). Die Devas, die „Götter" sollten Menschen werden, Mitgefühl entwickeln und dadurch schließlich zur Erlösung gelangen. Die Adligen der damaligen Zeit haben sich gemäß hinduistischer Tradition zwar auch in manchen Fällen einer harten Askese unterzogen, wie Siddhartha dies anfänglich ebenfalls versuchte, dadurch wurde aber der Ich-Dünkel nur gestärkt, was für eine großartige Leistung man vollbracht hatte. Nachdem er sich so an den Rand des Todes gebracht hatte, empfand Siddhartha zum erstenmal wahrscheinlich Mitgefühl mit und Liebe zu sich selbst und dann auch anderen gegenüber, sodass er zu der wichtigsten Erkenntnis seines Lebens kam, dass alles nichts wert ist, wenn man kein Mitgefühl hat. Insofern ist dies dieselbe Einsicht, die auch Paulus hatte, als er meinte, dass alles Wissen, Können und Tun vollkommen hohl sei, wenn man keine Liebe habe (vergleiche Paulus, 1. Korinther 13, 1-13, „Das Hohelied der Liebe").

Wie im Christentum kommt es in dem Moment zu einem Paradigmenwechsel bzw. zu einem Sprung auf die nächste Entwicklungsebene, als der Buddhismus unter König Ashoka zur Staatsreligion wird, im Christentum entspricht dies der konstantinischen Wende. Von der Stufe des physischen Selbst mit dem zu beherrschenden Gegensatz aktiv-passiv gelangt der Buddhismus auf die Stufe des sozialen Selbst mit dem entsprechenden Gegensatz objektiv-subjektiv und wird zu einer Massenreligion, dem sogenannten Pali- oder Theravada-Buddhismus. Dabei steigt er sozusagen herab von einer Religion für eine Elite, während das Christentum mit Konstantin in diesem Sinne aufsteigt von einer Religion der Unterprivilegierten. Während das Mönchstum für den Buddhismus als Elitereligion zentral war, wird dies im Christentum erst in dem Augenblick relevant, als es eine im Luxus schwelgende Oberschicht in der Christenheit gibt. Damals wurde auch von den Mönchen der Ruf laut, dass der Klerus, die christliche Oberschicht gewisse Mönchsregeln einhalten sollte, z.B. den Zölibat. Schon Jesus warnte vor einem Machtmissbrauch, als er das Gleichnis vom Knecht erzählt, dessen Schulden erlassen wurden und der daraufhin über einen seiner Schuldner herfällt (Matthäus, 18, 21-35). Während Jesus sich an die Unterdrückten, die Knechte wendet, die keinen Machtmissbrauch ausüben sollen, wenn sie irgendwann einmal aufsteigen, predigt Siddhartha den Unterdrückern, dass sie ihre Macht abgeben und die andere Seite kennenlernen sollen. Letztlich ist die gemeinsame Botschaft von Christentum und Buddhismus bezüglich Machtausübung dieselbe, nämlich dass, wer der erste sein will, allen anderen dienen soll.

Aufgrund der Spannungen zwischen Mönchstum und Laienschaft, dass nur wenige „mit dem Wagen über den Fluss des Leidens zum anderen Ufer des Nirvana bzw. der Erlösung" gelangen, entwickelte sich vom 1. bis zum 5. Jahrhundert n. Chr. der „große Wagen", das Mahayana, wodurch viele Menschen erlöst werden können. Wie im Christentum beim Übergang zum römisch-katholischen Paradigma des Mittelalters kommt es zu einer neuen Entwicklungsstufe, nämlich der des teleologischen Selbst des Buddhismus mit dem Thema des Gegensatzes kontinuierlich-diskontinuierlich und der Emotion der Angst, mit der man umgehen lernen muss: wegen der Befürchtung, dass die buddhistische Bewegung diskontinuier-

lich abbrechen könnte, suchte man eine kontinuierliche Verbindung zwischen Mönchen und Laien, sodass beide gleichermaßen zur Erleuchtung kommen können, und entwickelte die
neuen Lehrtexte des Mahayana, die man aber der Kontinuität
wegen als von Buddha überliefert bezeichnete. Ähnlich wie im
Christentum, als man die Germanen mit ihrer besonderen
Frömmigkeit und ihrem Hang zur Magie irgendwie zum Christentum bekehren musste, wurden nun im Buddhismus verschiedene Volkskulte eingeführt, sodass ein diskontinuierli-
cher Bruch zur ursprünglichen Lehre Buddhas erwuchs, genauso wie zwischen dem römischen Katholizismus und der ursprünglichen Lehre Jesu eine Kluft entstanden war. Eine weitere Ähnlichkeit zwischen der historischen Entwicklung des
Christentums und des Buddhismus besteht darin, dass so, wie
das Christentum durch Mönche bis nach England ausgebreitet
wurde, der Buddhismus durch seine Mönche in ganz Asien bis
nach Japan Verbreitung fand. Auf der einen Seite hatte das
Mönchstum in Indien an Macht und Einfluss verloren, durch
die Gründung von Klöstern in ganz Asien aber wieder außerhalb Indiens gewonnen, und dadurch, dass die neuen Lehren
gleich schriftlich fixiert wurden, konnte man in der Fremde die
Menschen besser darüber hinwegtäuschen, dass sie nicht au-
thentisch von Buddha waren. Das erinnert an die kirchlichen
Fälschungen von Dokumenten im Mittelalter (z.B. die pseudoisidorischen Dekretale, siehe oben 6.3).

In dieser Epoche des teleologischen Selbst gibt es auch
im Buddhismus einen Philosophen, der Thomas von Aquin
entspricht, nämlich Nagarjuna (um 200 n. Chr.). Wie Thomas
brachte er die Vernunft stärker ins Spiel, eine neue Methodik
des Argumentierens (den Urteilsvierkant, catuṣkoṭi) und eine
neue Art der Dialektik, bei der er die Leere einführte: wenn
uns etwas als Stein erscheint, aber tatsächlich ein Schwamm
ist, dann ist etwas anders, als es erscheint, und wir haben die
Dialektik der Griechen. Wenn uns etwas als Raupe erscheint,
aber nach einer gewissen Zeit zum Schmetterling wird, dann

ist es sowohl eine Raupe als auch ein Schmetterling, aus Sein und aus Nicht-Sein wird Werden – das ist die Dialektik von Hegel.

Um die Dialektik von Nagarjuna zu veranschaulichen, möchte ich folgende Geschichte anführen, die allerdings aus dem Taoismus kommt: Einem Bauern läuft sein Pferd davon in die Wildnis. „Was für ein Pech!", sagen die Leute. Der Bauer zuckt mit den Achseln: „Glück, Pech, wer weiß!" Einen Tag später kommt das Pferd zurück, und drei Wildpferde folgen ihm. „Was für ein Glück!", sagen die Leute. Der Bauer zuckt mit den Achseln: „Glück, Pech, wer weiß!" Wieder einen Tag später versucht der Sohn des Bauern eines der Wildpferde zu zähmen, wird aber abgeworfen und bricht sich das Bein. „Was für ein Pech!", sagen die Leute. Der Bauer zuckt mit den Achseln: „Glück, Pech, wer weiß!" Wieder einen Tag später kommen die Boten des Königs, der Krieg führen will, und alle jungen Männer des Dorfes müssen zu den Soldaten bis auf einen. „Was für ein Glück!", sagen die Leute. Der Bauer zuckt mit den Achseln: „Glück, Pech, wer weiß!" Und so könnte man immer weitererzählen, d. h. die Situation, ihre Möglichkeiten und ihre Bedingtheiten sind immer wieder anders erschlossen, einmal als Pech und einmal als Glück bzw. sowohl als Pech als auch als Glück oder auch weder als Pech noch als Glück, und dieses Sowohl-Als-Auch zusammen mit Weder-Noch kennzeichnet die Dialektik Nagarjunas. Im Stil von Heidegger (Heidegger, 2006) könnte man sagen: Nur der Bauer selbst hält sich in einem freien, zuvor unbestimmten, aber der Bestimmbarkeit offenen Sich-Entschließen. Er versteift sich nicht auf die Situation, sondern versteht, dass der Entschluss seinem eigenen Erschließungssinn nach frei und offen gehalten werden muss für die jeweilige faktische Möglichkeit, die sich noch ergeben oder die er selbst noch herbeiführen kann. Die Gewissheit des Entschlusses bedeutet also ein Sich-frei-halten für seine mögliche und je nachdem not-

wendige Zurücknahme. Nagarjuna, der alles zurücknimmt, sogar das Weder-Noch, bezeichnet dies als Leere. Die Unterschiede erscheinen in einem immer klareren Licht, sodass man
von Erleuchtung sprechen kann, psychologisch herrscht Freiheit, und vom Verhalten der Welt gegenüber besteht Offenheit
für alle Beziehungen und die Bezogenheit aufeinander. Für irgendwelche Absolutheitsansprüche gibt es dabei keinen Platz
mehr, es gibt nur noch *ein* Absolutes, ein absolutes Nichts, die
Leere.

Bezüglich des Erkennens ging es den Griechen um eine
statische Welt des Seins und des Scheins, bei Hegel um eine
sich entwickelnde Welt des Werdens und bei Nagarjuna um
eine Welt, die verbessert oder gar optimiert werden soll, was
für uns aber utopisch ist. In diesem Sinne ging es dabei um
etwas Absolutes, von allem Sein abgelöstes, nämlich *das* Optimum, und hier versagt unser Denken, hier finden wir nur
Antworten in der Leere der Versenkung, in der Meditation.
Hier geht es um Fragen, die mit unserer Vernunft nicht beantwortet werden können, bzw. die laut Buddha noch nicht einmal
vernünftig gestellt werden können. Man könnte auch sagen,
dass derjenige, der fragt, ob Brot klug ist oder nicht, dumm wie
Brot ist.

Wenn es augenscheinlich etwas gibt, weil es uns gerade so erscheint, und wenn es dies augenscheinlich nicht gibt,
weil es nicht bleibt, und man es weder verbessern oder gar optimieren noch verschlechtern kann, dann ist es in dieser Hinsicht leer, weil es nur augenscheinlich ist und das Wesentliche,
z.B. wie es verbessert werden kann, für uns nicht erkannt werden kann. Daher hebelt Nagarjuna die Vernunft aus, indem er
feststellt, dass wir von der Vernunft her nur erkennen können,
was augenscheinlich ist, was also leer ist. Damit sind wir auf
die Kant'sche Frage zurückgeworfen, was wir denn erkennen
können – nur die Leere? Und was ist die Leere? Diese Art Rätsel werden dann später im Zen-Buddhismus in Japan, der von

Nagarjuna nachhaltig beeinflusst ist, Koan genannt und sollen in der Meditation bearbeitet werden.

Dieses Aushebeln der Vernunft bzw. diese „Selbstverbrennung des Denkens durch das Denkens selbst", wie Küng es nennt (Küng & Bechert, 1984, S. 148), führte im Buddhismus nicht wie die Verurteilung der Vernunft durch al-Gazzali im Islam zu einem Niedergang der Philosophie, denn diese wurde nicht durch Offenbarung „widerlegt" wie im Islam, sondern durch sich selbst relativiert, sodass eine Offenheit jenseits aller Rede und Praxis entstand, eine Entschlossenheit, nach Erkenntnis zu trachten, gepaart mit der Freiheit und Bereitschaft, jegliche Erkenntnis gegebenenfalls wieder zurückzunehmen, weil es keine absolute Erkenntnis gibt wegen der Bezogenheit von allem auf alles. Diese Lehre und Leere könne man nur in der Meditation bzw. im Akt des Schweigens begreifen. Solange man das Entstehen nur beschreibt, reicht die hegelsche Dialektik aus, will man aber eingreifen, was ja nur dem Zweck der Optimierung dienen kann und soll, dann ist man mit der Abhängigkeit bzw. der Bezogenheit von allem Entstehen konfrontiert, und hier stößt die hegelsche Dialektik an ihre Grenzen. Es ist dieselbe Grenze der Vernunft, die Kant dazu veranlasst hat, zwischen der reinen und der praktischen Vernunft streng zu unterscheiden. Diese Grenze, die erst durch die Erkenntnis der Bezogenheit bzw. der Relativität von allem sichtbar wird, entpuppt sich somit als ein Beziehungsproblem bzw. als das Beziehungsproblem, welches uns schon im 2. Kapitel begegnet ist, als es um die Einheit von vollkommener Gleichheit mit vollkommener Freiheit ging. Nicht durch den kategorischen Imperativ von Kant, sondern nur in der Utopie der vollkommenen Liebe kann dies nach meiner Daseinsanalyse gelöst werden. Will man also vernünftig tätig sein, so ist dies nur möglich im Streben nach vollkommener Liebe.

Wenn man die fünf Entwicklungsstufen des Selbst betrachtet, dann können wir auf den ersten vier noch Verbesse-

rungen hinbekommen, wenn auch mit steigendem Schwierig-
keitsgrad: auf der Ebene des physischen Selbst können wir mit
immer weniger Aufwand immer mehr Effekte erzielen, auf der
des sozialen Selbst können wir die Regeln unseres Zusammenlebens verbessern, auf der des teleologischen Selbst unsere Geschicklichkeit (z.B. im Umgang mit den Regeln) immer mehr
vervollkommnen und auf der des intentionalen Selbst immer
mehr oder besser unsere Ziele erreichen, die wir uns setzen.
Wenn es aber auf der Entwicklungsebene des repräsentationalen Selbst darum geht, welche Ziele am besten sind, die wir ja
nur aufgrund irgendwelcher Repräsentationen von der Welt,
also aufgrund unserer jeweiligen Weltanschauung wählen
können, dann stehen wir vor einem unüberschaubaren und damit unlösbaren Problem. Wir müssten dann nämlich diese
Ziele und unsere Ergriffenheit von ihnen, unser Begehren bewerten. Aber was sind die optimalen Kriterien für derartige
Werturteile? Hier kommt dann der ernüchternde Urteilsvierkant von Nagarjuna und macht uns klar, was schon Buddha in
seiner vierten „heiligen Wahrheit" verkündet hat, dass wir uns
von unserem Begehren restlos abwenden müssen, alles absolut
wertfrei betrachten sollen in der Versenkung der Meditation,
bis wir das Optimum, das Absolute, welches nicht ausdrückbar
und in diesem Sinne leer ist, erkannt haben bzw. restlos erkennen, dass wir es nicht erkennen können. Erst dann handeln wir
absichtslos.

In „Dasein, um zu lieben" (Kolb, 2017a) habe ich im 2.
Kapitel ausgeführt, dass wir, wenn wir uns immer mehr vervollkommnen wollen bzw. in Richtung vollkommener Liebe
gehen – also auch nach einem Optimum suchen –, nacheinander immer wieder unsere Daseinsaspekte Psyche, Geist und
Materie bejahen, verneinen und in der Bedeutungslosigkeit
versinken lassen, d.h. der Weg zum Optimum, zur vollkommenen Liebe ist sowohl die ständige bzw. absolute Akzeptanz
als auch die ständige bzw. absolute Negation als auch die ständige bzw. absolute Ignoranz unserer Daseinsaspekte und damit

unseres augenscheinlichen Daseins. Die ständige und absolute Akzeptanz bedeutet, dass wir aufgerufen sind, entschlossen nach Erkenntnis zu streben, die ständige und absolute Negation meint unsere Bereitschaft, jegliche Erkenntnis wieder zurückzunehmen, und die ständige und absolute Ignoranz heißt, dass es völlig normal und damit bedeutungslos ist, wenn wir uns irren. Als unendliche Folge aufgefasst ist der Weg zur Vollkommenheit für jeden Mathematiker divergent, es gibt keinen bestimmbaren Grenzwert. Ich denke, wenn man diese Divergenz Leere nennt, dann hat man die Leere von Nagarjuna, die als absolute Fülle zugleich bedeutungslos ist.

Zu dieser Leere hat jeder Mensch, der nach Vollkommenheit bzw. nach der vollkommenen Liebe strebt – und nach dem 3. Kapitel in „Dasein, um zu lieben" (ebenda) ist dieses Streben im Dasein bezeugt und findet immer wieder statt –, ein persönliches Verhältnis, was je nach Daseinsmodus unterschiedlich ausgeprägt ist als persönliche Beziehung im Modus des Genus zum Allgemeinen oder zu „Gott Vater", wie es im Christentum genannt wird, bzw. zur „Leerheit", wie es im Buddhismus heißt, zum Individuellen oder zu „Gott Sohn" bzw. zum eigenen „Nirvana" im Modus des Individuums und zum Spezifischen oder zum „Heiligen Geist" bzw. zum „Dharma" (ewige Heilswahrheit), der Kraft für alles Tun (siehe oben im 2. Kapitel) im Modus der Spezies.

Küng wendet nun den Urteilsvierkant von Nagarjuna auf das Absolute bzw. Gott an (Küng & Bechert, 1984, S. 159 ff.) und zeigt auf, dass Gott

- nicht personal,
- nicht apersonal,
- nicht sowohl personal als auch apersonal,
- nicht weder personal noch apersonal ist,

sondern höchstens „transpersonal" genannt werden kann, da das einzelne Dasein eine personale Beziehung zu ihm hat. Entsprechend kann man alle Gegensätze auf das Absolute bzw. Gott anwenden und aufzeigen: „Das Absolute umfasst und

sprengt doch beides zugleich." (ebenda, S. 161) Insbesondere
trifft dies auch auf die fünf Gegensätze nach Nishida zu, die
ich den fünf Entwicklungsstufen des Selbst zugeordnet habe:
 – Ist Gott aktiv oder passiv?
 – Ist Gott objektiv oder subjektiv?
 – Bleibt Gott kontinuierlich bei etwas oder ist er diskon-
   tinuierlich und sprunghaft?
 – Geht Gott geradlinig vor (linear) oder beginnt er immer
   wieder von vorne (zirkulär)?
 – Orientiert sich Gott mehr räumlich oder mehr zeitlich?
Entsprechend könnte man auch fragen, ob Gott männlich oder
weiblich ist.

Das Streben nach Vollkommenheit bzw. nach vollkommener Liebe findet nach dem 3. Kapitel in „Dasein, um zu
lieben" (ebenda) in der Weise statt, dass alle Gegensätzlichkeiten immer mehr aufgelöst (negiert), umgriffen (angenommen) und überwunden (bedeutungslos) werden. In der vollkommenen Liebe bzw. in der Absolutheit der Vollkommenheit
oder in Gott müsste dann aufgrund des Auflösens eine absolute
Leere, aufgrund des Umgreifens eine absolute Fülle und aufgrund des Überwindens eine absolute Bedeutungslosigkeit erreicht sein. Dazu passt die Aussage von Nicolaus Cusanus,
dass in Gott alle Gegensätze ineinander fallen („Coincidentia
oppositorum").

Der Verdienst Nagarjunas für den Buddhismus bestand
darin, dass er die verschiedenen Richtungen des Mahayana-
Buddhismus geeint hat, die sich damals ideologisch bekämpf-
ten und z.B. darum stritten, ob es etwas gibt, was schon immer
existiert hat, oder ob nichts existiert. Er „vertritt in bewusstem
Anschluss an den Buddha programmatisch einen »mittleren
Weg« (= Madhyamika)" (Küng & Bechert, 1984, S. 148). Obwohl der Buddhismus in Indien in dieser Entwicklungsphase
des teleologischen Selbst eine große Kunstfertigkeit im Argu-
mentieren entwickelte, wurde er immer anfälliger, weil er sich
dabei immer mehr von den Laien bzw. vom Volk entfernte und

als Religion praktisch nur noch in den Klöstern existierte. Daher wurde er im Norden Indiens vollkommen ausgelöscht, als der Islam vom 11. bis 13. Jahrhundert Indien eroberte, alle Klöster zerstörte und die Mönche ins Exil flohen. Wir haben hier eine ähnliche Entwicklung wie im Judentum, als die jüdische Elite ins babylonische Exil ging, oder wie im Islam, als das abbasidische Kalifat unterging (siehe oben 6.1 und 6.2).

Ähnlich wie in den abrahamischen Religionen kommt es nun zu einer Rückbesinnung auf die Ursprünge des Buddhismus, zu einer Art Reformation im Exil, sodass man bei diesem Paradigmawechsel ebenfalls einen Übergang von der Entwicklungsebene des teleologischen Selbst auf die Ebene des intentionalen Selbst sprechen kann, denn wie bei jeder Art von Rückbesinnung, wenn man zurück zum Ursprung geht, um weiter nach vorne zu kommen, geht es um die Überwindung des Gegensatzes linear-zirkulär, und die grundlegende Empfindung in einer derartigen Situation ist die des Leids aufgrund des Getrenntseins vom gewünschten Optimum, von der Erlösung, von Gott, vom Paradies oder vom Nirvana bzw. vom ewigen Leben.

Die beiden Hauptbewegungen dieser Rückbesinnung entstanden in China: einmal der Chan-Buddhismus, der in Japan zum Zen-Buddhismus wurde, und zum andern der Amitabha-Buddhismus, obwohl sich beide Richtungen extrem unterscheiden:

Der Chan-Buddhismus besinnt sich zurück auf die ursprüngliche Lehre Buddhas, indem er das Meditieren in den Mittelpunkt seiner Religionspraxis stellt, Mythen und mystische Erfahrungen nicht beachtet und zu allen metaphysischen Fragen, ob es einen Gott gebe, wie die Erlösung aussehe usw., wie Buddha schweigt. Selbst zur Frage der Wiedergeburt bzw. der Reinkarnation wird nichts gesagt, und die „zweite heilige Wahrheit" von der Entstehung des Leids wird ohne Bezug darauf dargestellt (siehe unten im 9. Kapitel).

Der Amitabha-Buddhismus besinnt sich auf etwas ganz anderes zurück, nämlich auf die Gestalt und Person Buddhas, der die Heilslehre des Buddhismus als Gnade zu den Menschen gebracht habe. Ohne die Vermittlung Buddhas wären viele Menschen nicht zur Erkenntnis gekommen bzw. erlöst worden. Dieser Gedanke der Gnade wurde dann noch mythisch untermauert, indem man erzählte, Buddha habe in einem Vorleben geschworen, dass er, falls er erleuchtet und ins Nirwana kommen würde, nicht von der Erde weg gehen würde, sondern eine Art Zwischenbereich, ein „reines Land" erschaffen würde mit dem Karma seiner guten Taten, die er in der Zwischenzeit verüben wolle, und dann könne jeder nur aus der Kraft des Glaubens an Buddha in dieses Land gelangen, von welchem aus er dann auf relativ leichte Art und Weise ins Nirwana kommen könne. Dies erinnert sehr stark an die Rechtfertigung durch den Glauben und durch die Gnade Gottes im Christentum und auch daran, dass Verdienste auf andere übertragen werden können, das gute Karma von Buddha und, dass Jesus sich für uns geopfert hat.

In der Konfrontation des Buddhismus, um nur die Hauptströmungen Theravada, Mahayana, Amitabha- und Zen-Buddhismus zu nennen, mit der christlichen Kultur, die zuerst vor allem militärisch überlegen war, geriet der Buddhismus in eine Art Selbstwertkrise, durchaus vergleichbar mit einem etwa vierjährigen Kind, das seine Unzulänglichkeiten zu erkennen beginnt, bis vor allem im 20. Jahrhundert immer mehr westliche Intellektuelle begannen, verschiedene Bereiche des Buddhismus immer mehr wertzuschätzen. Mit neuem Selbstwertgefühl fingen die verschiedenen buddhistischen Richtungen immer mehr an, aufeinander zuzugehen und Dachorganisationen zu bilden, in denen die Eigenarten der verschiedenen Mitglieder vollkommen erhalten blieb, da man die Vorteile dieser Vorgehensweise und ihre Angemessenheit für die Unterschiede zwischen den Menschen erkannte und erhalten wollte. So beginnt auch im Buddhismus ein neues Paradigma

heranzureifen, welches anzeigt, dass wir hier ebenfalls die Entwicklungsstufe des repräsentationalen Selbst erreicht haben
mit dem zentralen Gegensatz räumlich-zeitlich und der grundlegenden Empfindung von Scham aufgrund entdeckter Unzulänglichkeiten, mit denen man immer besser umgehen will, um
diesen Gegensatz schließlich vollkommen zu begreifen, zu
umfassen, zu überwinden und irrelevant zu machen.

7.3.   Die chinesischen Religionen

Die chinesischen Religionen, von Küng als „drittes
großes Stromsystem" bezeichnet (Küng & Ching, 1988, S. 13),
wobei das erste das System das von Nil, Euphrat und Tigris,
das zweite das des Indus und das dritte das des Gelben Flusses
ist, sind weder prophetisch noch mystisch, sondern Weisheitsreligionen, in deren Zentrum und als Religionsstifter nicht eine
prophetische Gestalt steht (Moses, Jesus, Muhammad) oder
ein Mystiker (z.B. Mahavira, Buddha, Krishna), sondern ein
Weiser (Kung-Fu-Tse, Lao-Tse).
Bei der Betrachtung der frühgeschichtlichen Anfänge
Chinas fällt auf, dass weltliche und religiöse Macht nicht getrennt war, die Könige und Kaiser Chinas besaßen beides, sie
waren Gottes- bzw. Himmelssöhne und damit gottgleich. Weder in Indien noch in Babylon noch in Israel waren die Könige
Götter und wurden angebetet, König David wurde von den Ju-
den zwar auch Sohn Gottes genannt, damit war aber nur ge-
meint, dass er als Stellvertreter Gottes weltliche Macht von
Gott übertragen bekommen hatte. Selbst in Ägypten, wo der
Pharao als Gott verehrt wurde, gab es eine Priesterschaft als
Gegenmacht, sodass man auch hier von einer Trennung von
weltlicher und kirchlicher Macht sprechen kann, und als
Echnaton dies zu ändern versuchte, gelang ihm dies nur für

seine Regierungszeit, danach holte sich die ägyptische Priesterschaft die religiöse Macht wieder zurück. Vielleicht besteht
in China ein Zusammenhang zwischen der Einheit von religiöser und weltlicher Macht und der Auffälligkeit, dass die
„Weisen" (= Sheng) in China schon früh bedeutsam waren
(ebenda, S. 62). Ein Herrscher, der sowohl weltliches als auch
religiöses Oberhaupt war, musste wohl unbedingt weise sein.
Daraus folgt, dass moralische und politische Verantwortung in
China immer eine Einheit bildeten und der Konfuzianismus
ausdrücklich die Absetzung eines verantwortungslosen Herr-
schers empfahl. Der Mensch wurde auch „niemals dualistisch
gesehen, als Stoff und Geist, Körper und Seele" (ebenda, S.
103).

Während Propheten in die Zukunft schauen und Mystiker ganz mit dem Hier und Jetzt zu verschmelzen suchen, bli-
cken die Weisen zurück in die Vergangenheit und wollen das
bewahren oder wiederherstellen, was damals gut war und für
die Gegenwart wertvoll ist. So auch Kung-Fu-Tse, latinisiert
Konfuzius, für den Wu-Tai-Bo, ein sehr weiser und gerechter
Kaiser des „Goldenen Zeitalters" in der Zeit des „Alten Himmels", der ideale Herrscher war. Dass der Rückblick in die
Vergangenheit typisch für die chinesische Kultur ist, kann man
an vielen Dingen erkennen, nicht nur am Konfuzianismus und
am chinesischen Ahnenkult, sondern selbst bei Mao-Tse-
Tung, der z.B. nach eigener Aussage in seiner „Rede über Fragen der Philosophie" den mehr als 200 Jahre alten chinesischen Klassiker „Der Traum von der roten Kammer" fünf Mal
gelesen und ihn schließlich als Geschichtswerk betrachtet hat,
bei dem man nur dann Klarheit gewinnen könne, wenn man
ihn als Darstellung des Klassenkampfes erkenne. Das ist das
typisch Chinesische, etwas für einen Wertvolles, wie z.B. Dar-
stellungen des Klassenkampfes, in früheren Zeiten zu „entdecken" und zu benutzen.

Beim Konfuzianismus, den Julia Ching einen ethischen
Humanismus nennt (Küng & Ching, 1988, S. 93 ff.), findet

man ebenfalls die verschiedenen Entwicklungsstufen mit entsprechenden Paradigmenwechseln: Anfänglich wird diese Religion nur von den Schülern des Konfuzius weitergetragen – das entspricht der Ebene des physischen Selbst (die Jüngerschaft muss sich erst noch zahlenmäßig vergrößern und zu einer gesellschaftlichen Größe heranwachsen) mit der Gegensätzlichkeit aktiv-passiv, der dianoetischen Tugend des Verstandes (grundlegende Prinzipien) und der Freude der Schüler, diese für sie wertvollen Gedanken weiterzugeben. Dann werden diese Lehren von Menzius und Hsün-Tse kanonisiert und in eine geschlossene Form gebracht – hier haben wir die Ebene des sozialen Selbst mit der Gegensätzlichkeit objektiv-subjektiv, der dianoetischen Tugend der Wissenschaft (Wenn-Dann-Regeln) und dem Eifer bzw. der Schaffenswut, sich von anderen abzugrenzen und Irrlehren zu bekämpfen. Während der Han-Dynastie (206 v. Chr. – 220 n. Chr.) wird der Konfuzianismus zur Staatsreligion – damit ist die Ebene des teleologischen Selbst erreicht mit der Gegensätzlichkeit kontinuierlich-diskontinuierlich, der dianoetischen Tugend der Kunstfertigkeit und der Angst bzw. Befürchtung, die reine Lehre zu verlieren, wenn sie nicht von allen Beamten in- und auswendig gelernt wird (daher entsprechende Beamtenprüfungen). Aufgrund seiner Dekadenz zerfällt das chinesische Reich ähnlich wie das Königtum Israels im Judentum oder das abbasidische Kalifat im Islam und der Konfuzianismus gerät in die Krise, bis er im Neo-Konfuzianismus reformiert wird und man sich wieder auf die Ursprünge besinnt – das entspricht der Ebene des intentionalen Selbst mit der Gegensätzlichkeit linear-zirkulär, der dianoetischen Tugend der Klugheit (kluges Erreichen von Zielen) und des Leidens daran, von der wahren Menschlichkeit getrennt zu sein. Heute ist der Konfuzianismus nach der Unterdrückung durch den Kommunismus aufgefordert, seine humanistischen Ziele neu zu überdenken und in Dialog darüber zu treten mit anderen religiösen Richtungen –

dies ist die Ebene des repräsentationalen Selbst mit der Gegensätzlichkeit räumlich-zeitlich, der dianoetischen Tugend der
Weisheit (eigene Unzulänglichkeiten mit einzubeziehen) und
der Scham bzw. dem bescheidenen In-sich-Gehen, dass man
das gegenseitige Wohlwollen von anderen braucht, um sich
immer weiter zu entwickeln und mit den eigenen Unzulänglichkeiten immer besser umgehen zu können.

Der Wesenskern der Lehre des Konfuzius, der sich in
allen Entwicklungsphasen finden lässt, ist der Appell an die
Menschlichkeit, die sich in den konkreten zwischenmenschlichen Beziehungen zeigen soll und muss. Dabei ist einerseits
Ordnung wichtig, denn nur so kann Freiheit entstehen, andererseits soll man darin nicht aufgehen. So zumindest lässt sich
eine Textstelle der „Gespräche" (Lun Yu, das sind Analekten,
also Aussprüche in Dialogform) verstehen, als Konfuzius ge-
fragt wird, was Weisheit sei. Er antwortet darauf nämlich:
„Seiner Pflicht gegen die Menschen sich weihen, Dämonen
und Götter [(die Geister)] ehren und ihnen fernbleiben [alter-
native Übersetzung: aber nicht darin aufgehen], das mag man
Weisheit nennen" (Küng & Ching, 1988, S. 138). Den Göttern
und Dämonen fernzubleiben, kann auch bedeuten, dass man
sich nicht für göttlich und damit für unfehlbar hält. Ordnung
und Regeln sind menschlich und können daher niemals Allge-
meingeltung oder Vollkommenheit beanspruchen. Was dem
Konfuzianismus immer wieder vorgeworfen wird und deswegen er sich auch oft von Herrschern zur Unterdrückung und
Ausbeutung hat missbrauchen lassen, ist seine starke Beto-
nung hierarchischer Ordnung in zwischenmenschlichen Beziehungen, wozu auch die Abwertung der Frauen gehört. Dass
dies nicht zum Wesenskern gehört, dafür spricht zum einen
obiges Zitat und zum anderen, dass Konfuzius sich immer auf
konkrete Menschen bezogen hat und z.B. zwei unterschiedlichen Schülern entgegengesetzte Anweisungen bei demselben
Anliegen gegeben hat (ob sie heiraten sollten). Dass er die
Ordnung so stark betonte, lag an der historischen Situation, in

der er lebte, die nämlich von Unruhe, Chaos und Kriegen gekennzeichnet war.

Der religiösen (man diente dabei dem „Himmel") Gesellschaftslehre des Konfuzius steht die individuelle Heilslehre des Taoismus gegenüber, die in etwa zur selben Zeit entstanden ist und die sich mehr um das leibliche Wohl der Menschen gekümmert und wesentlich zur Entwicklung der traditionellen chinesischen Medizin beigetragen hat. Der Konfuzianismus beschäftigte sich vor allem mit den zwischenmenschlichen Beziehungen, also mit dem Daseinsmodus des Genus, und stellte der menschlichen Gemeinschaft den Geist des „Himmels" bzw. den Daseinsaspekt des Ideal-Geistigen, den Aspekt der Rückkehr zur vollkommenen Liebe gegenüber, während der Taoismus sich tendenziell von der Gesellschaft und vor allem von den Herrschenden zurückzog und sich auf den einzelnen konzentrierte, also auf den Daseinsmodus des Individuums, und gab den Menschen Trost und Unterstützung im Körperlich-Materiellen, in Bezug auf den Aspekt der Entfremdung von der vollkommenen Liebe, um Gegensätze zu überwinden oder zumindest immer besser mit ihnen umgehen zu können.

Im Taoismus versucht man vom Menschen ein ganzheitliches Verständnis zu bekommen – ein ganzheitliches Selbstverständnis ist ja auch das Ideal des menschlichen Daseins im Modus des Individuums –, sodass die Heilung von Krankheiten immer auch psychotherapeutische Prozesse mit einbezieht. Von daher ist auch die Integration der sogenannten Volksreligion im Taoismus zu verstehen: aus psychotherapeutischer Sicht sind Rituale und Kulthandlungen als Traumabehandlungen zu sehen, so sind sie wahrscheinlich auch entstanden. Der Widerstand gegenüber der Abschaffung von Volksreligionen lässt sich daher so erklären: er wird als Widerstand gegen eine Retraumatisierung nur allzu verständlich und sinnvoll. Bei schwer oder mehrfach Traumatisierten versucht man in der Traumatherapie heute nicht mehr, Traumata zu verarbeiten, sondern man hilft den Betroffenen, sich davon zu distanzieren, indem man mit ihnen bestimmte Rituale und Vorstellungen einübt, z.B. dass sie ihre Traumata gut einpacken, in eine Kiste tun und diese Kiste in einem absolut sicheren Safe verstauen und mehrfach verschließen, wobei sie den Schlüssel an einem nur für sie zugänglichen Ort verwahren. In der modernen Psychotherapie gibt es viele Interventionen, die in ähnlicher Form in Volksreligionen ihren Platz als Rituale haben, z.B. als therapeutische Maßnahme das Aufschreiben von Eigenschaften, die man an sich selbst nicht mag, wobei man anschließend das Blatt Papier verbrennt. Im Vergleich dazu gibt es im Taoismus das Ritual, dass ein Kranker vor einer Behandlung in einem abgeschlossenen Raum seine Sünden aufschreiben und das Aufgeschriebene anschließend auf einem Berg vergraben soll.

Noch ein Wort zu den sogenannten Volksreligionen: Als Umgang mit traumatischen oder belastenden Erlebnissen dienen sie der Überwindung des Gegensatzes aktiv-passiv, denn ohne derartige rituelle Handlungen und Kulte würden die betroffenen Menschen von schlimmen Emotionen geplagt und würden entweder gar nicht oder kopflos handeln. Durch entsprechende Kulthandlungen können sie erst einmal beruhigt werden und schließlich zu sinnvolleren Aktivitäten kommen, also wachsen und reifen, was der Entwicklung des physischen Selbst entspricht.

Um das ganzheitliche Selbstverständnis des Daseins zu erreichen, strebten die Taoisten danach, möglichst alle Gegensätzlichkeiten, also das Körperlich-Materielle, zu überwinden. Als grundlegenden bzw. paradigmatischen Gegensatz benutzten sie dabei das Yin-Yang-Modell. Wie im 3. Kapitel von „Dasein, um zu lieben" beschrieben, entwickelt ein Kind immer mehr ein ganzheitliches Selbstverständnis, indem es auf den verschiedenen Entwicklungsebenen des Selbst immer besser lernt, mit den entsprechenden Gegensätzlichkeiten umzugehen (Kolb, 2017a). Im Modell der Taoisten wäre beim ersten

Gegensatz aktiv-passiv die Aktivität Yang und die Passivität Yin, entsprechend die Subjektivität bzw. das Auf-Sich-Bezogen-Sein Yang und die Objektivität bzw. das Auf-ein-Gegenüber-Bezogen-Sein Yin, die Diskontinuität als gewalttätiges und Angst erzeugendes Abbrechen Yang und die Kontinuität als beschützendes Aufrechterhalten Yin, das Lineare Yang und das Zirkuläre Yin, das Zeitliche bzw. die ausschließliche Konzentration auf die eigene Entwicklung in der Zeit Yang und das Räumliche bzw. die Rücksichtnahme auf den Raum anderer Yin. In diesem Sinne entspricht Yang dem von mir so bezeichneten männlichen Prinzip, erst sich selbst zu konsolidieren, bevor man anderen hilft, und Yin entsprechend dem weiblichen Prinzip, erst die anderen zu unterstützen, bevor man für sich selbst sorgt (ebenda).

Wenn man das Religionssystem bestehend aus Taoismus und Konfuzianismus im Zusammenhang mit dem Modell meiner Daseinsanalyse mit den drei Daseinsmodi und den drei Daseinsaspekten bzw. den drei Aspekten der vollkommenen Liebe betrachtet, dann fehlt noch eine religiöse Richtung, die sich mit dem Daseinsaspekt des Psychisch-Motivationalen bzw. mit dem dynamischen Aspekt der vollkommenen Liebe befasst und Anleitung zu autonomem, selbstbestimmtem Handeln gibt, wodurch niemandem Schaden entsteht oder Leid angetan wird. Da dies der Grundsubstanz des Buddhismus entspricht, konnte diese Lücke der von Indien importierte Buddhismus allmählich ausfüllen, er wuchs sozusagen in das chinesische Religionssystem bestehend aus Taoismus und Konfuzianismus immer mehr hinein. Zumindest den chinesischen Herrschern muss diese Lücke irgendwie klar gewesen sein, sonst hätte ein Kaiser der Han-Dynastie im ersten Jahrhundert n. Chr. nicht buddhistische Mönche ins Land eingeladen, um den Chinesen ihre Religion zu verkünden.

Dabei musste sich der Buddhismus entsprechend anpassen: Um nicht mit dem Ahnenkult der Chinesen in Konflikt zu geraten, konzentrierte man sich bei der Wiedergeburtslehre nur auf vergangene Leben, oder man ließ diese Lehre ganz weg. Gleichzeitig verwandelte sich der Buddhismus immer mehr von einer mystischen in eine Weisheitsreligion (mystische Erfahrungen werden als bedeutungslos oder im Zen, einer Weiterentwicklung des Chan-Buddhismus in Japan, sogar als Zen-Gestank abgetan) und passte daher auch in dieser Hinsicht immer mehr zu der chinesischen Kultur. Der seelisch-motivationale Aspekt des Daseins wurde besonders im Amitabha-Buddhismus in den Mittelpunkt gestellt, wobei sich hier die Wiedergeburtslehre auf die vergangenen Leben des Buddha konzentrierte; und eine Anleitung zu autonomem, kein Leid erzeugendes Handeln vermittelte der Chan-Buddhismus (vom indischen Wort „Dhyana", was Meditation, aber auch Brennen, Glühen bedeutet – bei der Meditation soll man äußerlich ruhig sein, aber innerlich brennen und glühen –, in Japan Zen-Buddhismus genannt), indem der jeweilige Meditationsmeister paradoxe Rätsel aufgab, die der Betreffende nur durch eigenständiges Denken und autonomes, kein Leid erzeugendes Handeln für sich lösen konnte. Trotz seines Namens, der das Meditieren betonte, war für den Chan-Buddhismus die Meditation nur Mittel zum Zweck, ohne entsprechendes Handeln nennt man eine solche Umgangsweise mit der Realität heute z.B. nicht Zen, sondern „Zen des toten Menschen" (Hisamatsu, 2011, S. 220). Im Zen-Buddhismus wird die Wiedergeburtslehre abgelehnt, Takeuchi etwa bezeichnet das Einbeziehen dieser Theorie als „verfallende, d.h. existenzlos objektivierende Fassung der Lehre" (Takeuchi, 2011, S. 405). Dass die beiden Richtungen des Amitabha- und des Chan-Buddhismus die beiden wichtigsten und von den Chinesen am besten angenommenen ausländischen Religionen geworden sind, erklärt sich meines Erachtens vor allem daraus, dass die von mir oben beschriebene Lücke durch diese beiden Formen des Buddhismus besonders gut ausgefüllt wurde.

Man könnte auch sagen, diese beiden Richtungen des Buddhismus vermitteln zwischen dem Konfuzianismus und dem Taoismus, genauso wie das autonome Handeln des Daseins im Modus der Spezies zwischen dem sozialen Miteinander und dem individuellen Selbstverständnis des einzelnen im Daseinsmodus des Individuums vermittelt oder der Aspekt des Psychisch-Motivationalen zwischen den beiden Aspekten des Geistig-Idealen und des Körperlich-Materiellen bzw. die Dynamik der vollkommenen Liebe zwischen den Aspekten der Rückkehr des Daseins zur vollkommenen Liebe und der Entfremdung des Daseins von der vollkommenen Liebe (Kolb, 2017a). Ferner vermitteln der Konfuzianismus und der Taoismus die beiden Formen des Buddhismus, genauso wie der Modus des Genus und der Modus des Individuums den Modus der Spezies vermitteln oder das Geistig-Ideale und das Körperlich-Materielle das Psychisch-Motivationale bzw. die Aspekte der Rückkehr des Daseins zur vollkommenen Liebe und der Entfremdung davon den Aspekt der Dynamik der vollkommenen Liebe (ebenda). Entsprechend kann man insgesamt zeigen, dass in diesem chinesischen Religionssystem zwischen den drei Religionen des Konfuzianismus, des Taoismus und des chinesischen Buddhismus eine absolute Vermittlung besteht, d.h. eine Religion vermittelt jeweils zwischen den beiden anderen, und diese vermitteln zusammen die erste Religion.

Wenn man nun den Gegensatz zwischen prophetischen und mystischen Religionen betrachtet, wie ich dies bereits auf Seite 150 getan habe, dann wird deutlich, dass eine Weisheitsreligion dazwischen vermitteln kann und umgekehrt Prophetisches und Mystisches das Weisheitliche. Dass zwischen diesen drei Eigenarten von Religionen ein absolut dialektisches Verhältnis besteht, kann man auch daran erkennen, dass das Weisheitliche auf die Vergangenheit bzw. die Herkunft bezogen ist, das Prophetische auf die Zukunft und das Mystische auf die Gegenwart bzw. die Ankunft.

Hans Küng stellt nun die Frage, wie das Christentum am besten mit dem chinesischen Religionssystem in Kontakt treten und in einen konstruktiven, dem Frieden dienenden Dialog eintreten kann. Dabei betrachtet er zuerst die bisher fehlgeschlagenen Versuche, um aus den Fehlern der Vergangenheit zu lernen. Der grundlegende Fehler aus daseinsanalytischer Perspektive war wohl der, dass zu wenig darauf geachtet wurde, wie die Liebesfähigkeit bei allen Beteiligten gefördert werden könnte. Die Nestorianer suchten als ethnische Minderheit den Schutz der damals herrschenden Mongolen und gingen mit ihnen unter, die Manichäer passten sich vielleicht aus ähnlichen Gründen zu sehr an den Amitabha-Buddhismus an und verschwanden in der Verschmelzung, und spätere Missionsversuche gingen zu wenig auf die chinesische Kultur und Mentalität ein.

Die Liebesfähigkeit zu fördern bzw. sich immer mehr in Richtung vollkommener Liebe zu entwickeln, bedeutet im Daseinsmodus des Individuums, sich immer mehr ganzheitlich zu verstehen (das ist das Ideal der Taoisten), im Daseinsmodus des Genus bzw. als Gemeinschaftswesen, untereinander immer mehr kommunikative Solidarität zu erreichen (das war das Ideal des Konfuzius), im Daseinsmodus der Spezies bzw. als handelndes Wesen, immer selbstbestimmter und wirkungsvoller zu handeln, sodass für niemanden, weder für die handelnde Person noch für andere Schaden und Leid entsteht (das ist das Ideal der Buddhisten).

Als Christen, d.h. in der Nachfolge von Jesus, müsste man auf dieselbe Art und Weise die Entwicklung der Liebesfähigkeit von anderen fördern wie Jesus, man dürfte also insbesondere nicht darauf aus sein, die Gesetze (die Tora) bzw. die Ideale eines Volkes oder einer Kultur abzuschaffen oder aufzulösen, sondern sie zu verstehen, möglichst echt und unmittelbar, und sie dann zu erfüllen („Denkt nicht, dass ich gekommen sei, das Gesetz oder die Propheten aufzulösen; ich bin nicht gekommen aufzulösen, sondern zu erfüllen", Matthäus 5, 17), d.h. die Menschen dabei zu unterstützen, die Ideale ihrer

Kultur immer besser zu verstehen und zu erreichen. Dies würde ich als Toleranz im christlichen Sinne bezeichnen.

Da das Gegenstück von Toleranz das Verändern-Wollen und damit eine aggressive Form von Machtausübung ist, will ich mich im 8. Kapitel grundlegend mit dieser Thematik befassen.

7.4. Hinduistische und westliche Weltanschauung

Albert Schweitzer (Schweitzer, 2., überarbeitete Auflage 2010) meint, dass aufgrund des natürlichen Lebenswillens jede Weltanschauung ursprünglich und anfänglich welt- und lebensbejahend sei. Erst wenn man sich enttäuscht von der Welt oder einem Teil davon abkehrt, weil die Welt oder der betreffende Teil und die entsprechenden Lebensumstände darin zu negativ sind, oder weil man etwas Besseres gefunden hat, wovon man glaubt, es sei nicht von dieser Welt, dann entsteht Welt- und Lebensverneinung. Letzteres geschah bei den Brahmanen, der indischen Priesterkaste, als sie ekstatische Zustände erlebten und glaubten, dabei mit dem übersinnlichen Wesensgrund von allem Sein verbunden zu sein. Ersteres widerfuhr den Menschen im Abendland in der Spät-Antike. Die Verneinung herrschte bei uns im Mittelalter vor und breitete sich nach und nach ab dem 18. Jahrhundert, nachdem die Renaissance und der wissenschaftliche Fortschritt wieder mehr Hoffnung und Welt- und Lebensbejahung gebracht hatten, wieder etwas aus, als der Fortschritt die nicht-privilegierten Bevölkerungsschichten nicht erreichte und alle Revolutionen und Reformen nicht die in sie gesetzten Erwartungen erfüllten. Da sich in den westlichen Industriestaaten seit dem 2. Weltkrieg die Lage für alle Schichten deutlich verbessert hat, gibt es wieder entsprechend mehr Welt- und Lebensbejahung.

Jede Art von Weltanschauung hat Konsequenzen für die Ethik, also für die Regeln darüber, was man tun soll, und eine Spannung in der Weltanschauung wie die zwischen Welt- und Lebensbejahung und Welt- und Lebensverneinung führt zu Spannungen in der Ethik und der Religion, sodass die resultierenden Verhaltensregeln teilweise irrational sind und nicht mehr konsequent zu Ende gedacht werden in alle Richtungen, und dass entsprechende Auseinandersetzungen verdrängt oder sogar verboten werden.

Ich möchte das Ganze einmal so betrachten, dass das sogenannte demokratische Trilemma sichtbar wird: (1) In jeder Situation stellt sich die Frage, was die Fakten sind, d.h. hier geht es um die Welterkenntnis. (2) Als nächstes geht es um die Frage, wie diese Fakten gewertet und beurteilt werden sollen, d.h. hier kommt die jeweilige Weltanschauung ins Spiel. (3) Schließlich geht es um die entscheidende Frage, ob etwas und wenn ja, was getan werden soll, d.h. hier geht es um die Ethik. Wenn man nun alle derartigen Fragen zulässt (Universalitätsprinzip) und nur Entscheidungen durchführt, die eine genügend große Unterstützung bei allen Beteiligten finden und auf möglichst wenig Widerstand bei ihnen treffen (Mehrheitsprinzip), damit insgesamt die Erfolgswahrscheinlichkeit bei der Umsetzung der getroffenen Entscheidungen möglichst groß ist, dann wird in der Regel das Rationalitätsprinzip verletzt, wenn die Weltanschauung nicht einheitlich ist und man sich nicht darum bemüht, sich auseinanderzusetzen und bestehende Spannungen immer mehr zu verringern, zumindest so weit, dass bei wichtigen Angelegenheiten immer wieder Entscheidungen gefunden werden, die allen o.e. Prinzipien genügen.

Als erstes Beispiel möge der 2. Irakkrieg dienen. Angenommen, folgende drei Fragen hätten zur Abstimmung gestanden: (1) Hat Saddam Hussein Massenvernichtungswaffen (Welterkenntnis)? (2) Sollte man genau dann in den Irak einmarschieren, wenn er solche Waffen hat (Beurteilung, Weltanschauung)? (3) Sollen wir einmarschieren (ethische Entscheidung)? Weiterhin angenommen, es gäbe drei etwa gleich große Bevölkerungsgruppen mit folgenden Antworten auf diese Fragen: Gruppe (A), z.B. eine missionarische („With God on Our Side", Bob Dylan) und ängstliche Gruppe von „Weltverbesserern", meint zu allen drei Fragen Ja, Gruppe (B), etwa eine zufrieden-indifferente Mittelschicht, bejaht nur die zweite Frage und Gruppe (C), vielleicht vor allem an einer Vormachtstellung der eigenen Nation Interessierte, nur die dritte. Damit wäre der Mehrheitsentscheid irrational, denn die erste Frage würde mehrheitlich verneint, Saddam habe keine Massenvernichtungswaffen, die zweite bejaht, dass man dann und nur dann einmarschieren soll, wenn er welche hat, aber die logische Schlussfolgerung daraus wird mehrheitlich verworfen, weil die dritte Frage, ob man einmarschieren soll, bejaht wird. Dabei beantwortet jede der drei Gruppen alle drei Fragen widerspruchsfrei. Das Problem liegt an der unterschiedlichen Weltanschauung zwischen Gruppe (C) und den anderen beiden, denn für diese Gruppe, die nur das Wohl und die Vormachtstellung ihres eigenen Landes für wichtig hält, gibt es von ihrer Weltanschauung her keinen allgemein-ethischen, sondern einen anderen Grund einzumarschieren, z.B. ein Interesse am Öl im Irak. Damit bejaht diese nationalistische Gruppe (C) zwar ihr Leben und die Welt, aber ihre Welt beschränkt sich individualistisch auf die eigene Nation (in Kapitel 6.3 habe ich bereits erwähnt, dass der moderne Nationalismus nicht kollektivistisch, sondern individualistisch ist). Solange es über diese Unterschiede keine Auseinandersetzung gibt, besteht das Trilemma. Derartig irrationale Entscheidungen sind typisch für unsere abendländische Kultur, da es immer noch Gruppierungen gibt, die aufgrund ihrer doktrinären Weltanschauung (Erklärung auf Seite 149 f.) keine weltweite Ethik entwickelt haben, nicht die gesamte Welt und alles Leben in ihr bejahen und daher noch zu sehr z.B. an nationalen

Interessen festhalten. So können diese Interessen demokratische Entscheidungen beherrschen, wenn andere wie Gruppe (A) von Angst getrieben auf schnelle Entscheidungen drängen. Vermutlich wegen dieser Angst neigt unsere abendländische Kultur zum Aktionismus, d.h. sie sucht Gründe zum Handeln. Irrationales Handeln aber verstärkt die Angst, ein Teufelskreis.

Nehmen wir als zweites Beispiel, was sich möglicherweise in Indien abgespielt hat, in schematisch vereinfachter Form. Hier die drei Fragen: (1) Herrschen in Indien soziale Missstände? (2) Sollen genau dann soziale Reformen durchgeführt werden, wenn soziale Missstände bestehen? (3) Sollen die Reformen durchgeführt werden? Stellen wir uns wieder drei gleich einflussreiche Gruppen vor. Gruppe (A), z.B. das einfache Volk, bejaht alle drei Fragen, Gruppe (B), z.B. eine Art Mittelschicht von Händlern und Ackerbauern, bejaht nur die zweite Frage, da es ihnen ja gut geht, und Gruppe (C), die Brahmanen, bejaht nur die erste Frage, da sie die Welt und das Leben verneinen und Handlungen für sinnlos halten. So kommt es zu der irrationalen Entscheidung, dass mehrheitlich anerkannt wird, dass soziale Missstände bestehen, gegen die etwas getan werden sollte, aber die Mehrheit ist gegen Reformen. Auf diese Weise kann eine Bevölkerungsgruppe, die nur 33% Einfluss hat, nötige soziale Reformen blockieren, sofern eine satte Mittelschicht mitspielt und die Augen verschließt. In der indischen Kultur scheint man Gründe zum Nicht-Handeln zu suchen. Nicht-Handeln aber verstärkt letztlich die Welt- und Lebensverneinung, das ist ebenfalls ein Teufelskreis.

Aufgrund der Spannungen zwischen Welt- und Lebensbejahung und Welt- und Lebensverneinung entstanden sowohl im indischen als auch im abendländischen Denken immer wieder derartige Trilemmata. In beiden Fällen bestimmt eine ideologisch gefestigte Gruppe, die Brahmanen und die Nationalisten, die Politik ihrer Gemeinschaft, und es scheint wenig sinnvoll, diese Gruppe jeweils in ihrer Weltanschauung ändern zu wollen. Die Brahmanen in Indien wurden ähnlich wie heilige Kühe behandelt, niemand hat sie offen angegriffen, und im Westen haben Intellektuelle wie Karl Marx oder Bob Dylan zwar die Herrschenden angegriffen, aber nicht ändern wollen, sondern haben stattdessen versucht, die Ängstlichen aufzurütteln, die ihnen von der Religion betäubt („Religion ist Opium für das Volk") oder zu sicher und zu beruhigt („Mit Gott an ihrer Seite" kann niemandem etwas passieren) vorkamen. Dabei war auch Marx klar, dass die in ihrer Existenz damals bedrohten und verängstigten Arbeiter sofort wieder unpolitisch werden würden, wenn ihre Existenzbedrohung beseitigt sein würde.

Seit der Neuzeit herrschte bei uns die Bejahung vor, deren Verteidiger auf Angriffe vonseiten der Verneinung durch Intellektuelle, die die in ihrer Existenz bedrohte Unterschicht zum Widerstand aufriefen, mit entsprechenden Taten reagierten, sodass immer wieder gesellschaftliche Verbesserungen aufgrund der tätigen Auseinandersetzung erreicht wurden, dafür aber die geistige Auseinandersetzung zu kurz kam, denn die verängstigte Unterschicht wurde unpolitisch und ließ sich wieder beherrschen, sobald ihre Existenzbedrohung durch diese Verbesserungen erst einmal beseitigt worden war. Aufgrund des wissenschaftlichen und technischen Fortschritts verließ man sich zu sehr auf eine materialistisch-darwinistische Weltanschauung und wollte lange Zeit nicht deren Begrenztheit in der Welterklärung sehen – meines Wissens wurde dies nur von Philosophen kritisiert, mir ist in diesem Zusammenhang vor allem Thomas Nagel bekannt (Nagel, 2016). In Indien ist es gerade umgekehrt, da hier die Welt- und Lebensverneinung der von ihrer Ekstase begeisterten Brahmanen vorherrschte, die sich mit Angriffen vonseiten der Bejahung geistig, aber nicht tätig auseinandersetzten (Schweitzer, 2., überarbeitete Auflage 2010), was in sich auch logisch ist, da ihre Verneinung alles Tun sinnlos erscheinen ließ. Mit dem Versprechen, dass man nicht mehr in dem jetzigen Elend wiedergeboren werden würde, ließen sich die meisten aus den unteren Kasten beruhigen und anspornen, sich weiter für die oberen Kasten aufzuopfern.

Die mangelnde geistige Auseinandersetzung zwischen Welt- und Lebensbejahung und Welt- und Lebensverneinung im neuzeitlichen Abendland zeigt sich auch darin, dass die Philosophie, die im Mittelalter noch die Hauptrolle in der Wissenschaft spielte, inzwischen an den Universitäten nur noch geduldet wird, um wissenschaftliches Vorgehen und entsprechende Methoden der Erkenntnisgewinnung zu begründen oder um die Erinnerung an frühere philosophische Leistungen wie in einem Museum aufzubewahren. Geistige Auseinandersetzungen mit gegenwärtigen Problemen finden viel zu selten ein Echo bei anderen, und so hat sich die akademische Philosophie ihr eigenes Grab geschaufelt. Gemessen an unserem menschlichen Potential ist das abendländische Denken genauso unterentwickelt wie die indische Gesellschaft auf materieller Ebene, es reicht geradeso zum Überleben. Albert Schweitzer drückt dies zwar nicht so krass aus, aber ich meine, dass ich ihn darin richtig interpretiere.

Nach dieser Schelte möchte ich meinen neuen Denkansatz einer Daseinsanalyse, wie ich ihn im ersten Kapitel ausgeführt habe, beiden Denkarten entgegenstellen, um die Philosophie und das abendländische Denken vielleicht und hoffentlich zur Weiterentwicklung anzuregen, aber auch um das indische und das ostasiatische Denken, soweit es vom indischen zu sehr beeinflusst ist, zu inspirieren. Durch unser In-der-Welt-Sein sind wir immer wieder aufgefordert, uns einzulassen und uns mit dem, was uns in der Welt begegnet, auseinanderzusetzen. Diese Auseinandersetzung besteht darin, dass wir Gegebenheiten wahrnehmen, die unsere Aufmerksamkeit erregt haben, und die wir aufgrund von Erinnerungen und/oder im Austausch mit anderen als etwas erkennen (Welterkenntnis), die wir dann aufgrund einer Betroffenheit begreifen und davon ergriffen sind, sodass wir sie beurteilen (Weltanschauung), und wovon wir schließlich in Abhängigkeit von unserer Entscheidung, ob wir etwas und wenn ja, was wir tun sollen, etwas erwarten und die Handlung oder Nicht-Handlung mit einem entsprechenden Gefühl ausführen oder entsprechend abwarten. Mit dem tatsächlichen Ergebnis setzen wir uns dann weiter auseinander und beurteilen danach unsere Handlung oder unser Abwarten, was wir in Zukunft in vergleichbaren Situationen machen oder nicht machen sollten (Ethik).

So betrachtet vermitteln Welterkenntnis und Weltanschauung die Welt-Ethik, worunter ich eine weltweite Ethik verstehen will, die auf alle Weltbeziehungen und unser gesamtes In-der-Welt-Sein bezogen ist, und diese Welt-Ethik vermittelt zwischen Welterkenntnis und Weltanschauung. Wie man leicht zeigen kann, befinden sich Welterkenntnis, Weltanschauung und Welt-Ethik in einem absolut dialektischen Verhältnis, d.h. jeweils zwei vermitteln das eine und dieses zwischen den beiden ersten. Alle drei sind grundlegende Modalitäten unserer Weltbeziehungen bzw. unseres In-der-Welt-Seins, und keine hat wegen ihres absolut dialektischen Verhältnisses zueinander einen Vorrang vor den anderen Modalitäten.

Das logische wenn auch utopische Ziel derartiger Auseinandersetzungen mit der Welt ist die vollkommene Überwindung aller Gegensätze zwischen Erwartung und tatsächlichem Ergebnis des Handelns oder Abwartens. Dies wäre, wie ich zeigen konnte (Kolb, 2017a) genau dann der Fall, wenn wir den Zustand der vollkommenen Liebe erreicht hätten bzw. wenn wir das Worumwillen von allem uns Begegnendem, uns selbst eingeschlossen, echt und unmittelbar verstehen würden.

Jeder, der das Leben und die Welt bejaht, müsste sich daher die vollkommene Liebe als Ziel setzen. Wer dagegen in der Verneinung ist, muss entweder konsequent sein Leben beenden, oder sollte sich mit seiner Weltanschauung und mit der Gegenseite auseinandersetzen, um dadurch Fortschritte in

Richtung vollkommener Liebe zu erzielen. Auf diese Weise kann die Spannung zwischen Welt- und Lebensbejahung und Welt- und Lebensverneinung positiv genutzt werden. Wenn der Welt- und Lebensbejahende nur auf Fortschritte in den Ergebnissen seines Handelns hinweist, so wird ihn sein Gegenüber darauf hinweisen, dass dies auch zufällig sein kann, und ob er nicht auch Fortschritte im Erkennen und im Begreifen gemacht hat, dass ihn immer mehr anspricht und betroffen macht, sodass seine Ethik u.a. auch immer weltweiter und damit universeller wird – worauf Albert Schweitzer ebenfalls hinweist, ist, dass die indische Ethik nicht nur Menschen, sondern alle Lebewesen miteinbezieht.

Jeder, der Leben und Welt verneint, aber seinem Leben deswegen kein Ende bereiten will, weil er z.B. meint, die Lebens- und Weltverneinung müsse richtig gelebt werden, muss danach trachten, die Richtigkeit seines Grundes, was auch immer dieser sei, echt und vollkommen zu verstehen, d.h. auch er muss nach der vollkommenen Liebe streben, sodass auch für ihn die Auseinandersetzung mit dem Bejahenden fruchtbar ist. Wenn er dabei seine Fortschritte nur daran messen will, dass er immer mehr erkennt und begreift, also sich von immer mehr angesprochen fühlt und betroffen ist, dann wird ihn der Bejahende damit konfrontieren, dass Erkenntnisse, die sich nicht auch in der Praxis, also im tätigen Umgang mit der begegnenden Welt bewähren, reine Hirngespinste sind. Dies entspricht dem Bibelwort: „An ihren Früchten sollt ihr sie erkennen." (Matthäus 7,16)

Wenn beide sich auf diese Weise immer weiterentwickeln in ihrer Liebesfähigkeit, werden die Unterschiede zwischen Welt- und Lebensbejahung und Welt- und Lebensverneinung immer geringer und wären in der vollkommenen Liebe sowieso aufgehoben, da es dabei keine Gegensätze mehr gibt.

8.   MÄNNLICHE UND WEIBLICHE FORM DER MACHTAUSÜBUNG

Wie schon in „Liebe, Macht und Sexualität" (Kolb, 2017c) aufgezeigt, kann man zwei verschiedene Formen der Machtausübung zwischen Menschen unterscheiden, die ich als (typisch) männlich und weiblich bezeichnet habe. Da ich diese Thematik schon ausführlich behandelt habe (ebenda), will ich hier die Ergebnisse meiner Analyse nur kurz skizzieren.

Als männliches Prinzip habe ich es bezeichnet, wenn jemand nach der Devise handelt, dass man zuerst sich selbst konsolidieren sollte, bevor man anderen hilft, und als weibliches Prinzip, dass man sich zuerst um andere kümmert, bevor man für sich selbst sorgt. Von den fünf Gegensatzpaaren Nishidas (Nishida, 2011) zieht man beim männlichen Prinzip die fünf Gegensatzpole aktiv, subjektiv, diskontinuierlich, linear und zeitlich vor, beim weiblichen Prinzip entsprechend die fünf anderen (Begründung in (Kolb, 2017c)). Diese beiden Prinzipien passen jeweils optimal für eine der beiden Hauptaufgaben, die sich in jeder menschlichen Gemeinschaft stellen: das weibliche Prinzip am besten zu der Aufgabe, Harmonie und größtmögliches Wohlbefinden für alle zu erreichen, das männliche Prinzip am besten, um die Gemeinschaft vor Gefahren von außen zu schützen und Ressourcen aus der Umwelt herbeizuschaffen.

Wenn in einer Gemeinschaft die von mir so bezeichnete männliche Form der Machtausübung vorherrscht, was bei jeder Form von existenziellem Notstand und dann, wenn schnelle Entscheidungen erforderlich sind, sinnvoll ist, dann gibt es meist einen alleinigen Führer und eine strenge Hierarchie innerhalb der Gemeinschaft. Wer sich nicht fügt, wird schnell bestraft oder sogar eliminiert. Das Strafmaß richtet sich danach, wie stark die Autorität des Führers angegriffen wurde. Wenn nicht klar ist, wer schuld ist, werden alle Verdächtigen

bestraft. Körperliche Strafen stehen im Vordergrund, sie werden öffentlich durchgeführt, und durch entsprechende Drohun-
gen wird der Körper sozusagen zum Gefängnis von Seele und
Geist.

   Wenn dagegen die weibliche Form der Machtausübung
im Vordergrund steht, was bei Problemen und Konflikten innerhalb einer Gemeinschaft am sinnvollsten ist, wenn man für
vernünftige Lösungen auch Raum und Zeit hat, dann ist die
entsprechende Machthierarchie wesentlich komplexer, weil im
Prinzip jeder jedem helfen und auch jeden kontrollieren sollte,
und die Position von jedem Einzelnen wird in gewissen Zeit-
abständen immer wieder überprüft. Wer sich nicht fügt, wird
durch erzieherische Maßnahmen reintegriert oder in extremen
Fällen solange in Sicherheitsverwahrung gebracht, bis er keine
Gefahr mehr für sich selbst und andere darstellt. Die Schuld
von jemandem muss bewiesen (wissenschaftlich abgesicherte
Untersuchungs- und Beweismethoden) und für das Strafmaß
genau analysiert werden. Dieses wird individuell angepasst,
um möglichst gut dem Zweck der Umerziehung des Einzelnen
und auch der gesamten Gemeinschaft, auf die jede Strafe als
Beispiel ebenfalls erzieherisch wirken soll, gerecht zu werden.
Da die Harmonie im Vordergrund steht, werden nicht alle Ver-
stöße gegen Regeln und Gesetze verfolgt, da dies zu große Unruhe und damit Disharmonie erzeugen würde, die Harmonie
selbst muss durch die Untat selbst mehr gestört sein als durch
ihre Strafverfolgung. Die Strafe wird zwar öffentlich verkündet aber nicht öffentlich durchgeführt, weil das für Unruhe sorgen könnte. Da körperliche Strafen als unmenschlich angesehen werden könnten, sodass die Harmonie gestört wird, gibt es
vor allem Geld- und Gefängnisstrafen. Da das Dasein nach
Heidegger die Möglichkeiten seines Seinkönnens ist, werden
diese als Strafe eingeschränkt. Seele und Geist werden so gewissermaßen zum Gefängnis des Körpers.

   In der Regel mischen sich beide Formen der Machtausübung bzw., es gibt Bereiche, in denen die eine oder andere

Form vorherrscht. Machtausübungen, egal ob in der männlichen oder in der weiblichen Form, können positiv für die Entwicklung der Liebesfähigkeit innerhalb einer Gemeinschaft sein, aber auch negativ. Wenn Zeitdruck vorherrscht, z.B. um großes Leid zu verhindern, dann ist in der Regel die männliche Form am besten, wenn man aber Raum und Zeit zur Lösung eines Problems hat und braucht, z.B. wenn man eine bestimmte Entwicklung erst einmal abwarten muss, dann sollte die weibliche Form der Machtausübung vorherrschen.

Da es den Rahmen dieses Buches sprengen würde, die gesamte Entwicklung selbst einer der hier betrachteten Religionen bezüglich der Formen der Machtausübung zu analysieren, beschränke ich mich hier beispielhaft auf die Entwicklungen des Christentums bis zum Konzil von Nicäa 325 n. Chr.: am Anfang, als es nach dem Tod von Jesus vor allem darum ging, sich zu finden und sich zu organisieren, ließ man sich viel Raum und Zeit, traf sich oft und beriet sich, wobei viele unterschiedliche Meinungen zugelassen waren, über die man sich auch kontrovers auseinandersetzte. Insofern kann man durchaus sagen, dass die weibliche Form der Machtausübung vorgeherrscht hat. Da das Römische Reich zur damaligen Zeit nicht mehr expandierte, sondern darauf aus war, das Eroberte zu verwalten, setzte sich auch hier immer mehr die weibliche Form der Machtausübung durch, die ja für Konsolidierungsprozesse wesentlich angebrachter ist als für Eroberungen, bei denen die männliche Form erfolgreicher ist. Von daher ist es auch nicht verwunderlich, dass das Christentum sich auch bei den römischen Soldaten wesentlich mehr verbreitete und besser durchsetzte als der Mitras-Kult, der mehr männliche Züge trug. Letztlich waren es dann adlige römische Frauen, die sich zum Christentum bekehrten und schließlich einen maßgeblichen Einfluss darauf hatten, dass 313 n. Chr. die Christenverfolgung beendet wurde, allen voran Helena, die Mutter des damaligen Kaisers Konstantin, die später heiliggesprochen wurde.

Während innerhalb der Familie im Christentum die Frauen eine starke Position innehatten, war das politische Handeln, d.h. Handeln, welches die Gemeinschaft insgesamt beeinflusste und betraf, und das spätere Christentum immer stärker durch eine männliche Machtausübung geprägt, je größer die christlichen Gemeinden wurden (Expansion begünstigt das männliche Prinzip) und je weniger die einzelne Familie daher eine Rolle spielte. Spätestens mit dem Konzil von Nicäa 325 n. Chr. wurde die Wende vom weiblichen zum männlichen Prinzip in der Führungsspitze der Kirche vollzogen, als das Christentum endgültig zur Staatsreligion wurde und es den ersten Fall gab, in dem eine abweichende Lehre, nämlich der Arianismus, dass Jesus Gott nicht wesensgleich sondern nur wesensähnlich sei, nicht nur als Vergehen gegen die Kirche, sondern auch als Vergehen gegen den Staat betrachtet und der Besitz von Schriften des Arius mit dem Tod bestraft wurde (allerdings gab es die Todesstrafe für Häretiker noch nicht unter Kaiser Konstantin, sondern erst seit Theodosios dem Großen, 379 – 395). Dies stellt eine typisch männliche Machtausübung dar (siehe oben), bei der das Objekt der Machtausübung mit der Vernichtung bedroht wird. In gewisser Weise kann man das Konzil von Nicäa mit dem Sündenfall und der Vertreibung aus dem Paradies vergleichen: in beiden Fällen ging es um Erkenntnis und um das Thema »Sein wie Gott« (die Schlange verführte Eva, indem sie versprach, man würde sein wie Gott, und auf dem Konzil von Nicäa ging es um die Frage, ob Jesus wie Gott sei oder nur ähnlich wie Gott) und in beiden Fällen wurden in der Folge Menschen von Menschen getötet, die eigentlich Brüder waren (Abel von Kain und Häretiker und ihre Anhänger durch die römischen Justizbeamten, die teilweise ja auch Christen waren, denn ursprünglich bezeichneten sich alle Christen, ob häretisch oder nicht, als „Brüder und Schwestern im Herrn", und selbst Feinde sollte man lieben und als Brüder betrachten). Bezeichnend für die männliche Art der Machtausübung ist auch, dass im Kanon 3 des Konzils von Nicäa es absolut verboten wurde, „dass Bischöfe, Priester und Diakone mit einer Frau zusammenleben, ausgenommen natürlich ihre Mutter, Schwester oder Tante oder eine über jeden Verdacht erhabene Frau" (Corpus Juris Canonici, Gratian's Decretum, Pars I., Distinc. XXXII., C. xvj.), denn damit war es dem Klerus, also denjenigen, die die Macht in der Kirche innehatten, nicht erlaubt, Vater in einer Familie zu werden, und sie waren so davor geschützt, von einer ihnen gleichgestellten Frau beeinflusst zu werden. Frauen hätten so indirekt immer mehr Macht in der Kirche bekommen können. Weil aber auf diese Weise das weibliche Prinzip bei manchen Entscheidungen des Klerus zu wenig berücksichtigt wurde und wird, erscheinen diese dann weltfremd. Für andere zu sorgen, indem man z.B. die Geburtenkontrolle unterstützt, ist nicht so wichtig wie die Konsolidierung eines theologischen Prinzips, mit dem man das Verbot der Antibabypille begründet. Hier ist das männliche Prinzip erkennbar, zuerst die eigene Position zu konsolidieren, bevor man anderen hilft. Weibliches Prinzip wäre es, zuerst die Not der Überbevölkerung gerade in der Dritten Welt zu lindern und sich dann um die eigenen theologischen Belange zu kümmern.

Das Problem des Gegensatzes männlich-weiblich liegt auch der ersten und grundlegenden Spaltung im Islam zwischen Schiiten und Sunniten zu Grunde. Diese geht nämlich zurück auf die tiefe Feindschaft zwischen Ali, dem Schwiegersohn und Vetter von Muhammad, und Aischa, der dritten und jüngsten Frau des Propheten – so wird es zumindest von schiitischer Seite aus dargestellt. In einem entsprechenden Hadith, einer Überlieferung, wird berichtet, dass Aischa sich während einer Expedition von der Karawane entfernt habe, um eine Notdurft zu verrichten, und zwei Tage verschollen geblieben sei. Als sie dann in Begleitung eines jungen, schönen Beduinen wiederaufgetaucht sei, habe es böse Verdächtigungen ge-

geben. Ali habe sich dabei besonders hervorgetan mit der Bemerkung, es gäbe ja genug schöne Frauen, mit denen man sich
trösten könne. Erst als der Prophet hervorgetreten sei mit einer
Offenbarung, aus der hervorgehe, dass jeder Vorwurf gegen
Aischa auf Lüge und Missgunst beruhe, sei der Zwischenfall
damit zumindest oberflächlich bereinigt gewesen. Mit der Offenbarung ist die Sure 24, „Das Licht (al-Nur)", gemeint, in
der indirekt auf diesen Vorfall eingegangen wird, indem Regeln aufgestellt werden, wann eine Frau wegen Unzucht verurteilt werden darf, u.a. nur dann, wenn es vier unabhängige
Zeugen dafür gibt, und diese gab es im Fall Aischas nicht.

Die Feindschaft zwischen Aischa und Ali soll der
Grund gewesen sein, weswegen Ali erst an vierter Stelle Nachfolger (Kalif) von Muhammad geworden sei, wobei Aischa
selbst dann noch einen Gegenkandidaten ins Spiel gebracht
habe. Dieser wurde in der „Schlacht des Kamels" geschlagen,
und Aischa, die von ihrem Kamel aus die Gegner Alis ange-
feuert haben soll (daher der Name „Kamelschlacht"), wird von
schiitischer Seite vorgeworfen, sie sei am Tod von zehntausen-
den von Gläubigen schuld. Seit dieser Zeit gibt es eine tiefgrei-
fende Feindschaft zwischen den Schiiten (Schi-at-Ali, Partei
von Ali), den Anhängern Alis, und den Sunniten, die zwar Ali
als vierten der „rechtgeleiteten" Kalifen anerkennen, ansonsten aber Aischa als kluge Frau (sogar Lieblingsfrau) von
Muhammad verehren, in deren Armen der Prophet verstorben
sei, und die viele Hadithe, Überlieferungen über Worte und
Taten des Propheten, verkündet (mehr als 2000) und den
Frauen geholfen habe, sich in der islamischen Gesellschaft zurecht zu finden, was ihre Rechte und Pflichten betreffe. Sie sei
auch nicht eifersüchtig gewesen, habe sich auch nicht vor den
anderen Frauen des Propheten hervortun wollen, wie die Schiiten behaupteten, sondern habe z.B. das Angebot abgelehnt,
beim Propheten begraben zu werden. Sie habe bescheiden bei
seinen anderen Frauen beerdigt werden wollen. Im schiiti-

schen Iran wird noch heute der Name Aischa als Beschimpfung für unzüchtige, intrigante, eifersüchtige und ungehorsame Mädchen verwendet. Für Schiiten und Sunniten gibt es zwei ganz unterschiedliche Frauen namens Aischa und auch zwei unterschiedliche Männer namens Ali Ibn Abi Talib (den ersten Imam und den vierten Kalifen), wobei die Wahrheit vermutlich irgendwo in der Mitte liegt.

In gewissem Sinn kann man deshalb vom Sündenfall des Islam sprechen, wobei auch hier sowohl Mann als auch Frau, also Ali und Aischa die Verantwortung dafür tragen, da beide jeweils dem anderen Machtmissbrauch unterstellten. Ali wollte Aischa vernichten, indem er andeutete, sie würde ihre Schönheit dazu verwenden, den Propheten Muhammad (auf typisch weibliche Art) auszunutzen, während Aischa gegen Ali vorging, indem sie seine u.U. vorschnelle Verleumdung ihr gegenüber verallgemeinerte und behauptete, dass Ali zu ungestüm und zu unüberlegt handle (ein typisch männliches Fehlverhalten) und damit als Nachfolger von Muhammad völlig ungeeignet sei. Beide interpretierten etwas typisch Männliches (schnelles Handeln) bzw. etwas typisch Weibliches (einem anderen Freude bereiten) als etwas Negatives, verschärften damit den Gegensatz männlich-weiblich und polarisierten die Gemeinschaft. Somit säten beide Zwietracht und Feindschaft und damit das Böse und erzeugten dadurch bis heute viel Leid, denn darin gründet u.a. sowohl der langanhaltende Iran-Irak-Krieg und die Bürgerkriegszustände im Irak und in Syrien.

Wie schon unter Punkt 6.2 kurz erwähnt, entscheidet der Grad der Überwindung des Gegensatzes objektiv-subjektiv darüber, ob Zwietracht, Spaltung, Bruderkrieg (Kain und A-bel, Sunniten und Schiiten, „rechtgläubige" Christen und Häretiker usw.), kurz viel Leid oder das Böse entsteht oder nicht. Dieser Gegensatz hat mit der dianoetischen Tugend der Wissenschaft, also mit Erkenntnis im weitesten Sinn zu tun. Die biblische Symbolik des Baumes der Erkenntnis erscheint daher sehr sinnvoll, sodass sich aus diesen Betrachtungen heraus die Frage stellt, wie man sich in den verschiedenen Religionen die Entstehung des Bösen vorstellt. Wie und wodurch entsteht Leid, und wie können wir es verhindern?

9. DAS BÖSE: ABRAHAMISCHE RELIGIONEN
    UND BUDDHISMUS

In den drei abrahamischen Religionen wird die Entstehung des Bösen in der Geschichte von Adam und Eva bis zum Brudermord von Kain an Abel erzählt, und im Buddhismus beschreibt der Lehrsatz vom abhängigen Entstehen (Pratītyasamutpâda), wie alles Leid von uns Menschen zustande kommt. Dabei spielt jeweils der Missbrauch von Macht sowohl in der weiblichen als auch in der männlichen Form eine wichtige Rolle.

Mit Adam und Eva begegnet uns ja ganz ursprünglich der Gegensatz männlich-weiblich. Adam wird aus der Materie, aus allen Gegensätzlichkeiten, aus der Erde, aus totem Material geformt, wird lebendig durch Gottes Atem bzw. der Vereinigung von Seele und Geist, dem Aspekt der Dynamik der vollkommenen Liebe und dem der Rückkehr zur vollkommenen Liebe, und strebt deswegen danach, alle Gegensätze zu überwinden, in diesem Sinne sich die Erde untertan zu machen, sich selbst immer mehr zu vervollkommnen, da er selbst aus Erde geformt ist, um so das Ideal der vollkommenen Liebe zu erreichen, er handelt also nach dem Prinzip, dass es wichtig ist, erst sich selbst zu konsolidieren, bevor er anderen hilft, ins Leben zu kommen und ihr Leben zu gestalten – das ist ja das männliche Prinzip, wie ich es genannt habe. Adam strebt so zum göttlichen Ursprung des Lebens, zum Ursprung der Beziehung des Daseins zu Gott bzw. zum absoluten Nichts, wenn er anderen ins Leben hilft. Dies passt auch dazu, dass Balint den männlichen Orgasmus als Regression zum Ursprung des Lebens interpretiert (Balint, 1988).

Eva dagegen wird geboren aus der göttlichen einfühlsamen Idee (auch hier sind Seele und Geist noch absolut vereint), dass es nicht gut sei, dass der Mensch allein sei. Sie kommt also aus der Dynamik der vollkommenen Liebe vereint

mit der Idee der Rückkehr zur vollkommenen Liebe, dem Psychisch-Motivationalen und dem Geistig-Idealen, wodurch
Adam bewegt wird empor zu streben (frei nach Goethe: „Das
Ewig-Weibliche, Zieht uns hinan." (Faust II, 12110–12111)).
Eva, die Frau, wird Adam, dem Mann, gleichberechtigt zur
Seite gestellt und derart (nämlich unter dem körperlich-materiellen Aspekt des Daseins – das ist die symbolische Bedeutung der Rippe) mit ihm verbunden, als ob sie aus einer Rippe
(an seiner Seite – das entsprechende Wort für Rippe kann auch
mit Seite übersetzt werden) gemacht wäre. Sie handelt also
nach dem Prinzip, dass es wichtig ist, zuerst anderen zu helfen,
bevor sie für sich selbst sorgt – das ist ja das weibliche Prinzip,
wie ich es genannt habe. Eva strebt damit aufopferungsvoll der
absoluten Entfremdung des Daseins von der vollkommenen
Liebe, der Materie mit ihren Gegensätzlichkeiten und dem Tod
entgegen, um das Dasein zu erlösen. Dies kommt auch dem
Gedanken von McClelland entgegen, der den Tod mit dem
weiblichen Orgasmus verbindet und dabei den Harlekin-My-
thos und die griechische Sage von Persephone und Hades zitiert (McClelland, 2006).

Die Geschichte von Adam und Eva will ich nun vergleichen mit dem buddhistischen Lehrsatz vom abhängigen
Entstehen (Pratītyasamutpâda), der insofern eine zentrale
Rolle im Buddhismus spielt, als er eine Antwort auf dessen
Kardinalfrage gibt: „Wann wird man denn doch einen Ausweg
finden aus diesem Leiden, aus Alter und Tod?" (Takeuchi,
2011, S. 404). Diesen Lehrsatz will ich hier erst einmal dar-
stellen und dabei gleichzeitig mit den fünf Entwicklungsebe-
nen des Selbst nach Fonagy et al. (Fonagy, Gergely, Jurist, &
Target, 2008) und den entsprechenden Gegensatzpaaren nach
Nishida (Nishida, 2011) in Verbindung bringen. Als sechste
Entwicklungsebene habe ich noch die des geschlechtlichen
Selbst mit dem Gegensatz männlich-weiblich hinzugefügt. Im
folgenden Text sind die zwölf Glieder dieses Lehrsatzes
(Takeuchi, 2011, S. 403) unterstrichen hervorgehoben. Zuerst

kommt immer der weibliche und dann der männliche Teil des Gegensatzpaares der jeweiligen Entwicklungsebene.

Dem physischen Selbst entspricht auf der einen Seite die Passivität, die Stagnation, und damit Alter und Tod, was damit verbunden ist, dass das Dasein verzweifelt, dass es ihm unheimlich ist, untröstlich und elend, beherrscht von Wut, Angst, Leid und Scham. Dies ist wechselseitig abhängig von der Aktivität, aus der etwas Neues geboren wird, also so etwas wie eine Geburt stattfindet, was mit entsprechender Freude des Daseins verbunden ist, aber auch mit entsprechenden Geburtswehen.

Dem sozialen Selbst entspricht auf der einen Seite die Objektivität, bei der das Dasein sein Gegenüber und eventuell seine Wirkung auf dieses betrachtet, also die Entwicklung bzw. das Werden der Beziehung, der seines Gegenübers und von ihm selbst, und dies ist wechselseitig abhängig von der Subjektivität, bei der das Dasein nur von sich ausgeht und ergreift, was es gerade wahrnimmt bzw. unterscheiden kann, wovon es angemacht ist (Affekt), die Subjektivität entspricht also dem Ergreifen des Daseins, sodass es evtl. ergriffen wird.

Dem teleologischen Selbst entspricht auf der einen Seite die Kontinuität, wobei das Dasein wie beim Wandern in der Wüste dafür sorgen muss, dass es immer Wasser zum Trinken hat, d.h. Kontinuität ist wichtig bei jeder Art von Durst, auch im übertragenen Sinne, und dies ist wechselseitig abhängig von der Diskontinuität, bei der das Dasein je nach seiner Empfindung sprunghaft alles Mögliche ausprobiert.

Dem intentionalen Selbst entspricht auf der einen Seite die Zirkularität, bei der das Dasein wiederholt dasselbe von verschiedenen Seiten aus erkundet und berührt, aber auch selbst davon berührt ist – wir haben es hier also mit der Berührung zu tun –, und dies ist wechselseitig abhängig von der Linearität, bei der das Dasein alle sechs Sinne, also die fünf leiblichen Sinne und den Sinn des Gemeinsamen und der Vorahnung, einsetzt, um geradlinig an sein Ziel zu kommen, d.h. die

Linearität hat mit dem zu tun, was im Buddhismus der sechsfache Bereich genannt wird.

Dem repräsentationalen Selbst schließlich entspricht auf der einen Seite die Räumlichkeit, das Sich-Einlassen, wobei das Dasein sich mit anderen einlässt, den Raum teilt und sich austauscht, und zwar persönlich mit Namen und in einer bestimmten Form der Kommunikation, und dies ist wechselseitig abhängig von der Zeitlichkeit mit ihren drei Ekstasen der Herkunft, Zukunft und Ankunft, wobei das Dasein dadurch, dass es sich in diese Ekstasen hineinversetzt oder sich hineinversetzen lässt, immer mehr erkennt, wie es die Technik seines Handelns immer mehr verbessern kann, d.h. die Zeitlichkeit ist mit dem Erkennen verknüpft.

Zuletzt erreicht das Selbst eine Entwicklungsstufe, die ich die Ebene des geschlechtlichen Selbst genannt habe (Kolb, 2017a) mit der Zweischichtigkeit des Individuums, d.h. das Dasein versteht sich einerseits als Objekt der Psyche, wobei es den Geist zu bestimmen sucht und ihn auffordert, Möglichkeiten des Seinkönnens zu entwerfen, und dem weiblichen Prinzip folgt, indem es die Pole Passivität, Objektivität, Kontinuität, Zirkularität und Räumlichkeit der fünf verschiedenen Gegensatzpaare kombiniert, und andererseits als geistiges Subjekt, wobei es die Psyche zu bestimmen, befindlich zu verstehen und Möglichkeiten des Seinkönnens zu entwerfen sucht und damit das männliche Prinzip verwirklicht, indem es die Pole Aktivität, Subjektivität, Diskontinuität, Linearität und Zeitlichkeit kombiniert. Dieser Entwicklungsstufe des geschlechtlichen Selbst ist der Gegensatz weiblich-männlich zugeordnet, sowie die Befindlichkeit der Begeisterung vom Inder-Welt-sein als deren eigentlicher Modus und die der Leidenschaft für etwas bestimmtes Seiendes als deren uneigentlicher Modus. Der entsprechende Sinn ist der sechste Sinn des Gemeinsinns und der Vorahnung. Dem geschlechtlichen Selbst entspricht auf der einen Seite die Weiblichkeit, bei der

das Dasein als Objekt der Psyche entsprechend von etwas ergriffen und dadurch motiviert ist, also psychische Willensregungen bekommt, wobei es sich mit Leidenschaft gegen den
Geist wenden kann, wenn es sich dort nicht richtig befindlich
verstanden glaubt, weil das Dasein im Geist Vorstellungen er-
wägt, als ob es von den Wünschen und der Motivation der Psyche nichts weiß oder nichts wissen will (geistige Willensregungen und/oder geistiges Nichtwissen), und dies ist wechselseitig abhängig von seiner Männlichkeit, bei der das Dasein als
geistiges Subjekt sich für etwas entscheidet und sich daraufhin
bezüglich anderer Möglichkeiten des Seinkönnens im Zustand
des geistigen Nichtwissens hält aufgrund geistiger Willensregungen, wobei es gegebenenfalls voller Zweifel, die es dann
als geistige Willensregung gegen die Psyche einsetzt, diese beherrschen will, wenn es dort psychische Willensregungen gibt
oder die Psyche sich in einem Nichtwissen hält, was sich jeweils gegen die getroffene Entscheidung richtet. Auf diese
Weise jeweils immer tiefer in die Welt der Materie eintau-
chend muss es dort seine Erfahrungen machen und erhält dabei
die Gelegenheit, aus dem Zustand des Sich-im-Nichtwissen-
Haltens aufgrund bestimmter Willensregungen bzw. aus seiner
Unbewusstheit immer mehr herauszukommen. (Bewusst bin
ich, wenn ich mich in einem Zustand des Vergleichen-Kön-
nens befinde, und Unbewusstheit bedeutet, dass ich mich im
Ungewissen bzw. Nichtwissen halten will.) Es gibt also geistige und psychische Willensregungen und psychisches und
geistiges Nichtwissen, woraus sich eine psychische, die eigene
Motivation betreffende oder geistige, bestimmte Möglichkeiten des Seinkönnens betreffende Unbewusstheit ergibt. Psyche
und Geist stehen immer in einem gewissen Spannungsverhält-
nis, außer wenn die vollkommene Liebe erreicht wäre, denn
beide haben unterschiedliche Willensregungen und unterschiedliche Wissenslücken: die Psyche weiß weniger über die
Zukunft, dafür mehr über die Herkunft, was sich wiederholen

soll und was nicht, und der Geist weiß weniger über die Herkunft, dafür mehr über die Zukunft, auf was das Dasein zukommen kann und soll und auf was nicht. Diese Unterschiede verführen das Dasein zum Machtmissbrauch in der männlichen oder weiblichen Form, je nachdem, ob die geistige oder die psychische Seite überwiegt. Hier ist auch schon die Entfremdung vom göttlichen Ursprung erkennbar, denn die ursprüngliche absolute Vereinigung von Seele und Geist bei Adam und Eva ist einer Trennung von Seele und Geist gewichen.

Nachdem nun die Verbindung zwischen den einzelnen Elementen des Lehrsatzes und den verschiedenen Entwicklungsebenen des Selbst hergestellt ist, komme ich zum eigentlichen Lehrsatz: In Abhängigkeit vom psychischen oder geistigen Nichtwissen verbunden mit mangelndem Bemühen um Wissen bzw. abhängig von der Unbewusstheit des leidenschaftlichen oder zweifelnden Daseins auf der Entwicklungsebene des geschlechtlichen Selbst entstehen entsprechende psychische oder geistige Willensregungen, da die Psyche dazu auffordert, den Geist bewusst zu benutzen, indem das Dasein seine Möglichkeiten des Seinkönnens entwerfend erkennt und vergleicht, und da der Geist auffordert, einen bestimmten Plan, bestimmte Möglichkeiten des Seinkönnens in die Tat umzusetzen, sodass das Individuum in seinem Nichtwissen bzw. in seiner Unbewusstheit entweder an der Psyche oder am Geist zweifelt und sich mit entsprechenden Willensregungen skeptisch oder leidenschaftlich dagegen stellt. Diese Willensregungen stellen einerseits einen Widerstand dagegen dar, das Nichtwissen bzw. die Unbewusstheit zu beenden, insofern sind sie vom Nichtwissen abhängig, andererseits will das Dasein dabei auch etwas erreichen und durchsetzen und seine Möglichkeiten des Seinkönnens, insbesondere seine Macht über andere erweitern, weil es nichts davon wissen will, unter welchen Bedingungen durch entsprechende Machtausübung

Leid auf das Dasein zukommen kann und/oder anderen angetan wird. Hier wirkt das Nichtwissen von Psyche (Bedingungen) und Geist (Möglichkeiten) zusammen, und die Aneignung des entsprechenden Wissens ist durch Willensregungen blockiert. Aufgrund dieser Unbewusstheit bzw. dieses Kampfes zwischen Geist und Seele ist Leid vorprogrammiert. In Abhängigkeit von den eigenen <u>Willensregungen</u> versucht das Dasein immer besser zu <u>erkennen</u>, wie es die Technik seines von Geist oder Psyche beherrschten Handelns u.U. gegen Psyche bzw. Geist, aber auch wie es insgesamt die Möglichkeiten seines Seinkönnens und seiner Macht über andere erweitern und optimieren kann. In Abhängigkeit von der <u>Erkenntnis</u>, dass und wie es Macht über andere haben, von anderen profitieren und sie ausnutzen kann, tauscht es sich immer mehr mit anderen aus, was ja vor allem in <u>Form</u> von <u>Namen</u> und sprachlichen Benennungen erfolgt, und in Abhängigkeit davon schaltet es immer mehr seine <u>sechs Sinne</u> ein (siehe oben), um das von anderen Mitgeteilte oder das ihnen Weggenommene zu überprüfen und zu benutzen, und in Abhängigkeit von seinen <u>sechs Sinnen</u> lässt es sich von den Dingen und von seinen Machtmöglichkeiten <u>berühren</u>. In Abhängigkeit von der <u>Berührung</u> entstehen im Individuum wechselnde Stimmungen und <u>Empfindungen</u>, die es sprunghaft von einer Sache zur anderen bringen. Abhängig von dieser Unstetigkeit seiner <u>Empfindungen</u> entsteht beim Dasein ein <u>Durst</u> nach Kontinuität, und es <u>greift</u> nach allem, um diesen Durst zu stillen. Abhängig von diesem <u>Ergreifen</u> entstehen bestimmte eigene Fähigkeiten bzw. sind bestimmte eigene Fähigkeiten und Machtmöglichkeiten im <u>Werden</u> begriffen, wodurch eine Ergriffenheit entstehen kann, aber auch Konflikte mit anderen, sodass Streit, Krieg bzw. Mord und Todschlag <u>werden</u> kann. Aus diesen Taten wird neues und immer mehr Leid <u>geboren</u>. So zerfällt alles immer mehr, es <u>altert</u> und erleidet den <u>Tod</u>, und das Dasein endet schließlich ohnmächtig in Verzweiflung, Unheimlichkeit, Untröstlichkeit und Elend. Im Buddhismus wird dies die Leidensmasse genannt.

Wenn man diese ziemlich abstrakte philosophische Betrachtung in ein anschauliches Gleichnis umwandeln möchte, dann bietet sich hier meines Erachtens die biblische Geschichte vom Sündenfall an, die man nur noch mit ein paar Details ausschmücken muss: Adam und Eva, also Mann und Frau, sind die Hauptpersonen dieser Geschichte, wodurch klar wird, dass es sich anfangs um eine Problematik auf der Ebene des geschlechtlichen Selbst handelt. Sie leben ganz naiv und unschuldig im Paradies und wissen gar nicht, welche Gefahren hier lauern bzw. wodurch sie sich ins Unglück stürzen könnten. Es gibt zwar Verhaltensregeln, dass sie die Früchte von einem bestimmten Baum, dem Baum der Erkenntnis, nicht essen sollen, aber sie wissen nichts von dem Sinn, den diese Regel haben soll, haben weder Gemeinsinn noch Vorahnungen. Damit haben wir also schon einmal das Nichtwissen bzw. die Unbewusstheit der beiden, da sie sich nicht darum bemühen, den Sinn dieser Regel herauszubekommen. Nur die Früchte der Erkenntnis zu genießen, ohne sich um die Erkenntnis selbst zu bemühen, ist Ausbeutung bzw. Machtmissbrauch, was Leid auf alle zukommen lässt. Es ist das Gegenteil von Gemeinsinn bzw. davon, füreinander da zu sein und zusammenzuhalten. Weil Adam und Eva den Sinn weder kennen noch etwas davon wissen wollen, ist es nur eine Frage der Zeit, dass sie gegen diese Regel verstoßen, denn Unkenntnis bzw. Unbewusstheit fördert Zweifel. In der Geschichte taucht nun folgerichtig ein Sinnbild des Zweifels, die Schlange auf, die Eva zum Regelverstoß verführt.

Ich würde die Geschichte folgendermaßen verdeutlichen: Die eigentliche Verhaltensregel kommt daher, dass es nicht gut ist, „dass der Mensch allein sei" (Genesis 2, 18). Darin liegt die Aufforderung, zusammenzuhalten und Gemein-

sinn zu entwickeln, letztlich also sich zu lieben, statt zu versuchen, über den anderen Macht auszuüben und damit etwas Böses zu tun, was sie zu der bitteren Erkenntnis führen würde,
dass sie Böses und nicht Gutes getan haben und Seele und
Geist sich in der Folge dann bekämpfen. Genau dann haben sie
nämlich die (bitteren) Früchte vom Baum der Erkenntnis ge-
gessen. Adam und Eva <u>wissen</u> beide <u>nicht</u>, was gut und böse
ist und wozu das Füreinander-da-sein gut sein soll. Im Laufe
der Zeit gehen sie jeweils immer mehr eigene Wege und leben
sich auseinander, weil sie für unterschiedliche Dinge eine Leidenschaft entwickeln. Leidenschaft ist ja im Unterschied zur
Begeisterung der uneigentliche Modus dieser Befindlichkeit,
der zur geschlechtlichen Entwicklungsebene des Selbst gehört.
Das Böse bzw. das Leid Verursachende ist hier auf dieser
Ebene die gegenseitige Vernachlässigung, eine Störung der
Einheit, die ja auf der Ebene des geschlechtlichen Selbst angestrebt wird (siehe S. 45). Eva ist vielleicht die erste, die sich
dabei unwohl fühlt – es entspricht ja dem weiblichen Prinzip,
Situationen auf sich wirken zu lassen und als Objekt der Psyche die jeweilige Befindlichkeit wahrzunehmen –, sie zweifelt
an ihrer Liebesfähigkeit, also am Geist, dem Aspekt der Rückkehr zur vollkommenen Liebe, dass sie mit Liebe die Situation
ändern kann, ihr Geist verdunkelt sich deshalb und es entsteht
in ihr eine fatale leidenschaftliche psychische <u>Willensregung</u>,
die Aufmerksamkeit Adams mit Macht wieder auf sich zu ziehen, eine Wieder-Holung aus ihrer Herkunft, als er sie wegen
ihrer Schönheit attraktiv fand, und, damit dies für immer so
bleibt, will sie für ihn eine Göttin sein. Immer wieder von ihrer
Psyche her den Geist aufzufordern, neue Möglichkeiten zu entwerfen, davon will sie nichts wissen, das ist ihre psychische
Unbewusstheit, ihre leidenschaftliche Willensregung gegen
ihren Geist. Sie hört daher nur auf ihre voreingenommene Psyche, die sie zwar auf den Missstand der fehlenden Liebe aufmerksam gemacht hat, aber sie zweifelt an ihrer Fähigkeit, ihren Geist dabei zur Rückkehr zur Liebe bzw. zur Lösung dieses

Problems verwenden zu können, und benutzt die zwiespältige gegensätzliche Materie, ihre Schönheit, ihre schönen Haare, die sich lieblich um ihr Antlitz schlängeln – hier haben wir die Schlange als Symbol für weibliche Schönheit –, sie missbraucht also etwas aus dem Bereich der Materie, um Adam zu verführen und für sich einzunehmen. Vereinnahmung ist typisch für die weibliche Art der Machtausübung. Sie plant, Adam mit seiner Sexualität bzw. Geschlechtslust zu missbrauchen und in diesem Sinne Unzucht zu treiben – das ist hier das Böse oder Leid Verursachende, und Unzucht und Missbrauch kennzeichnen auf dieser Ebene des geschlechtlichen Selbst den destruktiven Verlauf der Beziehungsform (siehe S. 45).

In Adam entsteht dadurch, dass er auf Evas Schönheit aufmerksam wird, ebenfalls eine fatale geistige, auf eine nur für ihn ideale Zukunft ausgerichtete Willensregung. Dabei zweifelt er an seiner Psyche und ihrer entsprechenden Warnung, nicht die Regel zu verletzen, die von früher her kommt (Herkunft), nämlich liebevoll und dankbar mit Evas Zuwendung umzugehen und sie nicht auszunutzen für egoistische Zwecke, da er den Sinn nicht versteht (Nichtwissen) bzw. nicht verstehen will (das ist seine geistige Unbewusstheit), und ihn durchzuckt von seinem verdunkelten Geist aus der Gedankenblitz, der nun seine Psyche verblendet und ergreift, dass er jetzt vielleicht die Gelegenheit hat, Eva zu unterwerfen – im Chinesischen wird der Gedankenblitz durch den Drachen symbolisiert, wobei der chinesische Drache Ähnlichkeit mit einer Schlange besitzt, und eine Schlange kann auch den männlichen Penis symbolisieren und somit als Symbol für männliche Potenz dienen, also auch etwas aus dem Bereich der zwiespältigen Materie gegenüber der Schlange als Symbol für weibliche Schönheit –, und Adam lässt sich auf dieses böse Spiel ein, ohne auf die Warnungen seiner Psyche zu hören, die allerdings durch seinen Gedankenblitz dem Geist schon unterworfen ist. Es ist ein böses Spiel, weil es nichts mehr mit gegenseitigem Verstehen und mit Liebe zu tun hat. Böse heißt auf Lateinisch

„malum", und weil ein mittelalterlicher Mönch stattdessen einmal „mallum" geschrieben hat, was Apfel bedeutet, gibt Eva Adam einen Apfel und verführt ihn somit dazu, bei diesem bösen Spiel der Leidenschaften mitzumachen. Dass Adam mitmacht, beruht aber auch bei ihm auf Nichtwissen und einer fatalen geistigen Willensregung, also einer Unbewusstheit, denn auch er will von Eva als Gott verehrt werden und sie sich für immer unterwerfen – das geht nur als Gott. Unterwerfung ist typisch für die männliche Art der Machtausübung. Er plant, Eva in diesem Sinne zu missbrauchen, was man Unzucht nennen kann – das ist hier das Böse oder Leid Verursachende. Missbrauch und Unzucht kennzeichnen auf dieser Ebene des geschlechtlichen Selbst den destruktiven Verlauf der Beziehungsform (siehe S. 45).

Beide versuchen jeweils den anderen zu benutzen, um egoistisch ihre eigene Lust und Leidenschaft zu stillen und ihre Selbstzweifel, ihre großen Spannungen zwischen Psyche und Geist, zu beseitigen. Ich finde es an dieser Stelle wichtig, noch einmal festzuhalten, dass die Schuld bzw. die Verantwortung für den Sündenfall nicht bei Eva allein liegt[2], sie konnte aufgrund ihrer Unbewusstheit dem Zweifel, symbolisiert durch die Schlange, nicht widerstehen und hat ihren Geist vereinnahmt, auf Materielles, auf ihre Schönheit zu vertrauen, während Adam aufgrund seiner Unbewusstheit dem Zweifel, symbolisiert durch den Drachen, ebenfalls nicht widerstehen konnte und seine Psyche unterworfen hat, von etwas Materiellem ergriffen zu sein, nämlich von seiner Potenz. Dies sind die beiden Formen, wie Böses als Machtmissbrauch entsteht: Zweifel an und Bekämpfung von Psyche oder Geist, Zweifel am Weiblichen (die Psyche) oder am Männlichen (der Geist).

---

[2] Der Mythos, dass Eva bzw. die Frauen Schuld an der Vertreibung aus dem Paradies haben, hat das Patriarchat begründet und ist bis heute wirksam und verhindert immer noch die tatsächliche Gleichstellung von Mann und Frau (Kolb, 2017c, S. 113 ff.).

Die typisch männliche Form des Machtmissbrauchs ist die Unterwerfung wie beim chinesischen Drachen, der sich wie ein Blitz von oben auf sein Opfer stürzt und es unterwirft, und die typisch weibliche Form ist die Vereinnahmung wie bei einer Würgeschlange, die ihr Opfer umschlingt, erdrückt und ganz für sich vereinnahmt (im Ganzen verschluckt, sich einverleibt – manche Mutterproblematik wird als unbewusste Angst davor gedeutet, von der Mutter wieder einverleibt zu werden).

Nach einer Weile aber erkennen sie, dass sie in diesem Spiel nicht das bekommen, was sie wirklich brauchen, nämlich Liebe. Eva hatte sich eingebildet, dass Adam sie wegen ihrer Schönheit wie eine Göttin anbeten würde, und Adam hatte geglaubt, dass Eva ihn wegen seiner Potenz wie einen Gott anhimmeln würde, was ihm sein Geistesblitz suggeriert hatte. Beide hatten also geglaubt, sie würden durch dieses unselige Spiel „sein wie Gott" (Genesis 3, 5).

Nachdem ihnen aber die <u>Erkenntnis</u> dämmerte, dass sie sich beide jeweils nur auf ein falsches Spiel eingelassen hatten, empfanden sie Scham und hatten Schuldgefühle, d.h. sie befanden sich jetzt auf der Ebene des repräsentationalen Selbst. Ihr böses Tun hatte ihnen diese Erkenntnis gegeben, was böse ist, und daraus wurde dann durch den oben erwähnten Mönch der Apfel vom Baum der Erkenntnis. Dadurch wird der Apfel zum Symbol der Ausbeutung (siehe oben) bzw. des Machtmissbrauchs (vgl. Reichsapfel als königliches Machtsymbol). Sie spielten sich gegenseitig etwas vor, versuchten zu verschleiern und zu verbergen, dass sie ohne Liebe gehandelt hatten, wollten von ihrem <u>Nichtwissen</u> verbunden mit ihren jeweiligen <u>Willensregungen</u> bzw. von ihrer Unbewusstheit und ihrem Machtmissbrauch nichts wissen. Sie gaben ihrem Tun falsche <u>Namen</u> wie „Liebe", obwohl sie nur noch von ihrer Leidenschaft beherrscht waren, und versteckten sich selbst hinter <u>Formen</u> und Förmlichkeiten wie hinter einem Feigenblatt. Damit befanden sie sich auf der Ebene des repräsentationalen Selbst, denn Namen und Formen sind Repräsentationen des einzelnen, der anderen, der Umwelt und aller Beziehungen und Bezogenheit aufeinander. Durch das Verschleiern und Verbergen, durch die mangelnde Offenheit missachteten sie die Menschenwürde, sie hielten einander und sich selbst nicht für würdig bzw. für wertvoll genug und hatten zu wenig Vertrauen zueinander und zu sich selbst, offen ihre Fehler einzugestehen, und hielten sich dadurch zugleich die Möglichkeit offen, den anderen weiter auszubeuten, wenn er das böse Spiel nicht durchschaute. Ausbeutung und Missachtung der Menschenwürde sind auf dieser Ebene des repräsentationalen Selbst typisch für den destruktiven Verlauf der Beziehungsform (siehe S. 45).

Bis hierher entspricht die Geschichte in etwa einer Interpretation des Sündenfalls, und man könnte annehmen, dass die ursprüngliche biblische Fassung ein dramatisierender Mythos und eine Veranschaulichung der doch recht trockenen Philosophie des Buddhismus ist. In meinen folgenden Ausführungen finden sich noch weitere Anspielungen auf die Fortsetzung der Geschichte im Alten Testament:

Bei allem aber merkten Adam und Eva, dass ihnen die wirkliche Liebe, das eigentliche Paradies, fehlte, und so setzten sie alle ihre Fähigkeiten und Fertigkeiten ein, um geliebt zu werden. Dabei verstanden sie die Aufforderung „Macht euch die Erde untertan" (Genesis 1,28) falsch, indem sie nicht danach trachteten, die Gegensätze der Materie zu überwinden und so wieder zur vollkommenen Liebe zurückzukehren, sondern sie versteckten sich nach wie vor hinter schönen Umgangsformen, Namen und Titeln und setzten alle ihre Sinne ein (die sechs Bereiche), um nicht nur einander, sondern auch die Erde, ihre Umwelt auszubeuten, sodass sie die Gegensätze und Widersprüchlichkeiten der Materie dadurch nur noch vertieften. Ihre beiden Söhne Kain und Abel präsentierten die Erträge ihrer Ausbeutung aus Ackerbau und Viehzucht jeweils als Opfer, um Anerkennung statt Liebe zu bekommen. Wenn sie dabei das Gefühl hatten, dass ihr Opfer nicht angenommen

wurde, empfanden sie deswegen seelischen Schmerz, die uneigentliche Form des Leids des Getrennt-Seins von der vollkommenen Liebe.

Damit befanden sie sich auf der Ebene des intentionalen Selbst. Sie setzten alle ihre Sinne ein (die sechs Bereiche)
und ließen sich von den materiellen Dingen viel zu sehr berühren, um dieses Ziel, anerkannt zu werden, zu erreichen. In ihrer
dadurch angestachelten und verzweifelten Hoffnungslosigkeit
probierten sie alles aus, suchten in diesem Zustand sprunghaft
überall, wo sie nur konnten, und setzen sich und andere auf
diese Weise trotz ihrer negativen Gefühle vielen Gefahren aus,
weil sie nicht wussten, wohin ihre jeweilige Suche sie führte.
Dieses skrupellose Handeln, bei dem man, statt sich gegenseitig zu helfen, nur scheinbar mit dem anderen zusammenarbei-
tet, ihn aber tatsächlich zu betrügen versucht, ist das Böse und
Leid Verursachende auf dieser Ebene des intentionalen Selbst
und damit die entsprechende destruktive Beziehungsform
(siehe S. 45).

So kamen sie auf die Ebene des teleologischen Selbst,
weil sie Furcht vor dem Scheitern ihrer mehr oder weniger
kunstfertigen Bemühungen hatten. Das ist die uneigentliche
Form der Angst, nicht mehr zur vollkommenen Liebe zurückzukommen. Aufgrund der vielen Fehler, die sie nun machten,
empfanden sie immer mehr ihre Furcht und Not, sie entfernten
sich immer mehr von der Liebe, von ihrer Lebensquelle, und
bekamen immer mehr Durst nach Liebe. Jeder kümmerte sich
immer weniger um den anderen, man verriet ihn, wenn es einem Vorteile versprach, wurde immer egoistischer und griff
raffgierig und rücksichtslos nach allem, was nur zu erreichen
war. Statt sich gegenseitig zu beschützen, herrschte immer
mehr gegenseitiger Verrat vor, die destruktive, böse und Leid
verursachende Beziehungsform auf der Ebene des teleologischen Selbst (siehe S. 45).

Damit kamen sie auf die Ebene des sozialen Selbst,
weil sie zornig wurden, dass der andere mehr ergreifen könnte

als sie. Das ist die uneigentliche Form der Wut, aus dem Paradies der vollkommenen Liebe herausgeworfen worden zu sein. Sie ergriffen, was sie konnten, und kämpften immer unfairer gegeneinander, und jeder trachtete nur danach, dass aus ihm bzw. ihr etwas wurde. Jeder wollte der oder die Beste werden, man verglich sich immer mehr miteinander, war neidisch aufeinander, jeder wollte sich beweisen, die Konkurrenz wurde immer schlimmer. Wer Sieger wurde, strengte sich noch mehr an, um weiter zu siegen, und viele Verlierer gaben auf und wurden lethargisch, oder wenn sie auf diese Weise nicht selbstdestruktiv wurden, trachteten sie voller Neid danach, anderen zu schaden – Kain brachte schließlich Abel um. Statt sich konstruktiv auseinanderzusetzen und nach gerechten Konfliktlösungen zu suchen, geriet man in Streit und brachte sich schließlich sogar um wie im Krieg – das ist das Böse bzw. Leid Verursachende, die destruktive Beziehungsform auf der Ebene des sozialen Selbst (siehe S. 45).

Damit war nun die unterste Entwicklungsebene, nämlich die des physischen Selbst erreicht, weil man nur noch auf sich selbst und sein eigenes Vorankommen (seine eigene Eigenwüchsigkeit bzw. Physis) fixiert war. Fixiert-Sein ist die uneigentliche Form der Faszination und Freude an der eigenen Entwicklung seiner Liebesfähigkeit. Wenn es jemand nach oben geschafft hatte, dann war ein Star geboren, aber niemand konnte sich für immer dort halten, am Ende bzw. im Alter und im Tod spätestens sank jeder in den Staub zurück, aus dem er gekommen war. Alles in allem hatten Adam und Eva und ihre Nachkommen schließlich eine Welt geschaffen, in der sich niemand zuhause fühlen konnte, weil es keine Liebe mehr gab, und weil nur noch Wut und Verzweiflung, Angst und Grauen, Leid und Trostlosigkeit, Abscheu, Scham und Elend herrschten. In dieser Leidensmasse, wie es im Buddhismus genannt wird, in dieser Hölle, wie es die Anhänger der abrahamischen Religionen ausdrücken, herrscht die absolute Vernachlässigung des Menschlichen, es gibt absolut keine Menschlichkeit mehr – das ist die destruktive Beziehungsform der Nicht-Beziehung auf der Ebene des physischen Selbst (siehe S. 45).

In dieser Geschichte sind alle zwölf Stufen bzw. Glieder des buddhistischen Lehrsatzes vom abhängigen Entstehen enthalten (jeweils unterstrichen), und auf jeder Stufe wird ersichtlich, dass es an Liebe fehlt, d.h. an echtem und unmittelbarem Verstehen des Worumwillens des Seins von allem.

Während beim Buddhismus die Entstehung des Bösen mit Nichtwissen verbunden mit fatalen Willensregungen bzw. mit Unbewusstheit beginnt, wird der Ursprung des Bösen in den abrahamischen Religionen mit der anthropomorphen Gestalt des Luzifer personifiziert, und Adam und Eva wiederholen nur dessen Sündenfall, dass sie als geschaffene und damit relative Wesen absolut sein wollen wie Gott. Dies ist ja die große Enttäuschung, die jedes Kind in dem Moment erlebt, wenn es menschlich wird auf der Entwicklungsebene des repräsentationalen Selbst und sich über die Möglichkeiten der Pflanzen- und Tierwelt erhebt, nämlich die Erkenntnis, dass es weder vollkommen noch allmächtig ist, und dass Seele und Geist (jeweils als Aspekte) bei ihm getrennt sind. Wenn es von dieser Erkenntnis nichts wissen will, sich also im Zustand des Nichtwissens bzw. der Ungewissheit halten will (dies ist die Definition von Unbewusstheit nach Sartre), dann nimmt es einerseits von den Früchten der Erkenntnis (seiner Eltern z.B.), die ihm menschliches Leben erst ermöglichen, ohne die Erkenntnis selbst anzunehmen bzw. sich darum zu bemühen. Insofern stimmen alle vier Religionen darin überein, wie und wodurch Böses entsteht und zu entstehen beginnt, nämlich in der Enttäuschung darüber, dass wir menschlich (unvollkommen und nicht allmächtig) und nicht göttlich, relativ und nicht absolut sind, sodass seelische und geistige Aspekte von uns sich bekämpfen und jeder die Oberhand gewinnen will. Im Umgang mit dieser spezifischen Täuschung und erlebten Enttäuschung, deren Ursache für uns nicht erklärbar ist, über die wir nicht verfügen können, d.h. die wir weder kennen noch ändern können, im Umgang mit diesem transzendenten Aspekt unseres menschlichen Daseins sind wir immer wieder vor die Wahl gestellt, immer menschlicher zu werden bzw. unsere Liebesfähigkeit immer weiter zu entwickeln, alle seelischen und geistigen Aspekte zu vereinen, oder aber uns von uns selbst abzukehren und unmenschlich zu werden.

Der Ausdruck „Nichtwissen" im Buddhismus kann insofern missverstanden werden, als ob wir wissen können, was wir nicht wissen. Einerseits meint dieser Ausdruck die prinzipielle Unmöglichkeit, bestimmte Dinge zu wissen, andererseits aber fordert er dazu auf, sich das Wissen anzueignen, dass wir den letzten Grund unseres Daseins prinzipiell nicht wissen können, er mahnt uns, nicht am Zustand der Unbewusstheit, dem Nicht-Wissen-Wollen, haften zu bleiben. Nur mit diesem Wissen bzw. mit dieser Bewusstheit und dem entsprechenden Vertrauen, dass dieser letzte Grund unseres Daseins „gut" ist, können wir der Versuchung widerstehen, böse zu werden und seelische oder geistige Aspekte bei uns zu unterdrücken.

Was Abhängigkeit im buddhistischen Lehrsatz zum abhängigen Entstehen meint, drückt Schiller mit den Worten aus: „Das eben ist der Fluch der bösen Tat, Dass sie, fortzeugend, immer Böses muss gebären." (Schiller, 2004a, S. 398, Wallenstein. Die Piccolomini, V/I) Nur wer sich aus der Unbewusstheit und Naivität eines Max Piccolomini löst und immer wissbegieriger wird, kann begreifen und verstehen, wie Böses und Leid entstehen.

Wenn man sich jetzt nur auf die Vergegenständlichung des Bösen konzentriert, was in dieser Geschichte auf der Ebene des geschlechtlichen Selbst durch die Schlange bzw. durch den Drachen symbolisiert ist, wenn wir also redensartlich den Teufel an die Wand malen, dann könnte man auf die Idee kommen, man müsse nur Evas Schönheit und ihre Haare verhüllen, also sie ein Kopftuch tragen lassen, wie dies teilweise im Islam gefordert wird. Dann müsste man aber auch

konsequenterweise fordern, dass Männer sämtliche Status-
und Potenzsymbole bescheiden verstecken oder verhüllen.
Derartige Ideen sind zwar verständlich und von der guten Absicht geleitet, das Böse aus der Welt zu schaffen, sie greifen
aber insofern zu kurz, weil sie nichts am Nichtwissen bzw. an
der Unbewusstheit ändern, wovon es ja abhängig ist, dass eine
leidenschaftliche Willensregungen entsteht, sodass Psyche o-
der Geist angezweifelt werden, die jeweilige Macht in ihrer
männlichen oder weiblichen Form missbraucht wird und so
das Böse sich in der Materie manifestiert. Eine derartige Ma-
nifestation kann nicht durch Verdrängen oder Verleugnen verhindert werden, das fördert nur die Unbewusstheit.

Wenn wir uns aber auf das positive Ziel der vollkommenen Liebe besinnen und auf diese Weise unser Dasein immer mehr in die Liebe kommt, wenn es das Worumwillen seines eigenen Seins und das der anderen immer echter und unmittelbarer versteht, auch wenn dies nie vollkommen geschieht und wir keine absolute Macht darüber haben, ob wir
unsere Liebesfähigkeit weiter entwickeln können, dann bekommen wir immer mehr „Einsicht, die den letzten Grund des
Menschseins zu Tage fördert" (Takeuchi, 2011, S. 402), die
alle Gegensätze aufhebt und „dadurch die menschliche Alltäglichkeit zu-Grunde-gehen" (ebenda) lässt, also das Dasein „auf
den Weg der Transzendierung" (ebenda) führt, d.h. von allem
Elend erlöst. Die Liebe hebt „infolge völliger Leidenschaftslo-
sigkeit" (ebenda, Seite 403), aber mit großer Begeisterung, das
(richtig verstandene, siehe oben) Nichtwissen bzw. die Unbewusstheit auf, da es den Gegensatz männlich-weiblich immer
mehr überwindet. Dadurch werden die Willensregungen aufgehoben und der Machtmissbrauch beendet usw., bis auch der
Schrecken von Alter und Tod aufgehoben ist, und schließlich
„kommt die Aufhebung dieser ganzen Leidensmasse zustande" (ebenda).

Damit haben wir auf die existenzielle Kardinalfrage
des Buddhismus („Wann wird man denn doch einen Ausweg

finden aus diesem Leiden, aus Alter und Tod?" (ebenda, Seite 404)) eine philosophische Antwort gegeben. In unserer Antwort mussten wir nicht die Seelenwanderung bemühen, wie dies bei Interpretationen der Lehre vom abhängigen Entstehen in manchen buddhistischen Schulen der Fall ist, und was Takeuchi als „verfallende d.h. existenzlos objektivierende Fassung der Lehre" (ebenda, Seite 405) bezeichnet. Dazu hat Buddha genauso geschwiegen wie zu metaphysischen Fragen wie die, ob die Welt ewig bzw. zeitlich unendlich oder endlich sei, ob etwas nach dem Tode bestehe oder nicht, oder ob es einen Gott gebe oder nicht.

Das Judentum, das Christentum und der Islam geben als Antwort auf die Frage, wie man das Böse und das daraus entstehende Leid beenden könnte, die Antwort: „du sollst den Herrn, deinen Gott, liebhaben von ganzem Herzen, von ganzer Seele, von allem Vermögen" (5. Moses, 6,5), was ich in der Weise interpretiere, dass man sich entschlossen auf den Weg zur vollkommenen Liebe machen soll. Damit sind beide Antworten vergleichbar und haben denselben Sinn.

Ein Buddhist würde den Lösungsweg etwa folgendermaßen beschreiben: „Durch das fortgesetzte Negieren aller Identifikationen meines Selbst – und dies geschieht durch immer mehr Echtheit und Unmittelbarkeit des Verstehens bzw. durch eine immer größere Annäherung an die vollkommene Liebe, da alle Identifikationen unecht und ein Mittel sind – vertiefe ich das Selbstbewusstsein meines eigentlichen Selbst, überwinde bzw. hebe damit alle Gegensätze immer mehr auf, löse mich also immer mehr von der Alltäglichkeit und erreiche so immer mehr die Selbsttranszendenz, sodass ich immer mehr mit meinem wahren Selbst im Hier und Jetzt des Alltags (im Jenseits des Jenseits) und der Beziehung zu anderen und der Welt ankomme." Das Negieren aller Identifikationen des Selbst, welches das Selbstbewusstsein des eigentlichen Selbst vertieft, kann man auch als Versenkung bezeichnen. Erst durch diese Versenkung also kann man das oben erwähnte Schweigen des Buddha immer mehr echt und unmittelbar verstehen. Dieses Verstehen bzw. die vollkommene Liebe wird im Buddhismus häufig durch ein Lächeln ausgedrückt.

Der Versenkung im Buddhismus entspricht die Kontemplation der abrahamischen Religionen, denn in der Kontemplation bin ich bildlich gesprochen mit Gott zusammen in seinem Tempel, also mit Gott in Liebe vereint gemäß dem Gebot von Moses, Gott mit ganzem Herzen, mit ganzer Seele und mit allem Vermögen zu lieben.

Zum Schweigen Buddhas lässt sich noch folgendes sagen: Alles Nicht-Schweigen lässt Gegensätze und damit etwas Materielles als Selbstentfremdung des Absoluten bzw. der vollkommene Liebe entstehen, wohingegen das Schweigen die Umkehr zum Absoluten bzw. zur vollkommenen Liebe einleitet. Das Schweigen des Buddha weist auf die vollkommene Liebe hin, in der sich „eine höhere Weisheit manifestiert, die nicht diesen auf der Antinomie der theoretischen Vernunft beruhenden Irrweg geht" (Takeuchi, 2011, S. 401). Dem entspricht bei Moses das Gebot, sich kein Bild von Gott zu machen.

10. FREIHEIT UND GLEICHHEIT ZWISCHEN MANN
     UND FRAU

Im Folgenden möchte ich den momentanen Entwicklungsstand des Buddhismus und der drei abrahamischen Religionen, auf die ich mich hier beispielhaft konzentriere, anhand des Gegensatzes von absoluter Freiheit und absolute Gleichheit kurz betrachten, weil der jeweilige Entwicklungsstand hinsichtlich der Überwindung dieser Gegensätzlichkeit eine ganz wichtige Rolle dabei spielt, wie konstruktiv ein Dialog zwischen Anhängern verschiedener Religionen verlaufen und wie friedlich letztlich unser Zusammenleben auf der ganzen Welt gestaltet werden kann. Eine derartige Analyse, die auch die Vergangenheit mit einbezieht, ist natürlich nicht streng historisch in dem Sinne, dass ich hier chronologisch historische Fakten und Entwicklungen darstelle, sondern in gewisser Weise meta-historisch, indem ich aufzeige, wie sich ein Übergewicht von Freiheit oder von Gleichheit jeweils darauf auswirkt, wie die Mitglieder einer Religionsgemeinschaft miteinander und mit Andersgläubigen umgehen. Das Problem der Einheit von Freiheit und Gleichheit ist ja das Problem der Entwicklung unserer Liebesfähigkeit im Daseinsmodus des Genus, also das grundlegende Beziehungsproblem von uns als Gemeinschaftswesen.

In den hier betrachteten Religionen ging es immer wieder während der Entwicklung spätestens ab der Ebene, als der Gegensatz kontinuierlich-diskontinuierlich eine Rolle spielte, um den Gegensatz zwischen Offenbarung und Rationalität. Dabei war der Rückgriff auf die Offenbarung mit dem Verlangen verbunden, die ursprüngliche Befreiung und Freiheit wieder zu erlangen, die mit der Religionsstiftung verbunden war, als die Juden durch den Exodus von den Ägyptern, die Christen durch die Auferstehung vom Leid der Unterdrückung und Bedrohung durch den Tod, die Muslime durch den Sieg über

die in ungerechten arabischen Traditionen verhafteten Mekkanern und die Buddhisten vom Kastensystem der Hindus befreit
wurden.

Wenn aber die Offenbarung zu wörtlich ausgelegt
wird, ohne ihre historische Bedingtheit zu berücksichtigen,
wenn alle die Offenbarung in einer einzigen Weise nur auslegen dürfen, dann entsteht daraus zwar Gleichheit aber auch
Unfreiheit. Die Rationalität im Gegensatz zur Offenbarung
dient ursprünglich der Gleichheit, dass alle in gleicher Weise
glauben und handeln, alle dem gleichen Recht unterstehen, im
Extrem theologisch alle letztlich gleichgeschaltet sind. Die Rationalität kann aber nach dem Motto „Sapere aude!" (Wage es,
deinen eigenen Verstand zu benutzen!) auch einerseits zu mehr
Freiheit und zu Konkurrenz und Ungleichheit führen. So
mischt sich der Gegensatz von Freiheit und Gleichheit mit dem
Gegensatz von Offenbarung und Rationalität. Überwiegt die
Freiheit, dann legt jeder die Offenbarung auf seine Weise aus
und es besteht die Gefahr der Anarchie sowohl in der religiösen Lehre als auch in der Praxis. Überwiegt die Gleichheit,
kann es schnell sehr totalitär zugehen, und in der Religion
kommt es zur Orthodoxie (Gleichheit in der Lehre) oder zur
Orthopraxie (Gleichheit in der Praxis). Damit geht es sowohl
in der religiösen Lehre bzw. Rede als auch in der religiösen
Praxis immer um die Problematik des Gleichgewichts von
Freiheit und Gleichheit, was nur in der vollkommenen Liebe,
um die es jeder Religion gehen muss, vollkommen erreicht
werden kann.

Am klarsten scheint mir diese Problematik von Freiheit
und Gleichheit an den brisanten Themen der Sexualität und des
Verhältnisses der beiden Geschlechter zueinander hervorzu-
treten. Bei der Sexualität habe ich schon am Ende des 4. Kapitels von „Liebe, Macht und Sexualität" (Kolb, 2017c) aufgezeigt, dass der Mann bei der typisch männlichen Form des Orgasmus zum Anfang der Existenz hin regrediert, zum absoluten (=göttlichen) Ursprung, während die Frau beim typisch

weiblichen Orgasmus zum Tod vorläuft, zum absoluten (=göttlichen) Ende der Existenz. Beide Formen des Orgasmus umspannen so gewissermaßen das gesamte menschliche Dasein, sodass neues menschliches Leben, eine neue persönliche Beziehung zu Gott, daraus entstehen kann.

Andererseits kann die Sexualität missbraucht werden, wenn entweder die weibliche Form des Orgasmus oder die männliche Form unterdrückt und/oder verurteilt bzw. nur die männliche oder die weibliche Form positiv bewertet wird. Überwiegt dabei das männliche Prinzip, dann missbraucht der (typische) Mann seine Macht, um seine positiv bewertete sexuelle Bedürfnisbefriedigung machtvoll wie ein Säugling durchzusetzen, steht dagegen das weibliche Prinzip im Vordergrund, dann wird die Sexualität zum Zweck der – als Vermittlung von Lebenserfahrung positiv bewerteten – Manipulation missbraucht. In beiden Fällen geht es um Macht statt um Liebe. Je gleichberechtigter Mann und Frau sind bei gleichzeitiger immer größerer Freiheit, desto vollkommener die Liebe.

In allen drei abrahamischen Religionen war bei ihrer Entstehung das männliche Prinzip vorherrschend. Im Judentum wurde dies später gelockert, indem man auch Frauen das Recht auf Befriedigung ihrer sexuellen Bedürfnisse zugestand. Dabei wurden Frauen aber mehr wie Männer gesehen, indem man ihnen einräumte, wie Männer ebenfalls ihre Bedürfnisse befriedigt zu bekommen, allerdings nur unter der Voraussetzung, dass sie ihre Pflicht als Ehefrauen erfüllten und für Kinder und Haushalt sorgten. Von wirklicher Gleichberechtigung von Mann und Frau war man also noch weit entfernt, und dies gilt mehr oder weniger je nach religiöser Richtung innerhalb des Judentums bis heute.

Weil die ersten Christen aus dem Judentum kamen, ist anzunehmen, dass es keine Gleichberechtigung zwischen Mann und Frau gab. Da im Nachhinein allerdings viele Dokumente aus dieser Zeit vernichtet oder gefälscht wurden, können wir heute nichts Genaues sagen. Ansonsten sind vor allem in den Gemeinden, die von Paulus missioniert worden waren, Mann und Frau als gemeinsame Diener ihrer Gemeinde zumindest in diesem Lebensbereich weitgehend gleichberechtigt – ein Fortschritt gegenüber dem Griechentum, in welchem noch in der Zeit Platons die Frau innerhalb des Oikos (Haushalt) nur Stellvertreterin des Mannes war, der über seine Familie herrschte (Platon schockte dann die Griechen mit seinem Mythos von der Dualseele, da dies die Gleichberechtigung von Mann und Frau implizierte, und seine „platonische Liebe", die keineswegs asexuell sondern nur ohne sexuellen Missbrauch war, setzte die Gleichheit von Mann und Frau voraus). In der Gemeinde waren Frauen je nach Charisma gleichberechtigt als Lehrerinnen oder im prophetischen Reden tätig. Im Galaterbrief betont Paulus eindeutig die Gleichheit von Mann und Frau (Galater 3, 27 f.), allerdings schränkt er dies im Korintherbrief etwas ein, wenn er verlangt, dass die Frau beim prophetischen Reden einen Schleier tragen soll (1. Korinther 11,3). Dass die Frau in der Kirche schweigen soll („Mulieres in ecclesiis taceant" = „Frauen mögen in den Versammlungen schweigen", 1. Korinther 14, 34), wurde in denselben Brief allerdings erst später eingefügt und widerspricht dem, was drei Kapitel vorher geschrieben steht. Je mehr sich das Christentum ausbreitete, desto mehr verlor die einzelne Gemeinde an Bedeutung. Erst seit dem 20. Jahrhundert, nachdem Frauen auch in höchste Kirchenämter gelangen konnten, kann man in der evangelischen Kirche von Gleichberechtigung sprechen, aber nicht in der katholischen oder den orthodoxen Kirchen.

Im Islam wurde anfänglich vom Propheten die Stellung der Frau bei den Arabern durch Regelungen in Bezug auf Ehe und Scheidung verbessert, aber eine Gleichberechtigung gibt es im Islam bis heute nicht. Es gab zwar im 13. Jahrhundert einen islamischen Mystiker in Anatolien, Hace (Führer) Begdash, der in Bezug auf die Gleichberechtigung bei der Schulbildung gesagt haben soll: „Wenn ihr kluge Söhne haben wollt, dann braucht ihr kluge Mütter", aber diese Haltung konnte sich im Islam nur bei den türkischen Aleviten durchsetzen, einer Minderheit in der Türkei. Da in allen drei Religionen vor Gott alle Menschen gleich sind, besteht überall die Aufgabe, die Gleichstellung und die Freiheit von Mann und Frau immer mehr zu verwirklichen.

Da der Buddhismus sich sehr an die jeweilige Kultur angepasst hat, in der er sich entwickelte, und weil auch der Buddhismus Freiheit und Gleichheit propagiert, stellt sich dieses Problem mehr oder weniger stark in allen Ländern, in denen der Buddhismus eine wichtige Rolle spielt.

Insgesamt geht es letztlich in allen Religionen darum, Freiheit und Gleichheit zwischen den Menschen, wie schon im 2. Kapitel festgestellt, und insbesondere zwischen Mann und Frau herzustellen. Da es sich hier um ein Beziehungsproblem handelt (siehe oben), lässt es sich weder allgemein lösen, noch kann ein einzelner dies erreichen, es geht nur in einer Beziehung, und zwischen Mann und Frau geht es dabei insbesondere um die Rolle der Sexualität in der Beziehung.

Die möglichst große Gleichberechtigung zwischen Mann und Frau bei möglichst umfangreicher Freiheit von beiden ist aus verschiedenen Gründen ein Maß für die Erfolgswahrscheinlichkeit von Dialogen zwischen den Religionen:

- Innerhalb der Religionen herrschte dann mehr Harmonie, und eine in sich friedliche Gemeinschaft kann sich viel friedlicher mit anderen austauschen als eine, in der es Spannungen und Probleme gibt.
- Wenn Frauen sich an Diskussionsrunden beteiligen, sind Männer meist viel konzilianter und diskutieren konstruktiver.
- Wenn Männer dabei sind, verhalten sich Frauen oft viel hilfsbereiter als sonst.

Insgesamt herrscht also eine viel entspanntere Atmosphäre vor, wenn beide Geschlechter auf allen Seiten des Dialogs zwischen verschiedenen Religionen beteiligt sind. Wenn auf diese Weise immer mehr Friede unter den Religionen hergestellt werden kann, dann ist auch ein gewaltiger Schritt in Richtung Weltfrieden gegangen, denn viele Konflikte unter verschiedenen Nationen haben zumindest einen religiösen Hintergrund.

Wenn das Verhältnis von Männern und Frauen immer mehr von Gleichheit und Freiheit geprägt ist, können nicht nur religiöse Gemeinschaften, sondern Gemeinschaften generell besser miteinander reden und sich austauschen, was den Weltfrieden insgesamt immer mehr herstellen könnte.

Wichtig für derartige Prozesse ist meines Erachtens der Glaube daran, dass alles gut werden kann, der Glaube, der alle Zweifel beseitigt, und das Vertrauen in das Gute. Seit der Aufklärung und verstärkt durch den Holocaust ist dieser Glaube erschüttert worden, denn wie kann es kommen, dass solche furchtbaren Dinge geschehen können? Damit sind wir beim von Leibniz so formulierten Problem der Theodizee angelangt.

11.	DIE THEODIZEE-FRAGE

Theodizee heißt übersetzt „Rechtfertigung Gottes", und die Frage, die sich daraus ergibt, lautet: wie kann Gott sowohl gerecht und gütig als auch allmächtig sein, während doch so viel Leid immer wieder geschieht? Wenn Gott gerecht und gütig ist, dann kann er doch in seiner Allmacht das Leid in der Welt verhindern, und wenn er es nicht tut, dann ist er entweder nicht allmächtig, oder er ist ungerecht und nicht gütig. So die Argumentation der Atheisten, welche damit die Existenz von Gott leugnen. Im 1. Kapitel habe ich schon ausgeführt, dass Existenzbeweise von Gott absurd sind. Dasselbe gilt natürlich auch für alle Versuche, zu beweisen, dass er nicht existiert.

Zum einen ist die vollkommene Überwindung von Leid genauso utopisch wie die vollkommene Liebe. Im menschlichen Dasein kann es nur eine partikuläre Beseitigung von Leid geben. Außerdem sind Güte, Gerechtigkeit und Allmacht menschliche und damit relative Begriffe, Gott aber ist absolut und vollkommen, was für das relative menschliche Dasein nicht erfassbar ist. Es kann nur eine Rechtfertigung des Relativen geben, eine Rechtfertigung des Absoluten ist absurd. Von Gott eine Rechtfertigung zu erwarten oder sogar zu verlangen, entspricht den Versuchungen von Jesus nach Matthäus (4, 1-11), z.B. als er auf der Höhe des Jerusalemer Tempels steht und versucht wird, sich in die Tiefe zu stürzen, weil ihn doch die Engel dann tragen würden. Seine Antwort: „Du sollst den Herrn, deinen Gott, nicht auf die Probe stellen." Man kann das Relative (auf die Probe stellen) nicht auf das Absolute anwenden.

Die Theodizee-Frage ist eine Versuchung des menschlichen Daseins, die sich auf seine persönliche Beziehung zu Gott bezieht, insbesondere auf sein persönliches Vertrauen in diese Beziehung. Aus der Theodizee-Frage folgen Zweifel an sich selbst (warum kann ich das Leid nicht beseitigen?), an anderen bzw. an der menschlichen Gemeinschaft (warum können das nicht die anderen, die menschliche Gemeinschaft, wir alle zusammen?) und an der möglichen Wirkung eigener Taten (ist es gleichgültig, was ich tue?). Insgesamt entspricht die Theodizee-Frage so der Versuchung von Jesus: indem es diesen nach seiner Taufe durch Johannes in die Wüste treibt, wird er mit dem Leid dieser Welt konfrontiert, in der Welt gibt es nicht nur Milch und Honig, sondern auch die Wüste, das Leid. Er erfährt dieses z.B. durch den Hunger während der 40 Tage seines Fastens. Und dann kommt die Versuchung: „Du bist doch sein Sohn. Wie kann ein liebender Vater seinen Sohn hungern lassen? Er muss dir doch die Fähigkeit gegeben haben, Steine in Brot zu verwandeln (so werden Zweifel an sich selbst gesät, denn Stein in Brot zu verwandeln, geht nicht). Lass dich vom Tempel in die Arme des Volkes Israel fallen, und wenn Gott ein gütiger Vater ist, dann wird er es veranlassen, dass dich alle Juden auf Händen tragen (so werden Zweifel an anderen gesät, denn Jesus weiß sehr wohl, dass seine Botschaft und Lehre nicht von allen angenommen wird)! Strebe nach materiellem Glück und nach materieller Macht, indem du mich, den Mammon, anbetest (so werden Zweifel gesät, ob man in dieser materiellen Welt überhaupt etwas bewirken kann)!" So in etwa kann man sowohl die drei Versuchungen Jesu als auch die Theodizee-Frage interpretieren.

Dass so viele Ungerechtigkeiten und leidvolle Dinge geschehen, ohne dass sie verhindert werden, lässt sich theoretisch nicht erklären, aber mit möglichst großem Vertrauen bestehen (nach Hans Küng ist dies „der Weg des unerschütterlichen, nicht irrationalen, sondern durchaus vernünftigen Gottvertrauens – trotz allem" (Küng, Das Judentum. Die religiöse Situation der Zeit, 1991, S. 732)). Hier stellt sich die Frage, ob diese Haltung von Küng das Akzeptieren der Grenzen unserer Vernunft ist oder blinder Aberglaube. Wenn man Küng (ebenda, S. 728 ff.) folgt, so entstand das Leid des Holocaust, der die Diskussion um das Theodizee-Problem wieder angeheizt hat, durch die Sinnentleerung aller Werte (Gott ist tot) und Gleichgültigkeit gegenüber dem Terror der Nationalsozialisten. Dies war das Ergebnis der Überbetonung der Vernunft (das Paradoxon eines gütigen und allmächtigen Gottes, der Leid und Ungerechtigkeiten zulässt, kann man vernünftigerweise doch nicht bestehen lassen) und der Abschaffung Gottes – ironischerweise hat diese Lösung des Theodizee-Problems ein viel größeres Problem geschaffen. Das Vertrauen in Gott vermindert zumindest die Wahrscheinlichkeit von Leid. Außerdem besteht Aberglaube genau darin, dass man Relatives und Absolutes verwechselt, und das Verlangen einer Rechtfertigung (etwas Relatives) Gottes (absolut) ist eine solche Verwechslung. Damit ist die Akzentverschiebung von Hans Küng von der theoretischen Erklärung zum vertrauenden Bestehen angesichts von Leid (ebenda) weder Aberglaube noch Aspektblindheit noch Irrationalität, sondern absolut vernünftig.

Im Weizenfeld-Gleichnis bei Matthäus (13, 24-30) kann man meiner Meinung nach ebenfalls eine (in diesem Sinne ganz christliche) Antwort auf die Theodizee-Frage finden: wenn man das Unkraut als das Leid und die Ungerechtigkeit in der Welt (Welt und Feld sind wortverwandt) deutet und den Weizen als das ethisch Gute, dann findet man selbst beim sogenannten Holocaust beides, die schreckliche Ermordung Unschuldiger und edle Taten von unerschrockenen Menschen, die geholfen haben. Im Gleichnis wird wie von Küng Vertrauen von den Knechten gefordert, das Unkraut bis zur Erntezeit stehen zu lassen. Der Unterschied zwischen dem Relativen dieser Welt und dem Absoluten ist der, dass es beim Absoluten oder bei der vollkommenen Liebe keine Zeit gibt, sodass das Unkraut schon verbrannt ist, bevor es ausgesät wird – für uns unvorstellbar.

Die Theodizee-Frage wirft allerdings die Frage auf, wie man das Verhältnis des Absoluten zum Relativen vielleicht noch anschaulicher beschreiben kann. Von Wittgenstein gibt es das Zitat, dass der Körper das beste Bild der Seele sei

(Wittgenstein, 2001, S. 1002, PU 496). Wenn ich diesen Gedanken auf das Verhältnis von Gott und uns Menschen über-
trage, dann heißt das, dass wir Menschen das beste Bild von
Gott sind. Dass jeder Mensch eine Projektion und damit ein
Bild der vollkommenen Liebe aus der utopischen Unendlich-
keit in unsere in diesem Sinne reale Endlichkeit ist, habe ich
schon im 1. Kapitel bei den daseinsanalytischen Grundbegrif-
fen erwähnt und früher schon detailliert aufgezeigt (Kolb,
2017a). Dass wir <u>nur ein Bild</u> sind, zeigt sich in unserer Unvollkommenheit, dass wir das <u>beste</u> Bild sind, lässt sich damit
begründen, dass Gott uns vollkommen liebt. Aber nicht nur wir
Menschen sind ein Bild von Gott, sondern auch die ganze Welt
als seine Schöpfung, mit der wir daher entsprechend sorgsam
umgehen sollten. Je mehr wir die Natur – auch unsere eigene
– bewusst (also im Vergleich mit unseren stets zu hinterfra-
genden Repräsentationen davon) auf uns wirken lassen, nachdem wir etwas getan haben, desto besser können wir vergleichen und unterscheiden, ob wir uns der vollkommenen Liebe
nähern oder nicht.

12. EIN VERNÜNFTIGES ÖKUMENISCHES PARADIGMA

Die bisherigen Paradigmen des 6. Kapitels waren alle religionsspezifisch für Judentum, Christentum und Islam. Jetzt möchte ich ein Paradigma entwickeln, das für alle Religionen bzw. für ein friedliches Zusammenleben aller Religionen dieser Welt sinnvoll, vernünftig und erstrebenswert ist, und das man in diesem Sinn ein vernünftiges religionsphilosophisches und ökumenisches Paradigma nennen kann.

Wie schon im 4. Kapitel auf Seite 72 ausgeführt, sollte von einer Religion vernünftigerweise gefordert werden, dass sie die Entwicklung der Liebesfähigkeit fördert. Da Menschen sich nicht auf der gleichen Entwicklungsstufe befinden und sich jeweils mit anderen in verschiedenen Erscheinungswelten befinden, kann es nicht ein alleiniges religiöses Paradigma und auch nicht eine einzige Religion geben, die diese Forderung für alle Menschen gleichzeitig erfüllt.

Ein Christ wird dem vielleicht entgegenhalten, dass es im Johannes-Evangelium, Kapitel 14, Vers 6, heißt: „Ich bin der Weg, die Wahrheit und das Leben; niemand kommt zum Vater, denn durch mich." Dies gilt als Argument dafür, dass es nur im Christentum die Erlösung gibt. Wenn wir aber statt „Ich bin" sagen „Der Sinn des menschlichen Daseins ist es" und statt „Wahrheit" „vollkommene Liebe", dann heißt die Auslegung dieses Verses: „Der Sinn des menschlichen Daseins ist es, im Leben den Weg zur vollkommenen Liebe zu gehen; niemand kommt zum Vater (bzw. zu Gott, zum ewigen Leben, zur Erlösung oder zum Absoluten), denn durch diesen Sinn seines Daseins." Damit ist dann genau die oben erwähnte grundlegende Forderung an jede Form der Religiosität gemeint, nämlich die Entwicklung der Liebesfähigkeit zu fördern.

Von der Gemeinschaft aller Menschen sollte also erst einmal die Überzeugung geteilt werden, dass es eine alleinseligmachende Religion nicht gibt. Jede wahre Religion (s. S. 30) und die verschiedenen Paradigmen, die sich innerhalb einer entsprechenden Religionsgemeinschaft entwickelt haben, haben ihren Wert und können sinnvoll zur Förderung der Liebesfähigkeit bei bestimmten Menschen und innerhalb bestimmter Teilgemeinschaften der Gesamtgemeinschaft aller Menschen beitragen.

Da die Entwicklung der Liebesfähigkeit genau dann gefördert wird, wenn die Entfremdung von der vollkommenen Liebe, der körperlich-materielle Aspekt des Daseins bzw. alle Gegensätzlichkeiten immer mehr überwunden werden, wir sie immer besser akzeptieren und mit ihnen umgehen, und weil alle Gegensätzlichkeiten im Umgang mit der Materie sich mithilfe der im 1. Kapitel aufgezählten Gegensätze analysieren und systematisieren lassen, geht es darum mit diesen Gegensätzen (aktiv-passiv, objektiv-subjektiv, kontinuierlich- diskontinuierlich, linear-zirkulär und räumlich-zeitlich) immer besser umzugehen und sie dadurch zu überwinden.

Religiöse Praktiken sollten, um diese Gegensätze und damit die Entfremdung von der vollkommenen Liebe nicht zu verschärfen, nicht zu Unzucht und Missbrauch, zur Ausbeutung und Missachtung der Menschenwürde, zu Betrug, zu Verrat, zu leidvollem Streit und Krieg oder zur Ausgrenzung Notleidender missbraucht werden. Stattdessen sollten sich religiös Praktizierende in mindestens einer der folgenden positiven Praktiken üben:

– Sich um Notleidende kümmern. Dabei kann man lernen, mit dem Gegensatz aktiv-passiv immer besser umzugehen, denn Notleidende, die selbst nicht aktiv ihre Not wenden können, gehören genauso zur menschlichen Gemeinschaft wie diejenigen, die aktiv das Notwendige tun können, um ihre Not zu beseitigen. (Prinzip der Leidminderung)

– In Auseinandersetzungen tolerant sein. Dadurch kann man lernen, den Gegensatz subjektiv-objektiv immer besser zu überwinden, denn die Belange des anderen sind objektiv genauso wichtig wie meine subjektiven Anliegen. Mit Intoleranz und Unversöhnlichkeit kann man diesbezügliche Konflikte nicht richtig lösen. (Prinzip der Fairness)

– Sich gegenseitig schützen bei Gefahren. Dies steht im Zusammenhang mit dem Gegensatz kontinuierlich-diskontinuierlich, denn wenn eine Gefahr (etwas Diskontinuierliches) hereinzubrechen droht, kann man dieser besser begegnen, wenn man (kontinuierlich) zusammenhält. Wer mehr Erfahrung besitzt, hilft anderen mit weniger Erfahrung, und diese folgen gegebenenfalls seinen Anweisungen und gestehen ihm diesbezüglich einen höheren Rang ein. (Prinzip der Rangordnung)

– Sich gegenseitig unterstützen, helfen und wenigstens kurzfristig zusammenarbeiten. Dadurch arbeitet man an der Überwindung des Gegensatzes linear-zirkulär, denn gemeinsam kann man Ziele geradliniger (linear) verfolgen und erreichen und muss nicht immer wieder (zirkulär) von vorne anfangen. Andererseits kann man mit anderen zusammen besser abwarten und günstige Gelegenheiten erkennen und ergreifen als allein. Insgesamt hält man treu zusammen. (Prinzip der Loyalität)

– Sich austauschen, sich beraten und füreinander da sein in längerfristigen Freundschaften. Hier übt man die Überwindung des Gegensatzes räumlich-zeitlich, denn wenn man in Freundschaften füreinander da ist, gibt man sich entsprechend Raum und Zeit und fördert dadurch jeweils das Wohlergehen des anderen. Wenn es dann jedem bessergeht, weil es dem anderen bessergeht, und man sich darüber auch austauscht, dann entwickelt sich eine derartige Freundschaft wie ein Selbstläufer immer mehr zur vollkommenen Liebe. Fehler nimmt man sich nicht persönlich übel und verspricht jeweils Wiedergutmachung, soweit möglich, was

man auch hält, sodass die freundschaftliche Beziehung in diesem Sinne rein bleibt. (Prinzip der <u>Reinhaltung</u>)
– Wenigstens eine Freundschaft oder eine Partnerschaft mit einem anderen Menschen so vertiefen, dass eine immer größere Einheit entsteht. Hier wird der Gegensatz Freiheit-Gleichheit bzw. männlich-weiblich bearbeitet, denn je tiefer die Freundschaft sich entwickelt (wie z.B. beim letzten Punkt beschrieben), desto vollkommener die Gleichheit in Einheit mit entsprechender Freiheit, und je mehr Mann und Frau in einer Partnerschaft vereint sind, desto mehr ist der Gegensatz männlich-weiblich überwunden. Voraussetzung dafür ist, dass keines der oben aufgeführten Prinzipien vernachlässigt wird und man sich auch auf keines der fünf fixiert.

Die bisher aufgeführten und rational begründeten Überzeugungen, Werte und Verfahrensweisen bilden in der Gesamtkonstellation bereits ein Paradigma im Sinne von Kuhn (Hoyningen-Huene, 1989) und sollten noch ergänzt werden durch folgende Verfahrensweise, welche die Religionsfreiheit gewährleisten soll:

Jeder kann frei zwischen den verschiedenen Religionen oder innerhalb einer Religion zwischen verschiedenen Paradigmen wechseln, je nachdem, was er oder sie meint, wodurch seine bzw. ihre Liebesfähigkeit besser gefördert werden kann. Was das freie Wechseln betrifft, sollte eine gewisse Verbindlichkeit eingehalten werden, damit andere durch zu plötzliche Wechsel in der Entwicklung nicht beeinträchtigt werden. Das Wechseln sollte in der Weise verantwortlich geschehen, dass der oder die Betreffende Antwort über ihre Motive und Gründe für den Wechsel gibt. Dann können andere den Wechsel besser begreifen und durch ein derartiges Beispiel u.U. etwas für die Entwicklung ihrer eigenen Liebesfähigkeit lernen. Außerdem sollte durch einen derartig vollzogenen Wechsel niemand verletzt oder vor den Kopf gestoßen werden, der sich sonst vielleicht von dem Wechselnden im Stich gelassen fühlen könnte.

Wenn dies dennoch geschieht, obwohl derjenige, der gewechselt hat, deutlich ausgedrückt hat, dass er es für sich selbst und gegen niemand anderen getan hat, dann sind diejenigen, die sich verletzt fühlen, aufgefordert, eine Antwort auf die Frage zu finden und so echt und unmittelbar wie möglich zu verstehen, was genau sie derart verletzt hat.

Damit im Austausch und in der Kommunikation miteinander möglichst keine Gegensätze entstehen, sollte man sich an folgende Kommunikationsregeln halten: Jeder kann Religion im Allgemeinen, ein bestimmtes eigenes religiöses Bekenntnis im Einzelnen und seine spezifische religiöse Praxis mit seinem spezifischen religiösen Erleben im Besonderen interpretieren. Ansonsten sollte jeder so nah wie möglich bei den Fakten bleiben. Auf diese Weise kann die Kommunikation auch zwischen verschiedenen religiösen Bekenntnissen, ohne destruktiv zu werden, wesentlich tiefere Dimensionen erreichen, als wenn die betreffenden Dialogpartner nur auf der allgemeinen Ebene kommunizieren.

LITERATURVERZEICHNIS

Aristoteles. (1985). *Philosophische Bibliothek, Bd. 5, Niko-machische Ethik.* (G. Bien, Hrsg.) Hamburg: Felix Meiner Verlag.

Balint, M. (1988). *Die Urformen der Liebe.* München: dtv/Klett-Cotta.

Brück, M. v., & Lai, W. (1997). *Buddhismus und Christentum: Geschichte, Konfrontation, Dialog.* München: C. H. Beck'sche Verlagsbuchhandlung.

Cavell, S. (2006). *Der Anspruch der Vernunft.* Frankfurt am Main: Suhrkamp Verlag.

Derrida, J. (1993). *Falschgeld - Zeit geben I.* München: Wilhelm Fink Verlag.

Estés, C. P. (1997). *Die Wolfsfrau. Die Kraft der weiblichen Urinstinkte.* München: Wilhelm Heyne Verlag GmbH & Co. KG.

Fonagy, P., Gergely, G., Jurist, E. L., & Target, M. (2008). *Affektregulierung, Mentalisierung und die Entwicklung des Selbst.* Stuttgart: Klett-Cotta.

Heidegger, M. (2006). *Sein und Zeit.* Tübingen: Max Niemeyer Verlag.

Hisamatsu, S.-i. (2011). Eine Erläuterung des Lin-chi-(=Rinzai)-Zen. In R. Ohashi (Hrsg.), *Die Philosophie der Kyôto-Schule* (K. Tsujimura, & H. Buchner, Übers., S. 218 - 221). Freiburg im Breisgau: Verlag Karl Alber in der Verlag Herder GmbH.

Hoffmann, D. W. (2013). *Die Gödel'schen Unvollständigkeitssätze: Eine geführte Reise durch Kurt Gödels historischen Beweis.* Berlin Heidelberg: Springer Spektrum.

Hoyningen-Huene, P. (1989). *Die Wissenschaftsphilosophie Thomas S. Kuhns.* Braunschweig: Friedrich Vieweg & Sohn Verlagsgesellschaft mbH.

Kolb, H.-P. (2017a). *Dasein, um zu lieben. Daseinsanalytische Grundlagen für Psychologie und Psychotherapie (2018 überarbeitete Fassung).* Norderstedt: BoD - Books on Demand.

Kolb, H.-P. (2017b). *Rhythmus, Intuition und Liebe. Die Rolle der Körperlichkeit bei der Daseinsanalyse (2018 überarbeitete Fassung).* Norderstedt: BoD - Books on Demand.

Kolb, H.-P. (2017c). *Liebe, Macht und Sexualität. Wie können wir in diesem Spannungsfeld glücklich werden? (2018 überarbeitete Fassung).* Norderstedt: BoD - Books on Demand.

Küng, H. (1991). *Das Judentum. Die religiöse Situation der Zeit.* München: Piper Verlag GmbH.

Küng, H. (1994). *Das Christentum. Wesen und Geschichte.* München: Piper Verlag GmbH.

Küng, H. (2004). *Der Islam. Geschichte, Gegenwart, Zukunft.* München: Piper Verlag GmbH.

Küng, H., & Bechert, H. (1984). *Christentum und Weltreligionen. Buddhismus.* München: Piper Verlag GmbH.

Küng, H., & Ching, J. (1988). *Christentum und Weltreligionen. Chinesische Religion.* München: Piper Verlag GmbH.

Küng, H., & von Stietencron, H. (1984). *Christentum und Weltreligionen. Hinduismus.* München: Piper Verlag GmbH.

McClelland, D. C. (2006). The Harlequin Complex. In R. W. White, *The Study of Lives: Essays on Personality in Honor of Henry A. Murray* (S. 94 - 119). New Brunswick (U.S.A.) and London (U.K.): Aldine Transaction, A Division of Transaction Publishers.

Meister Eckhart. (1999). *Gottesgeburt. Mystische Predigten.* (G. Stachel, Hrsg.) München: Kösel-Verlag GmbH & Co.

Nagel, T. (2016). *Geist und Kosmos: Warum die materialisti-sche neodarwinistische Konzeption der Natur so gut wie sicher falsch ist.* Berlin: Suhrkamp Taschenbuch.

Nishida, K. (2011). Selbstidentität und Kontinuität der Welt. In R. Ohashi (Hrsg.), *Die Philosophie der Kyôto-Schule* (E. Weinmayr, Übers., S. 56 - 114). Freiburg im Breisgau: Verlag Karl Alber in der Verlag Herder GmbH.

Nishitani, K. (2011). Vom Wesen der Begegnung. In R. Ohashi (Hrsg.), *Die Philosophie der Kyôto-Schule* (K. Nishitani, & H. Buchner, Übers., S. 242 - 257). Freiburg im Breisgau: Verlag Karl Alber in der Verlag Herder GmbH.

Rentsch, T. (1999). *Die Konstitution der Moralität: transzendentale Anthropologie und praktische Philosophie.* Frankfurt am Main: Suhrkamp-Taschenbuch Wissenschaft.

Rentsch, T. (2005). *Gott.* Berlin: Walter de Gruyter GmbH & Co. KG.

Safranski, R. (2009). *Romantik. Eine deutsche Affäre.* Frankfurt am Main: Fischer Taschenbuch Verlag.

Schiller, F. (2004a). *Sämtliche Werke, Bd. II.* (P.-A. Alt, A. Meier, & W. Riedel, Hrsg.) München: Deutscher Taschenbuch Verlag.

Schiller, F. (2004b). *Sämtliche Werke, Bd. V.* (W. Riedel, Hrsg.) München: Deutscher Taschenbuch Verlag.

Schweitzer, A. (2., überarbeitete Auflage 2010). *Die Weltanschauung der indischen Denker. Mystik und Ethik.* München 1935, 1965, 2010: Verlag C.H. Beck oHG, .

Takeuchi, Y. (2011). Das Schweigen des Buddha. Ein Problem der Religionsphilosophie des Buddhismus. In R. Ohashi (Hrsg.), *Die Philosophie der Kyôto-Schule* (S. 392 - 412). Freiburg im Breisgau: Verlag Karl Alber in der Verlag Herder GmbH.

Tanabe, H. (2011a). Versuch, die Bedeutung der Logik der Spezies zu klären. In R. Ohashi (Hrsg.), *Die Philosophie der Kyôto-Schule* (J. Laube, Übers., S. 137 - 183). Freiburg im Breisgau: Verlag Karl Alber in der Verlag Herder GmbH.

Tanabe, H. (2011b). Valérys Kunstphilosophie. In R. Ohashi (Hrsg.), *Die Philosophie der Kyôto-Schule* (J. Laube, Übers., S. 184 - 209). Freiburg im Breisgau: Verlag Karl Alber in der Verlag Herder GmbH.

Tsujimura, K. (2011). Die Wahrheit des Seins und das absolute Nichts. In R. Ohashi (Hrsg.), *Die Philosophie der Kyôto-Schule* (D. Shimizu, & U. Baatz, Übers., S. 413 - 425). Freiburg im Breisgau: Verlag Karl Alber in der Verlag Herder GmbH.

Ueda, S. (2011). Das absolute Nichts im Zen, bei Eckhart und bei Nietzsche. In R. Ohashi (Hrsg.), *Die Philosophie der Kyôto-Schule* (S. Thumfart (zweiter und dritter Teil), Übers., S. 440 - 468). Freiburg im Breisgau: Verlag Karl Alber in der Verlag Herder GmbH.

Wittgenstein, L. (2001). *Philosophische Untersuchungen; Kritisch-genetische Edition.* (J. Schulte, Hrsg.) Frankfurt am Main: Suhrkamp Verlag.